【中华美德书系】

乔继堂 主编

美德诗文

郭佳 编著

上海科学技术文献出版社
Shanghai Scientific and Technological Literature Press

图书在版编目（CIP）数据

美德诗文/郭佳编著. —上海：上海科学技术文献出版社，2019

（中华美德书系/乔继堂主编）

ISBN 978-7-5439-7859-1

Ⅰ.①美… Ⅱ.①郭… Ⅲ.①中华文化—通俗读物 Ⅳ.①K203-49

中国版本图书馆CIP数据核字（2019）第062735号

策划编辑：张 树
责任编辑：王倍倍 杨怡君
封面设计：周 婧
封面插画：张雨欣

美德诗文
MEIDE SHIWEN
乔继堂 主编 郭 佳 编著
出版发行：上海科学技术文献出版社
地　　址：上海市长乐路746号
邮政编码：200040
经　　销：全国新华书店
印　　刷：常熟市人民印刷有限公司
开　　本：900×1300　1/16
印　　张：22.5
字　　数：271 000
版　　次：2019年6月第1版　2019年6月第1次印刷
书　　号：ISBN 978-7-5439-7859-1
定　　价：58.00元
http://www.sstlp.com

前　言

　　一个国家公民尤其是青少年的道德修养状况如何，直接关系着国民的整体素质，关系着国家前途和民族命运。这一点，已经一再被中外历史所书写，并将进一步被未来所证实。

　　中华民族历来就有重视修身育德的优良传统，并且建立了一套完备的道德范畴和评价体系，涌现出了一大批品德高尚、操守纯洁的楷模。这些，不仅是我们国家宝贵的精神遗产，也是对世界的一份杰出贡献。

　　新时期以来，伴随着经济繁荣、文化复兴，国家非常重视广大公民尤其是青少年的道德建设，先后颁发了《公民道德建设实施纲要》，提出"爱国守法、明礼诚信、团结友善、勤俭自强、敬业奉献"的基本道德规范；下发了《关于培育和践行社会主义核心价值观的意见》，提出了"富强、民主、文明、和谐，自由、平等、公正、法治，爱国、敬业、诚信、友善"的社会主义核心价值观。

　　进行思想道德建设，既要立足于当代现实，又要弘扬传统美德。正是基于这样的认识，我们组织编写了这套"中华美德书系"。该书系汲取中华民族传统美德精华，再现中华民族在新时代的新精神、新风貌，比较全面地展示了中华美德。该书系包括故事、诗文和箴言三卷，并配有插图，内容详尽，图文并茂，风格独具，是公民，尤其是青少年思想道德建设的优秀参考书。

　　《美德故事》从中国历史长河中选取一百六十余则美德故事，讲述古今中华儿女优秀人物的美德，真实而生动。以美德分类，以故事发生时间排序，每个故事结尾部分有一段议论文字，从正面引导人们明辨是非、在现实生活中学习这些人物的精神。这种设计比单纯地讲故事更具教育启发意义。

《美德诗文》从浩如烟海的中国古代、近现代诗文中选取近百篇有关美德方面的诗文，加以注释和简析，使读者在欣赏这些含义隽永、文笔优美的诗文的同时，受到潜移默化的美德熏陶。

《美德箴言》从中华民族世代传承的美德箴言中选取约三百条内涵丰富、易懂易记的箴言，其中既有中国古代的格言，也有现代的名人名言。每条箴言均有注释和白话翻译，部分还链接了一些背景资料；同时，每条箴言都附有一两段引发思考的文字，对于读者深入理解箴言内涵、培养良好的道德品质和行为习惯极为有益。

在"中华美德书系"的编写过程中，许多德育工作者给予大力支持，提出了许多好的意见和建议；书中的插图，除古籍图谱之外，使用了一些书画家、摄影家的作品，有的未能确定作者。对此，我们表示诚挚感谢，并请多予谅解。

相信这套图文并茂的书系，能够使读者尤其是青少年及家长开卷有益，修身进德，更上层楼。

编　者

2019 年 4 月

目录

001 【壹】勇赴国难　熔铸英魂

057 【贰】志向高远　求索不息

135 【叁】弘扬正气　永葆节操

189 【肆】勤劳俭朴　清正廉明

235 【伍】赤诚爱国　丹心为民

299 【陆】重情慕义　知礼守信

【壹】

勇赴国难
熔铸英魂

无 衣
《诗经》

岂曰无衣？与子同袍①。王于兴师，修我戈矛，与子同仇②！
岂曰无衣？与子同泽③。王于兴师，修我矛戟，与子偕作！
岂曰无衣？与子同裳④。王于兴师，修我甲兵，与子偕行⑤！

【注释】

① 袍：长衣，类似于今天的披风。行军者白天当衣服穿，晚上当被子盖。

② 王于兴师：犹言国家要出兵打仗。王，指周王，秦国出兵以周天子之命为号召。清朝学者王先谦《诗三家义集疏》认为，此诗是关于秦襄公奉周王命讨伐西戎的诗。于，语助词，没有意义。兴师，出兵作战。戈、矛：都是长柄的兵器，戈平头而旁有枝，矛头尖锐。子：你，指战友。同仇：共同对敌；或说"同伴"。

③ 泽：同"襗"（zé），贴身内衣，如同现在的汗衫。戟：长柄

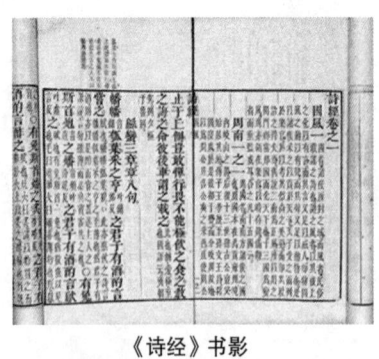

《诗经》书影

武器。形似戈，横直两锋。偕作：犹言同起共卧。偕，同；作，起。

④ 裳（cháng）：下衣。古时衣服，上曰衣，下曰裳。

⑤ 甲兵：即铠甲和兵器。偕行：同行，指一块儿上战场。

〔简析〕

　　《无衣》选自《诗经·秦风》。《秦风》是《诗经》"十五国风"之一，收录秦地（今陕西省中部和甘肃省东南部）的民歌。这首《无衣》，是一首反映秦国军民互助友爱、慷慨从征的民歌。

　　全诗共三章，采用重章叠唱的形式，层层递进，极写将士们的团结友爱、同仇敌忾、慷慨从征之情跃然纸上。每章的开头两句，都以问答的句式、豪迈的语气，表现民众奋起从军、积极自助的精神。所谓"无衣"，是说军情紧急，征衣一时难以齐备。然而，人们意气慷慨，决心与战友共享征衣，"同袍、同泽、同裳"，表现了人们克服困难、团结对敌的精神。每章的三、四句，写人们听到出征号令，迅速修整武器、整装待发，"修我戈矛、矛戟、甲兵"，反映了摩拳擦掌、积极备战的战斗热情。每章末句的"同仇""偕作""偕行"，写将士们同仇敌忾，共赴前线，情绪高昂，充满必胜信念。

　　这首诗是《诗经》中最为著名的爱国主义诗篇，也是一首激昂慷慨、同仇敌忾的战歌，全诗感情激荡，慷慨雄壮，矫健爽朗，气势非凡，极具感染力。诗中的一些词语，已经成为具有象征意义的语汇，深深浸入我们的民族精神之中。

国　殇

屈　原

操吴戈兮被犀甲①，车错毂兮短兵接②。

旌蔽日兮敌若云③,矢交坠兮士争先④。
凌余阵兮躐余行⑤,左骖殪兮右刃伤⑥。
霾两轮兮絷四马⑦,援玉枹兮击鸣鼓⑧。
天时怼兮威灵怒⑨,严杀尽兮弃原野⑩。
出不入兮往不反⑪,平原忽兮路超远⑫。
带长剑兮挟秦弓⑬,首身离兮心不惩⑭。
诚既勇兮又以武⑮,终刚强兮不可凌⑯。
身既死兮神以灵⑰,魂魄毅兮为鬼雄⑱。

【注释】

① 吴戈:吴国制造的戈。当时吴国冶铁技术较为先进,吴戈因锋利而闻名。被(pī),通"披",穿着。犀甲:犀牛皮做的铠甲,非常坚韧。

② 车错毂(gǔ)兮短兵接:敌我双方战车交错,彼此短兵相接。毂,车轮中心的圆木,车轴悬其中,车辐集其外。这里泛指战车的轮

屈原《国殇》图(傅抱石绘)

轴。错,交错。短兵,指刀剑一类的短兵器。

③ 旌:指军旗。这句是说,敌方旌旗遮日,兵多如云。

④ 矢交坠(zhuì):两军射出的箭在双方阵地上纷纷交相坠落。矢,箭。坠,落。

⑤ 凌:侵犯,指冲击。躐(liè):践踏。行(háng):行列。

⑥ 左骖(cān)殪(yì)兮右刃伤:左边的骖马倒地而死,右边的骖马被兵刃所伤。骖,古时一车驾四马,中间的两马称"服马",服马外边的两马称"骖马"。殪,死。

⑦ 霾(mái)两轮:埋住战车的两个车轮。霾,通"埋",掩埋。絷(zhí):绊,捆。王逸《楚辞章句》云:"言己马虽死伤,更霾车两轮,绊四马,终不反顾,示必死也。"

⑧ 援:引,犹"取"。玉枹(fú):镶嵌玉的鼓槌。枹,鼓槌。鸣鼓:特别响的鼓,指战鼓。先秦作战,主将击鼓督战,以旗鼓指挥进退。

⑨ 天时:天象。怼(duì):怨愤。威灵:神灵。天怼灵怒,意思是说这一仗打得惊天地、泣鬼神。

⑩ 严杀尽兮弃原野:严酷厮杀中人全死了,尸骨被丢弃在旷野上。严,严酷,惨烈。尽:皆,全都。

⑪ 出不入、往不反:是说出征就不打算生还。反:同"返",归。

⑫ 平原:指战场。忽:渺茫,不分明。超远:遥远无尽头。

⑬ 挟(xié):用胳膊夹着,即拿着、带着。秦弓:秦国制造的弓,代指良弓。

⑭ 首身离:身首异处,意即"被杀"。心不惩:壮心不改,勇气不减。惩,悔恨。

⑮ 诚:诚然,确实。以:且,连词。勇、武:勇敢、威武。

⑯ 终:始终。不可凌:犹"志不可夺"。凌,侵犯。

⑰ 神以灵:神而灵,是说战死而灵魂不死,精神不死。

⑱ 毅：刚毅，威武不屈。鬼雄：鬼中豪杰。

【简析】

《国殇》是屈原《九歌》的第十首。古时候称为国捐躯的人为"国殇"，《国殇》就是一篇祭祀楚国阵亡将士的祭歌。《九歌》其他篇都是祭祀天神、地祇的，独有此篇祭祀人鬼（死难英雄）。

屈原生活的时代为秦、楚国战争之中，楚国一败再败，十几万将士阵亡。因为是战败者，阵亡的楚国将士只能暴尸荒野，无人祭奠。正是在这一背景下，放逐之中的屈原创作了这首追悼楚国阵亡士卒的挽歌。

此诗分为两节，第一节描写一场短兵相接的战斗，楚国将士奋死抗敌，场面壮烈；第二节颂悼楚国将士为国捐躯，歌颂他们的英雄气概和爱国精神。全诗生动描写了激烈的战况和将士们奋勇争先的气概，抒发了作者热爱祖国的情操。诗篇情感悲壮，气势雄浑，节奏鲜明，声调激昂，传达出一种悲壮之美。

为国捐躯的将士，是祖国疆土的捍卫者，是和平建设的保卫者，是民众生命财产的保护者。对于他们，每一位国人都应该拥有发自内心的崇敬，都应该送上自己的一瓣心香。

白 马 篇
曹 植

白马饰金羁，连翩西北驰①。
借问谁家子？幽并游侠儿②。
少小去乡邑，扬声沙漠垂③。
宿昔秉良弓，楛矢何参差④！

控弦破左的,右发摧月支⑤。
仰手接飞猱,俯身散马蹄⑥。
狡捷过猴猿,勇剽若豹螭⑦。
边城多警急,虏骑数迁移⑧。
羽檄从北来,厉马登高堤⑨。
长驱蹈匈奴,左顾陵鲜卑⑩。
弃身锋刃端,性命安可怀⑪?
父母且不顾,何言子与妻⑫?
名编壮士籍,不得中顾私⑬。
捐躯赴国难⑭,视死忽如归。

[注释]

① 金羁(jī):金饰的马笼头。羁,马笼头。连翩:鸟结伴翻飞,这里形容骏马奔驰。

② 幽并:幽州、并州,其地相当于现在河北、山西和陕西的一部分。史书中称这里的人民"好气任侠",故诗中称"幽并游侠儿"。

《洛神赋图》中的曹植(前二)

③ 去乡邑：离开家乡。去，离开。扬声：扬名。垂：同"陲"，边境。

④ 宿昔：早晚，意指经常。秉：执、持。楛（hù）矢：用楛木做成的箭。楛，木名，茎似荆而呈赤色，可以做箭。何：多么。参差（cēncī）：长短不齐的样子。

⑤ 控弦：张弓。左的：左方的箭靶。的，箭靶。摧：摧毁，毁坏。月支：又名"素支"，白色箭靶名。这里左、右是互文见意。

⑥ 仰手：箭向高处出手。接：迎射。猱（náo）：猿类动物，善于攀缘树木，轻捷如飞，故称"飞猱"。散：射碎。马蹄：箭靶的名称。

⑦ 狡捷：灵巧敏捷。勇剽（piāo）：勇敢剽悍。螭（chī）：传说中形状如龙的黄色猛兽。

⑧ 虏骑（jì）：指匈奴、鲜卑的骑兵。数（shuò）迁移：指经常入侵。数，经常。

⑨ 羽檄（xí）：军事文书，插鸟羽以示紧急，必须迅速传递。厉马：扬鞭策马。堤：高坡，此指御敌的工事。

⑩ 长驱：向前奔驰不止。蹈：践踏，这里指捣毁。顾：看。陵：压制。

⑪ 弃身：舍身。怀：爱惜。

⑫ 且：尚且。何言：何谈。

⑬ 籍：簿籍，这里指登记兵员的名册。中顾私：心里顾念着个人的私事。中，内心。

⑭ 捐躯：献身。赴：奔赴。

【简析】

《白马篇》是曹植创作的乐府新题，以开头两字名篇；因篇中写边塞游侠,又名《游侠篇》。诗作描写边塞游侠儿的高超武艺、机智勇敢,赞美了他赴边卫国、奋不顾身的献身精神。

诗的开头两句,以奇警飞动之笔,描绘游侠儿驰马奔赴西北战场,显示出军情紧急、扣人心弦;接着以"借问"领起,以铺陈性笔墨补叙游侠儿的来历,说明他如何的少小扬名、骑射精湛、行动矫捷、勇敢威武,形象活灵活现;"边城"六句,遥接篇首,具体说明"西北驰"的原因和英勇赴敌的气概。末尾八句,展示游侠儿捐躯为国、视死如归的精神境界。

此诗写作很有特点,结构上颇似电影大片,开头就紧紧抓住读者,然后回溯主人公的经历,接着正面描写,最后升华定格。层次跌宕,情节曲折,气氛严峻,情感奔放,意境豪迈,形象鲜明。而诗中游侠少年渴望驰骋疆场,建立功勋,甚至不惜为国捐躯,也正体现了诗人建功立业的强烈愿望。

一个民族,总是需要一点侠义之气的;尤其是这种侠气出以公心、为了国家,那就更应该提倡了。如今的世界,远远说不上太平,保家卫国仍然重任当前。中华儿女,应该树立志向、掌握本领,在祖国召唤的时候,奔赴抗敌前线。

代出自蓟北门行

鲍　照

羽檄起边亭,烽火入咸阳①。
征骑屯广武,分兵救朔方②。
严秋筋竿劲,虏阵精且强③。
天子按剑怒,使者遥相望④。
雁行缘石径,鱼贯度飞梁⑤。

箫鼓流汉思,旌甲被胡霜⑥。
疾风冲塞起,沙砾自飘扬⑦。
马毛缩如猬,角弓不可张⑧。
时危见臣节,世乱识忠良。
投躯报明主,身死为国殇⑨。

【注释】

① 羽檄(xí):古代的紧急军事文书。边亭:边境上的瞭望哨。烽火:烽烟,古时边境告警的烟火。咸阳:秦国都城,这里泛指京城。

② 征骑(jì):征发的骑兵。一作"征师",征发的部队。屯:驻防。广武:县名,故城在今山西省代县西。朔方:汉郡名,在今内蒙古河套西北部和后套地区。

③ 严秋:肃杀的秋天。筋:指弓弦。竿:指箭。劲:强硬有力。这句意思是说弓弦与箭杆都因深秋的干燥变得强劲有力。虏阵:指敌方的阵容。

④ 天子按剑怒:指天子闻警后大怒。使者遥相望:形容军情紧急,使者往返传达诏令,不绝于途。

⑤ 雁行(háng):雁飞时排成的行列。缘,沿着。鱼贯:游鱼先后接续。飞梁:飞跨两岸的桥梁。

⑥ 箫鼓:指军乐。流汉思(sì):流露出对汉朝的思念。流,流露,传达出。旌(jīng)甲:旌旗和铠甲。被:覆盖。

⑦ 砾(lì):碎石。

⑧ 缩:蜷(quán)缩。这句是说,马因天寒而蜷缩得像刺猬一样。角弓:以牛角做的硬弓。

⑨ 投躯:犹言"捐躯",舍身、献身。国殇(shāng):为国家

牺牲的人。

【简析】

《出自蓟北门行》属于乐府"杂曲歌辞",鲍照的这首诗拟乐府旧题,故曰"代"(拟,摹仿)。蓟(jì),古代燕国京都(今北京市西南)。鲍照生活在南朝,并无边塞生活经验,但此诗生动描写了边地环境和战斗生活。

诗的开头描绘边亭告警、征骑分兵的紧急情况,自然引出胡焰嚣张、天子震怒、使者促战的描述,凝重的气氛如在目前。接着用两联工整对句,极写汉军准备投入战斗的壮阔场面,颇有先声夺人气势。随后描写战场状况,但不是正面描写,而是着重描写汉军的壮伟场面和战地的自然风光,从而烘托出战斗的严酷和惨烈。最后以壮士捐躯、死为国殇的高潮作结,亦议论、亦叙事,表达了一种英勇赴死的豪情和为国效忠的节操。

全诗从紧张局势写到战斗气氛,从行军情状写到将士斗志,自然奔放,气势磅礴,情调激昂。在表现战场氛围时,连带描绘了边地的风物奇观,使诗歌的意境浑然一体。总之,此诗内容和形式达到了较完美的统一,

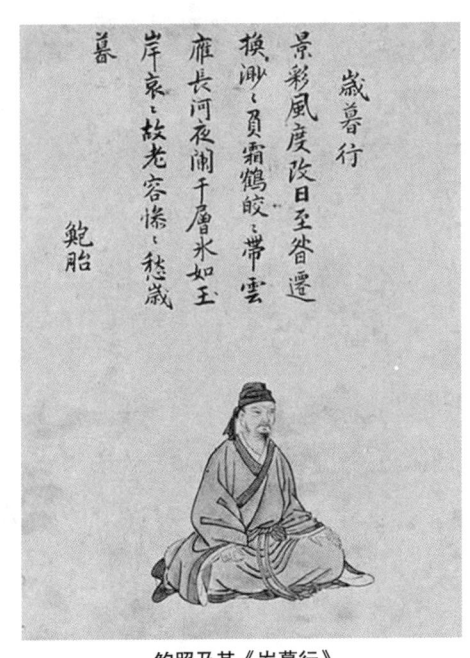

鲍照及其《岁暮行》

勇赴国难 熔铸英魂 —— 011

是一首杰出的边塞诗。

诗的最后四句:"时危见臣节,世乱识忠良。投躯报明主,身死为国殇。"是全诗的精华,自古以来流传万口,几乎成为封建时代衡量忠良行为的准则,产生了鼓舞人心的力量。不仅如此,超越"君臣"的阈限,立足国民与国家的角度,这些诗句及其所表现的精神,在今天也应该是我们吟诵于口、牢记在心的。

从 军 行
杨 炯

烽火照西京①,心中自不平。
牙璋辞凤阙,铁骑绕龙城②。
雪暗凋旗画③,风多杂鼓声。
宁为百夫长④,胜作一书生。

【注释】

① 烽火:古代边防告急的烟火。西京:指长安(今西安市)。

② 牙璋(zhāng):古代兵符由两块合成,分别由朝廷和主帅掌握,相合处为牙状。这里指代奉命出征的将帅。凤阙:汉朝建章宫的圆阙上有金凤,故以凤阙指代皇宫。龙城:又称龙庭,在今蒙古国鄂尔浑河东岸。汉时匈奴大会诸部祭天之所,汉武帝派卫青出击匈奴,曾在此获胜。这里借指敌方要地。

③ 凋(diāo):原意指草木枯败凋零,这里指失去了鲜艳的色彩。旗画:军旗上的彩画。

④ 百夫长:卒长,统领一百个士兵。泛指下级军官。

【简析】

"从军行"是古乐府曲调名,多反映从军的辛苦。而杨炯的这首诗,借乐府旧题写出了书生投笔从戎、安边定国的豪壮激情。

诗一开头写边报传来,激起了志士的爱国热情,起得突兀,可谓惊心动魄。接下来的几句,分别写出师的隆重、进军的神速、环境的艰苦以及战斗的激烈。虽未正面描写战斗的激烈、作战的勇敢,但环境氛围和军中旗鼓的刻画,已经把这些都传达了出来。最后以"宁为百夫长"作结,充分表达了士子从戎的雄心激情。前后既连贯一气,又跳跃飞动;画面明丽,给读者留下想象余地,气势雄健,开盛唐边塞诗之先河。

杨炯像

这首诗写士子从戎、征战边庭的过程和心情,从而表达了国家有事、匹夫有责的使命感和建功立业的豪迈情怀。"宁为百夫长,胜作一书生",千古之下,不知使多少文人士子读罢而击节奋起、投笔从戎;今天读之,犹能给人以激励。

雁门太守行

李 贺

黑云压城城欲摧,甲光向日金鳞开①。
角声满天秋色里,塞上燕脂凝夜紫②。
半卷红旗临易水,霜重鼓寒声不起③。
报君黄金台上意,提携玉龙为君死④。

【注释】

① 黑云：形容战争的烟尘。摧：毁。甲光向日金鳞开：指铠甲在太阳照射下像金色鱼鳞一样闪光。开，铺开。

② 塞上：长城一带，泛指北方边地。燕脂：即胭脂，这里指暮色霞光。凝夜紫：暮色渐深，云山被霞光照射，变成紫色。一说长城附近泥土多紫色，所以称为"紫塞"。

③ 临：临近。易水：河名，在今河北省易县。战国时，荆轲前往刺秦王，燕太子丹送他到易水边。声不起：声音沉闷，不响亮。

④ 报：报答。黄金台：战国时燕昭王所筑，故址在今河北省易县东南。燕昭王曾置千金于台上，广召天下贤士。玉龙：宝剑的代称。

【简析】

"雁门太守行"是古乐府曲调名，李贺用此古调，描写并歌颂了危城将士誓死报国的决心和意志。

诗的前四句写日落前的情景。首句既是写景，也是写事，渲染

雁门关

了敌军兵临城下的紧张气氛和危急形势。次句写城内的守军，以与城外的敌军相对比，借日光来显示守军的阵营和士气，情景相生，很是奇妙无比。三、四句分别从听觉和视觉两方面，铺写阴寒凝重的战地气氛。总之，这四句自然与军阵浑然一体，把氛围晕染得令人窒息。

　　诗的后四句写驰援部队的活动。"半卷红旗临易水"，既表明交战的地点，又暗示将士们具有"壮士一去兮不复还"那般壮怀激烈的豪情。接着描写苦战的场面：部队迫近敌军的营垒，便击鼓发起攻击。夜寒霜重，战鼓声音沉闷，但将士们意气飞扬，毫不泄气。末后两句引用典故，写出了将士们报效朝廷的决心和意志。

　　抛开所写背景不论，诗作以两个典故，把豪侠本色、报国壮心表现得分外透彻，从而有了超越时空的意义。自然，诗中的"君"，可作狭义的指称，亦可作泛泛理解，因而所报可为自己，可为社会，可为国家，可为人民。

指 南 录 后 序
文天祥

　　德祐二年正月十九日，予除右丞相，兼枢密使，都督诸路军马①。时北兵已迫修门外，战、守、迁皆不及施②。缙绅大夫士萃于左丞相府，莫知计所出③。会使辙交驰，北邀当国者相见，众谓予一行为可以纾祸④。国事至此，予不得爱身，意北亦尚可以口舌动也⑤。初，奉使往来，无留北者⑥。予更欲一觇北，归而求救国之策，于是辞相印不拜⑦。翌日，以资政殿学士行⑧。

　　初至北营，抗辞慷慨，上下颇惊动，北亦未敢遽轻吾国⑨。不幸吕师孟构恶于前，贾馀庆献谄于后，予羁縻不得还，

文天祥书谢昌元《座右自警辞》

国事遂不可收拾⑩。予自度不得脱，则直前诟虏帅失信，数吕师孟叔侄为逆，但欲求死⑪，不复顾利害。北虽貌敬⑫，实则愤怒。二贵酋名曰馆伴，夜则以兵围所寓舍，而予不得归矣⑬。未几，贾馀庆等以祈请使诣北⑭。北驱予并往，而不在使者之目⑮。予分当引决，然而隐忍以行⑯。昔人云："将以有为也。"⑰

至京口，得间，奔真州⑱。即具以北虚实告东西二阃，约以连兵大举，中兴机会，庶几在此⑲。留二日，维扬帅下逐客之令⑳。不得已，变姓名，诡踪迹，草行露宿，日与北骑相出没于长淮间，穷饿无聊，追购又急；天高地迥，号呼靡及㉑。已而得舟，避渚洲，出北海，然后渡扬子江，入苏州洋，展转四明、天台，以至于永嘉㉒。

呜呼！予之及于死者不知其几矣㉓！诋大酋当死㉔，骂逆贼当死，与贵酋处二十日，争曲直，屡当死。去京口，挟匕首以备不测，几自到死㉕。经北舰十余里，为巡船所物色，几从鱼腹死㉖。真州逐之城门外，几彷徨死㉗。如扬州，过瓜洲扬子桥，竟使遇哨㉘，无不死。扬州城下，进退不由，殆例送死㉙。坐桂公塘土围中㉚，骑数千过其门，几落贼手死。贾家庄几为巡徼所陵迫死㉛。夜趋高邮，迷失道，几陷死㉜。质明，避哨竹林中，逻者数十骑㉝，几无所逃死。至高邮，制府檄下，几以捕系死㉞。行城子河，出入乱尸中，舟与哨相后先，几邂逅死㉟。至海陵，如高沙，常恐无辜死㊱。道海安、如皋，凡三百里，北与寇往来其间㊲，无日而非可死。至通州，几以不纳死㊳。以小舟涉鲸波，出无可奈何，而死固付之度外矣㊴。呜呼！死生，昼夜事也㊵。死而死矣，而境界危恶，层见错出，非人世所堪㊶。痛定思痛，痛何如哉！

予在患难中，间以诗记所遭㊷。今存其本，不忍废，道中手自抄录㊸。使北营，留北关外，为一卷；发北关外，历吴门、毗陵，渡瓜洲，复还京口，为一卷；脱京口，趋真州、扬州、高邮、泰州、通州，为一卷；自海道至永嘉，来三山㊹，为一卷。将藏之于家，使来者读之，悲予志焉㊺。

呜呼！予之生也幸，而幸生也何所为㊻？所求乎为臣，主辱臣死，有余僇；所求乎为子，以父母之遗体，行殆而死㊼，有余责。将请罪于君，君不许；请罪于母，母不许；请罪于先人之墓。生无以救国难，死犹为厉鬼以击贼，义也。赖天之灵，宗庙之福，修我戈矛，从王于师，以为前驱，雪九庙之耻，复高祖之业㊽，所谓"誓不与贼俱生"，所谓"鞠躬尽瘁，死而后已"，亦义也。嗟夫！若予者，将无往而不得死所矣。向也，使予委骨于草莽，予虽浩然无所愧怍，然微以自文于君亲，君亲其谓予何㊾？诚不自意，返吾衣冠，重见日月，使旦夕得正丘首㊿，复何憾哉！复何憾哉！

是年夏五㊿¹，改元景炎，庐陵文天祥自序其诗，名曰《指南录》。

【注释】

① 德祐二年：1276年。德祐，宋恭帝年号。这年三月，元军入临安（今杭州市），五月，宋恭帝被执北去。除：任命，授官。枢密使：官名，宋朝时为掌管军政的最高军事长官，职位与宰相等同。都督：统帅。路：当时的行政区划名，相当于现在的"省"。

② 北兵：指元军。迫：逼近。修门：国都之门。迁：迁都。施：

实行。

③缙绅：官员。萃（cuì）：聚集。左丞相：当时左丞相为吴坚。

④会：正好。使辙：使者的车辆。交驰：来来往往。形容双方使者不断。北：元军方面。当国者：执政的人，指宰相。纾（shū）祸：免除国家的灾难。纾，解除。

⑤爱身：顾惜自己。意：以为。以口舌动：用言语说动。

⑥初：当初。奉使：奉命出使。留北：被扣留在北方。

⑦更：还。觇（chān）：观察，窥视。辞相印：推辞右丞相的职务。不拜：不就任。

⑧翌（yì）日：第二天。史载，正月二十日，文天祥与吴坚一起前往元营。资政殿学士：宋朝给予离任宰相的荣誉官衔。

⑨抗辞：不屈的言辞。上下：指元军从元帅伯颜到普通官员。遽（jù）：立刻。

⑩吕师孟：当时任宋朝兵部侍郎。构恶：做坏事。指吕师孟向元军纳币求和。贾馀庆：当时任临安知府，文天祥北行后，由他继任右丞相。献谄：指贾馀庆逢迎卖国，令天下各州降元。羁縻（jīmí）：软禁，拘留。不可收拾：形容无法挽救。

⑪度（duó）：估计。诟（gòu）：责骂。虏帅：指统军的元朝丞相伯颜。失信：不讲信用。本来说事情办完即让文天祥回朝。数（shǔ）：列举罪责，加以谴责。为逆：做叛逆之事。吕师孟的叔叔吕文焕也投降了元朝。但：只。

⑫貌敬：表面上尊敬。貌，容貌，此处指表面。

⑬贵酋（qiú）：元军贵族。指万户蒙古岱和宣抚索多。馆伴：接待外国使臣的人员。归：指回临安。

⑭祈请使：奉表请降的使节。德祐二年二月初五，宋恭帝派贾馀庆等人为祈请使，赴大都求降。诣（yì）：到往。

⑮ 并往：一同北上。贾馀庆密告伯颜，唆使元人把文天祥送往沙漠拘留。目：名单。

⑯ 分（fèn）：本分。分当，即理当。引决：自杀。隐忍：克制，忍耐。

⑰ 昔人：指唐朝名将南霁云。事见韩愈《张中丞传后叙》。将以有为：准备有所作为。

⑱ 京口：今江苏省镇江市，当时为元军所占领。间（jiàn）：空隙，这里指机会。真州：今江苏省仪征市，当时仍为宋军所把守。

⑲ 具：全。东西二阃（kǔn）：淮东、淮西两个制置使，分别为李庭芝和夏贵。阃，城郭门限，代指受命在外的统帅。举：起事。庶几：差不多，大概。

⑳ 维扬帅：淮东制置使李庭芝。维扬，即扬州。逐客之令：文天祥到真州，与真州安抚使苗在成计议，约李庭芝共破援军，李庭芝听信谣言，怀疑文天祥通敌，命苗再成将其杀死，苗不忍，放文天祥连夜逃走。

㉑ 变姓名：文天祥当时改名刘洙。诡踪迹：隐蔽行踪。长淮间：指淮东路（今江苏省中部江北地区）。穷：困窘。无聊：无所依靠。追购：悬赏追缉。迥（jiǒng）：远。靡：无。

㉒ 已而：后来。渚洲：长江中的沙洲。北海：指淮海。苏州洋：今上海附近的海域。四明：今浙江省宁波市。天台：今浙江省天台县。永嘉：今浙江省温州市。

㉓ 及于死：到死的边缘。几：多次。

㉔ 诋（dǐ）：骂。大酋：指元军统帅伯颜。

㉕ 去：离开。刭（jǐng）：刎颈。

㉖ 北舰：元军的战船。物色：按形貌搜寻。从鱼腹：指投江。

㉗ 彷徨（pánghuáng）：游移不定，不知去哪里。

㉘ 瓜洲：在扬州南面的长江中。竟使：假使。哨：哨兵。

㉙ 不由：不能自主。殆：几乎，差不多。例：等于。

㉚ 桂公塘：在扬州城外。文天祥三月初三逃离扬州，初四到桂公塘。土围：指没有屋顶的残屋。

㉛ 贾家庄：在扬州城北。文天祥三月初五到贾家庄。巡徼（jiào）：这里指在地方上巡逻的人。徼，巡察。陵迫：侮辱迫害。

㉜ 趋：快走。高邮：今江苏省高邮市。陷：陷在田地里。

㉝ 质明：天刚亮。逻者：巡逻的人。

㉞ 制府：指李庭芝的淮东制置使府。檄（xí）：这里指追捕公文。捕系：捉拿囚禁。

㉟ 城子河：在高邮市境内。相后先：先后到达。邂逅（xièhòu）：不期而遇。

㊱ 海陵：今江苏省泰州市。如：到。高沙：在高邮西南。无辜：无罪，引申为白白的。

㊲ 道：经过。海安、如皋：县名，今均属江苏。寇：土匪。

㊳ 通州：今江苏省南通市。不纳：不接纳。

㊴ 涉：渡。鲸（jīng）波：海中巨浪。涉鲸波，指出海。固：本来。

㊵ 昼夜事：指很平常的事。昼夜，有"随时"的意思。

㊶ 层见错出：层出不穷，不断出现。人世所堪：常人所能忍受。

㊷ 间：有时。所遭：经历的。

㊸ 本：指诗稿。手自：亲手。

㊹ 北关外：元兵进逼临安时，屯兵在城北高亭山，文天祥出使元营于此。吴门：江苏苏州的别称。毗（pí）陵：今江苏省常州市。脱：逃脱。三山：福州的别称。

㊺ 来者：后来的人。悲予志：悲悼我的心志。

㊻ 幸生：侥幸活下来。何所为：为了做什么。

㊼ 主辱臣死：君王受辱，臣子应该以死报之。僇（lù）：侮辱。指未能为君而死。父母之遗体：父母给予自己的身体。责：罪责。古人认为身体发肤受之父母，不能受到侮辱或伤害。行殆：冒着危险。殆，危险。

㊽ 修：整治。前驱：先锋。九庙：皇帝祭祀祖先共有九庙，这里指代国家。高祖：宋朝开国皇帝赵匡胤。

㊾ 向：昔日。委骨于草莽：死在路上。愧怍（kuìzuò）：惭愧。微以：无以。自文：（没有功劳）自我表白。君亲：皇上和父母。谓予何：会怎样说我呢。

㊿ 不自意：没有想到。返吾衣冠：回到我的衣冠之乡，指南宋。衣冠，概指礼仪文明。日月：这里指皇帝和皇后。正丘首：指死在故土。

㉛ 夏五：即夏五月。景炎：宋端宗赵昰（shì）的年号。由于宋恭帝为元兵掳去，德祐二年五月，文天祥等人在福州立赵昰为帝，改元景炎。

【简析】

宋恭帝德祐二年（1276）正月，元军兵临国都临安城下，南宋满朝文武惊慌失措。文天祥挺身而出，受命于危难之际，出使元营谈判。在敌人面前，文天祥慷慨陈词，力图挽狂澜于既倒，说服敌方撤军。元军不守信用，扣留了文天祥，并于二月九日押解北上。二月二十九日夜，文天祥一行在镇江逃脱，历尽艰险，经仪征等地到达南通，然后航海南下，先

文天祥像

到温州,再转福州。其间,文天祥写诗纪实,后来编成诗集《指南录》,这篇序文就是为这部诗集而作,因前面已有一篇《自序》,故称《后序》。

序文首先点明当时的严峻形势,然后顺序叙述出使元营、面斥敌酋与汉奸、被扣押后冒死脱逃、艰辛南归的经历。其中,有的事件简略叙述,而冒死脱逃南归的经过和遭遇,则以主要篇幅予以详尽描述——历尽千辛万苦,冲破艰难险阻,多次遭遇死神,辗转东南陆海,从而既体现了文天祥忠贞爱国、百折不回、万死不辞的精神,也反映了南宋国内各方面的复杂局面,进而反衬了文天祥的高尚境界和不屈意志。

序文全篇始终洋溢着诗人强烈的感情,字里行间涌动着不可遏制的激情和悲壮沉痛的情怀,读来字字泣血、句句动情,给人以强烈的震撼和感染。与文天祥的其他诗文一样,这篇序文曾激励过无数仁人志士,面对危难而坚贞不屈、百折不挠,为国为民而积极奋斗、勇于献身。如今,这篇序文仍然以其体现的爱国情怀和坚贞气节,带给我们满满的激励与鼓舞。

就 义 诗

杨继盛

浩气还太虚,丹心照千古[1]。
生平未报国,留作忠魂补[2]。

【注释】

[1] 浩气:正气。还:回归。太虚:太空。丹心:红心,赤诚之心。

② 生平：一生，一辈子。忠魂：忠于国家的魂魄。

【简析】

《就义诗》是明朝诗人杨继盛的五言诗。诗人在诗中表示，自己报国之心不但至死不渝，而且死后也不会改变，爱国、报国之情溢于言表。

杨继盛是明朝著名的谏臣，号椒山，直隶容城（今河北省容城县）人。嘉靖二十六年（1547）进士，曾官兵部、刑部侍郎等。嘉靖三十二年（1553），他上疏弹劾严嵩"五奸十大罪"，遭诬陷下狱。在狱中，杨继盛备受拷打，嘉靖三十四年遇害，年仅四十。明穆宗即位后，以杨继盛为直谏诸臣之首，追赠太常少卿，谥号"忠愍"。后人以其故宅改庙奉祀，尊为城隍神，是北京两城隍之一。

杨继盛像

这首诗是杨继盛临刑前所作，原诗没有题目，诗题是后人代拟的。诗作前两句说自己即使死了，但浩气留存天地之间，丹心也会光耀千古；后两句，说自己生前未能报效国家，死后若有忠魂在，定要予以弥补，以偿夙愿。整首诗寥寥二十字，一片天地浩然正气、忠贞报国之心，历历可睹，千载以下读之，依然让人感佩不已。

被执过故里

张煌言

苏卿仗汉节，十九岁华迁①。
管宁客辽东，亦阅十九年②。

还朝千古事，归国一身全③。
予独生不辰，家国两荒烟④。
飘零近廿载，仰止愧前贤⑤。
岂意避秦人，翻作楚囚怜⑥。
蒙头来故里，城郭尚依然⑦。
仿佛丁令威，魂归华表巅⑧。
有觍此面目⑨，难为父老言。
知者哀其辱，愚者笑其颠⑩。
或有贤达士，谓此胜锦还⑪。
人生七尺躯，百岁宁复延⑫。
所贵一寸丹，可逾金石坚⑬。
求仁而得仁，抑又何怨焉⑭。

【注释】

① "苏卿"二句：指西汉苏武出使匈奴事，参见《美德故事》。苏卿，即苏武。岁华：年华。迁：迁转，变化。

② 管宁：三国时魏人，汉末避乱辽东，聚徒讲学，乱后始归。阅：经过。

③ "还朝"二句：用苏武和管宁故事。苏武归国后，被任命为典属国；管宁归国后，也屡次被曹魏政权征召。

④ 生不辰：即生不逢时，命运不好。荒烟：败落。

⑤ 飘零：漂泊，流落。仰止：景仰、仰慕。前贤：指苏武和管宁。

⑥ 避秦人：指陶渊明《桃花源记》里的人，秦末时，他们的先辈为躲避战乱而进入桃花源，在那里繁衍生息。楚囚：本指被俘的楚国人，这里指作者自己被清军俘获。

⑦ 蒙头：遮住头，表示羞愧无脸见人。故里：故乡。

⑧ 丁令威：西汉时期辽东人，学道于灵虚山，后来化鹤飞回故里，停在城门华表的顶上，高唱"有鸟有鸟丁令威，去家千年今始归，城郭如故人民非，何不学仙——冢累累！"华表：古代设在宫殿、城垣、坟墓前的石柱。

⑨ 靦（miǎn）：面有愧色。

⑩ 知：同"智"。颠：痴癫，不识时务。

⑪ 贤达士：贤能通达的人。锦还（huán）："衣锦还乡"的简缩。

⑫ "百岁"句：这句是说人生活到百年总有一死。宁复延，延长。

⑬ 一寸丹：一寸丹心。逾：超过。

⑭ "求仁"二句：说自己本来就打算杀身成仁、以死报国，现在死得其所，又有什么可怨恨的呢。《论语·述而》："求仁而得仁，又何怨！"

【简析】

张煌言，号苍水，南明弘光政权覆亡后，拥鲁王，据守浙东，官权兵部尚书。诗人，著名的抗清英雄，坚持抗清斗争近二十年。后流寓象山南田岛悬岙（ào）（今浙江省象山县南）。康熙三年（1664），被清军所执，拒降不屈，于杭州遇害。就义前，赋《绝命诗》一首。

张煌言的诗文多在战斗生涯里

张煌言像（顾洛绘）

写成,质朴悲壮,表现出忧国忧民的爱国热情。这首诗也不例外。被俘当年(康熙三年,1664)七月,张煌言被清军押赴杭州,途经家乡宁波,这首诗写的就是其时的感慨。

诗歌前边部分,从在外近二十年而荣归故里的苏武和管宁写起,与自己经过家乡作对比,其间情感比较复杂纠结,有愧、有愤、有自嘲、有不甘……繁复的铺垫之后,笔调翻转,说在贤达者看来,自己此行经过家乡胜过衣锦还乡。由此而一气直下表白了自己的人生观和价值观,情调激昂,字字金石,掷地有声。

明末清初,涌现出了许多节义之士,成为我国历史上爱国主义的一道亮丽风景。这样的亮丽风景,还需要我们继续描绘下去。

别 云 间

夏完淳

三年羁旅客,今日又南冠①。
无限河山泪,谁言天地宽?
已知泉路近②,欲别故乡难。
毅魄归来日③,灵旗空际看。

【注释】

① 三年:作者自1645年(南明弘光元年,清顺治二年)起参加抗清斗争,出入于太湖及其周围地区,至1647年(南明永历元年,清顺治四年),共三年。羁(jī)旅:寄居他乡,生活漂泊不定。羁,停留。南冠(guàn):被囚禁的人。

② 泉路:黄泉路,死路。

③毅魄：坚强不屈的魂魄。这里指后继者的队伍。

【简析】

南明永历元年秋，夏完淳因倡义抗清，上表南明朝廷事泄，在家乡上海松江（古称"云间"）被捕。被捕时，诗人义气从容，慨然而呼："天下岂有畏人避祸夏存古（夏完淳的字）哉！""我得归骨于高皇帝（指明太祖朱元璋）孝陵，千载无

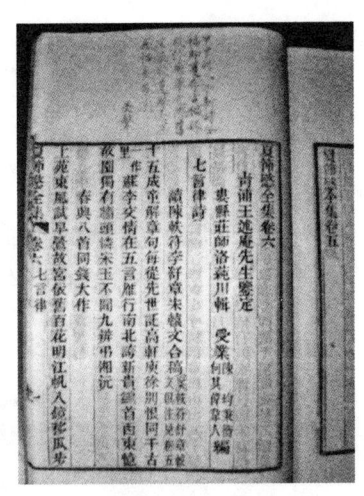

《夏完淳全集》书影

恨。"这首诗，就是他被解往南京告别故乡时吟成的。这一年，诗人还是只有17岁的少年。

开篇两句写自己被捕，顺带揭出"羁旅"三年的难忘经历，虽然没有往事的具体再现，但诗行间抗清义士的身影隐然可见：四处转战，戎马倥偬，不稍宁息。"无限山河泪，谁言天地宽"两句，诗人环顾四野，俯仰天地，山河沦落的悲怆之情纤毫毕现。"已知泉路近，欲别故乡难"两句，诗人面对牺牲，泰然自若；永别故乡，却又万般不舍。"毅魄归来日，灵旗空际看"两句，是说自己魂魄归来之时，会看到抗清的队伍前后相继、战旗飘扬，展现了抗清事业的前景。

诗中既有视死如归的豪情，又有难舍故乡的柔情；既有故国山河沦落的悲怆，又有事业后继有人的希望。短短几行诗，表现了丰富的事实与情感。尤其是其中矢志不移的爱国热忱，面对牺牲的大义凛然，慷慨悲壮，感人至深。

狱中题壁
谭嗣同

望门投止思张俭①，忍死须臾待杜根②。
我自横刀向天笑，去留肝胆两昆仑③。

【注释】

① 投止：投宿。张俭：东汉末年山阳高平（今山东省微山县西北）人，字元节。任郡东部督邮时，因上疏弹劾宦官侯览图谋不轨，反被诬为结党营私，被迫逃亡。人们尊敬张俭的品节和行为，都冒死接纳他。诗人借此想到康、梁出逃，一定也会受到人们的欢迎。投止，投宿。思，思慕。

② 杜根：东汉安帝时人，曾任郎中。因不满外戚邓氏专权，杜根上书建议安帝亲政。邓太后大怒，让人将杜根装入口袋，在殿上摔死。行刑者敬仰杜根，施刑时没有过分用力，杜根因而得以脱生。邓氏被诛后，杜根复官为侍御史。这里借以勉励幸存的维新派人士暂避一时，以待东山再起。忍死，装死。须臾，不长的时间。

③ 去留肝胆两昆仑：不管去者还是留者，都光明磊落，肝胆相照，像昆仑山一样巍峨高大。去，指出逃或死去；留，留下或活着，指政变发生时留下的王五。梁启超《饮冰室诗话》："所谓'两昆仑'者，其一指南海（康有为），其一乃侠客大刀王五。"

【简析】

谭嗣同是戊戌变法运动的著名人物。1898年6月，清帝光绪发布变法命令，谭氏奉诏进京，"参预新政"。同年9月，慈禧太后发动政变，囚禁光绪，捕杀维新派。谭嗣同临危不惧，决心留下来纠合"侠士"数十人,营救光绪,事情未成而被捕,陷入死牢。在狱中,他意气自若,拾起地上的煤屑,在壁上写下了这首绝笔诗。

诗的前两句,以张俭、杜根两个历史人物受迫害的故事,说明维新变法是正义的事业,必将深得民众的支持与同情。诗的后两句,表现了作者

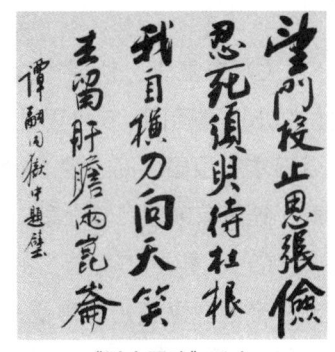
《狱中题壁》手迹

以身殉难、壮烈献身的英雄气概和大无畏精神。

戊戌变法失败后,康有为、梁启超等逃往日本;谭嗣同如果打算避走他乡,也不是不可能。然而,谭嗣同拒绝离开,他认为:"各国变法,无不从流血而成。今日中国未闻有因变法而流血者,此国所以不昌也;有之,请自嗣同始!"同样,谭嗣同对康、梁等的避走也给予充分理解,因为"去留"的目的是一致的。

历史无数次证明,在专制政权之下,变法维新,从来都不是"闲庭信步",而是要流血牺牲。面对变法失败、捕杀临头,谭嗣同喊出"请自嗣同始",予人震撼,引人深思。为国家、为民族,面对变革,面对危难,"虽千万人吾往矣"的胆略和气概,总是需要的。

黄海舟中日人索句并见日俄战争地图
秋　瑾

万里乘风去复来,只身东海挟春雷[①]。
忍看图画移颜色,肯使江山付劫灰[②]!
浊酒不销忧国泪,救时应仗出群才[③]。
拚将十万头颅血,须把乾坤力挽回[④]。

【注释】

① 去复来：秋瑾光绪三十年（1904）仲夏赴日本留学，次年（1905）春回国，6月再赴日本，同年冬天返国。这句写作者只身往返日本和祖国之间。挟（xié）：怀着，藏着。春雷：春雷可使万物苏醒，这里有唤醒民众之意。

② 忍看："怎忍看"的省略。图画：即地图。移颜色：指我国领土被帝国主义侵占。肯使："岂肯使"的省略。劫灰：遭到劫掠之后的灰烬。

③ 销：消除。救时：挽救时局。仗：依靠。出群才：指出类拔萃的人才。出群，超群、出众。

④ 拚（pàn）将：不顾惜，舍弃。将，语气助词。十万：泛指极多。乾坤：天地，指国家危亡的局势。

【简析】

1905年末，秋瑾第二次从日本回国。在船上，秋瑾见到了《日俄战争地图》，不禁感慨万分，又值日本人"索句"（求诗），于是便写了这首悲壮的诗。

日俄战争是发生在中国领土上的帝国主义战争。当时，日、俄两帝国为争夺在中国的利益，在我国东北发动战争，而腐败无能的清政府，竟然以为事不关己，宣告"中立"。面对祖国领土任人宰割和国势衰微的现状，秋瑾感慨万端。

这首诗风格雄壮豪放，充满了以天下为己任、誓死拯救祖国危亡命运的英雄气概。"万里乘风去复来"两句写自己两次东渡日本，起笔劈空而来，笔势阔大豪迈。"忍看图画移颜色"两句，写自己不忍，亦绝不肯任凭祖国被列强瓜分，饱含着对祖国的深情，显得格外沉重、坚定。"浊酒不销忧国泪"两句，是秋瑾对时代英才的呼唤，其中也隐含着"出群才"的自许之意。"拚将十万头颅血"两句，道出了革命者的铮铮誓言：力挽乾坤，不惜以鲜血、生命为代价。

秋瑾是卓绝一代的巾帼豪杰，她以一腔热血投注于革命事业，谱写了生命最壮烈的篇章。她的豪情壮志，她的卓绝诗篇，至今仍然感染和激励着人们。

对　酒
秋　瑾

不惜千金买宝刀，貂裘换酒也堪豪^①。
一腔热血勤珍重，洒去犹能化碧涛^②。

【注释】

① 宝刀：吴芝瑛《记秋女侠遗事》提到，秋瑾在日本留学时曾购一宝刀。貂裘换酒：以貂皮制成的衣裘换酒喝。

② 勤：常常，多。碧涛：血的波涛。用《庄子·外物》典："苌（cháng）弘死于蜀，藏其血，三年而化为碧。"苌弘，周景王、敬王时史官，忠于祖国，遭奸臣陷害，自杀于蜀，当时的人把他的血用石匣藏起来，三年后化为碧玉。后世多以碧血指烈士流的鲜血。涛，此处指革命风暴。

秋瑾在日本留学时的照片

【简析】

这首诗也作于1905年。秋瑾从日本回国后，曾在上海的挚友吴芝瑛家中，拿出新购的倭刀给朋友看。几个人喝完酒后，秋瑾拔刀起舞、高歌，吴芝瑛命女儿以风琴伴奏，歌舞慷慨，悲壮动人。此诗即缘此而作。

诗的前两句，以千金买刀、貂裘换酒，表达诗人的价值观，也透露出诗人豪爽的性格。后两句用典，表示为了革命事业，诗人甘于抛头颅、洒热血，以碧血忠魂激励人们投身反帝反封建的斗争。全诗慷慨豪壮，英气勃发，句句铿锵有力，字字掷地有声，把诗人的豪情壮志抒发得淋漓尽致，也激荡着每一个读者的心魂。

就 义 诗
佘 英

牡丹初放却先残，未捣黄龙死不甘①。
我本为民兼为国，拼将热血洒红毡。

【注释】

① 黄龙：即黄龙府，辖地在今吉林省一带，为金人的腹心之地；代指敌人的巢穴。

佘英像

【简析】

佘英，原名佘俊英，字竟成，四川省泸县（今泸州市）人。曾参加清末科考，中武秀才。后加入同盟会，改名佘英，表示与清廷一刀两断。1909年在四川起义，腹背受敌，弹尽粮绝，自知不能脱险，乃向清军晓以革命大义，慨然被捕，囚于木制笼中，沿途仍向群众宣传革命。在狱中，佘英痛斥清廷腐败无能，丧权辱国，1910年2月27日遇难，时年36岁。1919年，孙中山追赠佘英为陆军中将；1938年，国民政府明令给佘英公葬。

  这首诗，是佘英临刑前吟成的，诗题是后人代拟的。诗中首先表达了自己未捣黄龙身先死的遗憾，也暗示了作者的宏伟志愿；同时表示，自己为国为民而死，死得其所。诗作语言朴实，气概豪迈，引人奋发。

自题小像
鲁　迅

灵台无计逃神矢①，风雨如磐暗故园②。
寄意寒星荃不察③，我以我血荐轩辕④。

【注释】

① 灵台：指心，古人认为心有灵台。神矢：比喻民主的革命风暴。

② 风雨如磐（pán）：比喻国家和民族灾难深重。磐，扁而厚的大石。故园：故国、祖国。

③ 寄意寒星：把自己的寄托给寒星。荃（quán）不察：语出屈原《离骚》："荃不察余之衷情兮。"荃，香草名，古时比喻国君，这里借喻祖国人民。不察，不理解。

④ 荐：祭。轩辕：指古帝王黄帝，这里比喻国家。

【简析】

1902年1月，鲁迅以优异成绩取得官费留学日本的资格。到日本不久，在所在的江南班内，鲁迅第一个剪掉了象征清朝统治的辫子，拍照留念，并作《自题小像》，题赠好友许寿裳。诗作原本没有题目，现在的诗题，正是许寿裳在其发表的《怀旧》一文中所加。

诗的首句，诗人说自己虽然远在异国他乡，但国内民主革命的刺激却无法回避，暗示作者关心国事，从未忘怀；第二句，写遥望祖国风雨飘摇、灾难深重，与首句作了呼应；第三句转折，写自己的心意不被理解，隐约流露出感到"同胞未醒"的苦闷和忧虑；第四句直抒怀抱，表达誓与列强殊死斗争的决心和不惜为国捐躯的精神。

鲁迅《自题小像》手迹

这首诗中，鲁迅先生倾吐了自己内心蓄积的爱国感情，表达了为国捐躯的宏伟抱负。"我以我血荐轩辕"一句，已成为志士仁人敢于为国牺牲的誓言，总是那样的铿锵有力，总是可以响彻云霄，传之久远。

与 妻 书
林觉民

意映卿卿如晤①：

吾今以此书与汝永别矣！吾作此书时，尚是世中一人；汝看此书时，吾已成为阴间一鬼。吾作此书，泪珠和笔墨齐下，不能竟书而欲搁笔②，又恐汝不察吾衷，谓吾忍舍汝而死，谓吾不知汝之不欲吾死也,故遂忍悲为汝言之。

吾至爱汝!即此爱汝一念,使吾勇于就死也!吾自遇汝以来,常愿天下有情人都成眷属;然遍地腥云,满街狼犬,称心快意,几家能彀③?司马春衫,吾不能学太上之忘情也④。语云,仁者"老吾老以及人之老,幼吾幼以及人之幼"⑤。吾充吾爱汝之心,助天下人爱其所爱,所以敢先汝而死⑥,不顾汝也。汝体吾此心⑦,于悲啼之余,亦以天下人为念,当亦乐牺牲吾身与汝身之福利,为天下人谋永福也。汝其勿悲⑧!

汝忆否?四五年前某夕,吾尝语曰:"与使吾先死也,无宁汝先吾而死。"⑨汝初闻言而怒,后经吾婉解⑩,虽不谓吾言为是,而亦无辞相答。吾之意,盖谓以汝之弱,必不能禁失吾之悲⑪;吾先死留苦与汝,吾心不忍,故宁请汝先死,吾担悲也。嗟夫!谁知吾率先汝而死乎⑫!

吾真不能忘汝也!回忆后街之屋,入门穿廊,过前后厅,又三四折有小厅,厅旁一室,为吾与汝双栖之所。初婚三四个月,适冬之望日前后,窗外疏梅筛月影⑬,依稀掩映。吾与汝并肩携手,低低切切⑭,何事不语?何情不诉?及今思之,空余泪痕。又回忆六七年前,吾之逃家复归也⑮,汝泣告我:"望今后有远行,必以告妾,妾愿随君行。"吾亦既许汝矣。前十余日回家,即欲乘便以此行之事语汝,及与汝相对,又不能启口。且以汝之有身也⑯,更恐不胜悲,故惟日日呼酒买醉。嗟夫!当时余之心悲,盖不能以寸管形容之⑰。

吾诚愿与汝相守以死,第以今日事势观之,天灾可以死,盗贼可以死,瓜分之日可以死,奸官污吏虐民可以死⑱。吾辈处今日之中国,国中无地无时不可以死。到那时使吾眼睁睁看汝死,或使汝眼睁睁看吾死,吾能之乎?抑汝能之乎⑲?即可不死,而

《与妻书》手迹（局部）

离散不相见，徒使两地眼成穿而骨化石㉑，试问古来几曾见破镜能重圆？则较死为苦也，将奈之何？今日吾与汝幸双健。天下人之不当死而死与不愿离而离者，不可数计；钟情如我辈者㉑，能忍之乎？此吾所以敢率性就死而不顾汝也㉒。吾今死无余憾，国事成不成，自有同志者在。依新已五岁，转眼成人，汝其善抚之，使之肖我㉓。汝腹中之物，吾疑其女也。女必像汝，吾心甚慰；或又是男，则亦教其以父志为志，则我死后，尚有二意洞在也㉔。甚幸！甚幸！吾家后日当甚贫，贫无所苦，清静过日而已。

吾今与汝无言矣！吾居九泉之下，遥闻汝哭声，当哭相和也。吾平日不信有鬼，今则又望其真有；今人又言心电感应有道，吾亦望其言是实，则吾之死，吾灵尚依依傍汝也。汝不必以无侣悲㉕。

吾平生未尝以吾所志语汝，是吾不是处；然语之，又恐汝日日为吾担忧。吾牺牲百死而不辞，而使汝担忧，的确非吾所忍。吾爱汝至，所以为汝谋者惟恐未尽。汝幸而偶我，又何不幸而生今日之中国！㉖吾幸而得汝，又何不幸而生今日之中国！卒不忍独善其身。嗟夫！巾短情长，所未尽者，尚有万千，汝可以模拟得之㉗。吾今不能见汝矣！汝不能舍吾，其时时于梦中得我乎？一恸㉘！

辛亥三月二十六夜四鼓,意洞手书。

家中诸母皆通文,有不解处,望请其指教,当尽吾意为幸。

【注释】

① 意映:作者妻子的名字,姓陈。卿卿:旧时夫妻间的爱称,用于男对女的称呼。

② 竟书:写完。竟,完结。衷:内心。

③ 彀(gòu):同"够"。

④ 司马春衫:"春衫"应为"青衫"。唐朝诗人白居易贬官为江州司马时,一日送客远行,在浔阳江头听到一乐伎弹奏琵琶,其声凄切,又听她诉其一生不幸的遭遇,遂作长诗《琵琶行》。诗中有"座中泣下谁最多,江州司马青衫湿"的句子,后世常用"司马青衫"比喻受感动而悲泣。太上:指修养最高的人。忘情:本指忘记一切感情,亦指不为情绪所动、不被情感困扰。

⑤ "老吾老"句:语出《孟子·梁惠王上》。第一个"老"字和"幼"字,均用作动词,分别表示"敬爱"和"爱护"的意思。

⑥ 充:扩充。敢:敢于,这里有自谦的语气。

⑦ 体:体察,体谅。永福:永久的幸福。

⑧ 其:句中语气词,这里表示期望。

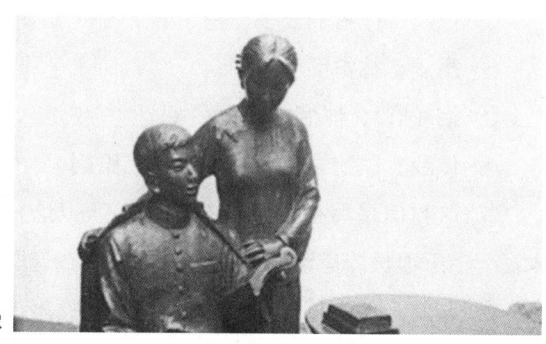

林觉民故居内的雕像

⑨ 与：与其。无宁：即毋宁，宁可。

⑩ 婉解：婉转劝解，这里有左解释、右劝说的意思。

⑪ 禁：禁受。

⑫ 率：率尔，这里有"未能逆料""竟然"的语气。

⑬ 望日：农历每月十五日。筛：透过。

⑭ 切切：形容私语低微细小的声音。

⑮ 逃家复归：据载，林觉民婚后不久，父亲忽接其一信，上面写着"有急事立刻去南洋，归期不定，请您不要挂念"的话。父亲很着急，第二天即搭乘轮船赶赴厦门阻止。在厦门寻找三天，毫无踪影，只好回家。不料一进家门，就见林觉民带笑站在那里。这里指的就是这件事情。

⑯ 有身：怀孕。

⑰ 寸管：笔的代称。

⑱ 以死：因之而死。第：但，仅只。

⑲ 抑：抑或，还是，表示选择。

⑳ 眼成穿：眼睛望而成穿（孔洞）。骨化石：身体化为石头。形容夫妇两地相思的痛苦。

㉑ 钟情：多情。

㉒ 率性而死：毅然而死。

㉓ 依新：作者的长子。肖：像。

㉔ 意洞：林觉民字意洞。

㉕ 侣（lǚ）：伴侣。

㉖ 偶我：以我为偶，即和我缔结婚姻。

㉗ 这封信是写在一条白布上的，所以这样说。巾短情长：巾帕太短、情感很长，指话还没有说完。模拟：这里是"推想"的意思。

㉘ 一恸（tòng）：指心中一阵强烈悲痛。

【简析】

　　这封家信,是林觉民在广州起义的前三天(1911年4月24日)夜里写给妻子陈意映的。它是一封绝笔信,因为此时林觉民已经抱定了必死的决心。在信中,林觉民倾诉了自己对妻子真挚的爱情和对革命的热忱,表达了他对清朝反动统治者的无比愤恨,对中华民族解放的热烈追求,以及甘愿牺牲个人幸福而为天下谋福祉的崇高理想。

　　信中回忆了夫妻间多年的爱情往事。应该说,他们是一对恩爱的夫妻,也是一个幸福的家庭。出国留学的林觉民如果仅仅埋头学问,不问国事,完全可以把这样的幸福生活延续到白头而终。但作为爱国忧民的革命家,林觉民甘愿牺牲自己的幸福和生命去拯救国家,在他的信念中,个人的幸福是以国家的富强为前提的。这就是无数革命者出生入死的广阔胸襟。读着林觉民的信,高尚的爱国情操会激荡在我们的心间。

　　革命烈士牺牲前留给妻子的书信,还有夏明翰的《致郑家钧》、邓中夏的《致李瑛》、陈觉的《给妻子的遗书》等。这些书信表现了别妻之痛,但更多的却是国殇之忧,显示了他们捐躯赴国难的英雄气概。中华民族正是因为有了这样一些以天下为己任的爱国烈士,才战胜了一切困难,冲破了一切阻碍,走向了民族解放,走向了国家富强。

给兄嫂的遗书(节选)

刘伯坚

凤笙大嫂并转五六诸兄嫂:

　　弟于三月四日在江西信丰县唐村被粤军俘虏,押解大庾粤军第一军部,三月廿二日在大庾牺牲了①。

弟在唐村被俘时,就决定一死以殉主义②,并为中国民(族)解放流血,曾有遗嘱及绝命词寄给你们,不知收到没有?

弟为中国革命牺牲毫无遗恨,不久的将来,中国民族必得解放,弟的鲜血是不会空流的。

虎、豹、熊三幼儿将来的教养③,完(全)赖诸兄嫂。……

诸幼儿在十八岁前可受学校教育,十八岁后即入工厂作工为工人。他们结婚更不要早,迟至三十岁左右再结婚亦不为迟,以免早婚多儿女累,不能成就事业。

最重要的,诸儿要继续我的志向,为中国民族的解放努力流血,继续我未完成的光荣事业。

这封信须要叔振同志一阅④,她可能已到沪了。

此致

最后的亲爱的敬礼

弟　刘伯坚
三月廿日于大庾

【注释】

① 粤军:国民党广东军阀部队。大庾(yǔ):地名,在江西,今名"大余",与广东交界。

② 殉(xùn):为了某种目的而死。

③ 虎、豹、熊:即刘虎生、刘豹生、刘熊生,是刘伯坚的三个孩子。

④ 叔振:即王叔振,刘伯坚的妻子,早年参加革命,后在闽西牺牲。

【简析】

这封信是刘伯坚就义前写给兄嫂的诀别信。凤笙大嫂,即梁凤笙，刘伯坚妻子的嫂嫂。

红军北上长征后，刘伯坚留在赣南根据地坚持斗争。1935年3月4日，在江西信丰、会昌交界处与敌作战时负伤，不幸被俘；3月21日英勇就义。此信写于临刑前——当敌人问他有什么后事要办，刘伯坚说："有！第一，我要写封家信，交代我的子孙后代将革命进行到底！第二，我死之后要把我葬在梅关，使我死后也能看到革命的烈火到处燃烧！"敌人只好给他纸和笔，刘伯坚镇定自若地写下了这封家书。

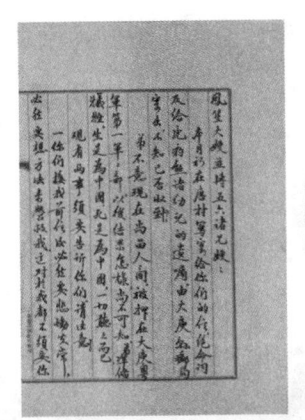

刘伯坚给兄嫂的遗书（局部）

刘伯坚像

面对即将来临的死亡，刘伯坚没有悲哀和痛苦，有的只是对亲人的挂念，以及对后代继续革命的期望。信中所述，条理明晰，情真意切；事有琐屑，意无畏缩，充分表现了一个革命者面对死亡的大义凛然，视死如归。

就 义 诗

杨 超

满天风雪满天愁[①]，革命何须怕断头？
留得子胥豪气在[②]，三年归报楚王仇！

【注释】

① 风雪：亦作"风雨"。

② 春秋时期，伍子胥父兄被楚平王无辜杀害，伍子胥逃往吴国，取得吴王的信任，起兵打进楚国京城。当时楚平王已死，伍子胥掘墓鞭尸，以报家仇。这里是说烈士的鲜血不会白流，革命同志定会向敌人讨还血债。

【简析】

杨超像

杨超 21 岁时加入中国共产党，曾任中共江西省委委员。"四一二"反革命政变后，杨超转往南昌、武昌、河南等地工作，后作为特派员再回江西，不幸在九江被捕。1927 年 12 月 27 日，在南昌市德胜门外下沙窝就义。

这首诗，是杨超烈士在就义时高声吟诵的。诗歌首句起兴，揭示时局、刑场氛围，以及自己的心境；第二句表现革命者大义凛然、视死如归的品格。后两句，借用春秋时期伍子胥的典故，表达作者革命必胜的坚定信念；不同的是，伍子胥报的是家仇，而革命者洗雪的则是国恨。作者借伍子胥的"豪气"，体现了革命者直冲斗牛的豪壮之气，令人感奋。

囚 歌

叶 挺

为人进出的门紧锁着，
为狗爬走的洞敞开着，
一个声音高叫着：

爬出来吧，给你自由！
我渴望着自由，
但也深知道——
人的身躯哪能由狗的洞子爬出！
我只能期待着，
那一天——
地下的火冲腾①，
把这活棺材和我一齐烧掉②，
我应该在烈火与热血中得到永生！

【注释】

① 地下的火：比喻全国人民的愤怒之火。
② 活棺材：可指眼前的牢狱，更是比喻反动统治。

【简析】

  1941年1月，叶挺在皖南事变中被国民党顽固派扣押，先后被囚禁在江西上饶、湖北恩施、广西桂林等地，最后移禁于重庆渣滓洞集中营。在狱中，叶挺受尽各种苦刑，仍坚贞不屈。这首诗是叶挺在牢狱中写成的。

  此诗写于1942年，有多种版本（题壁、手稿），诸本略有不同，这里所收是根据作者手迹抄录的，这份手稿由叶挺夫人李秀文探监时带出，现存重庆歌乐山烈士陵园。

  诗的开头以"门紧锁着"和"洞敞开着"形成对比，形象地写出了革命者所处的严酷环境：身陷囹圄，失去自由。敌人使出各种伎俩，威胁不成，又用"自由"来做诱饵。但革命者不为所动，他们宁愿就死、不愿苟活；他们甘愿献身革命，换来真正的自由与

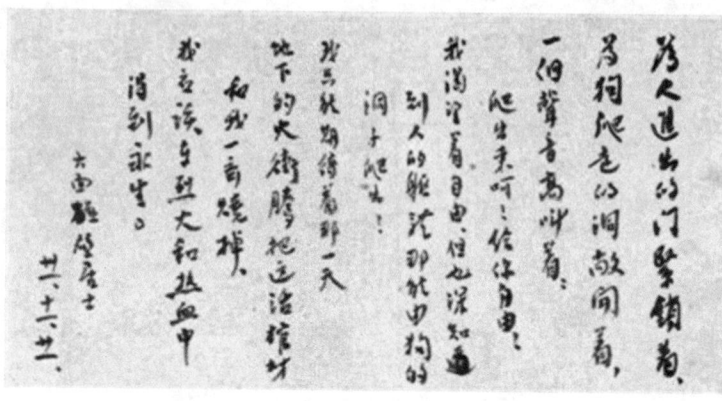

《囚歌》手迹

和平。

革命情操,不只是体现在战场上、刑场上,以及敌人的监牢中,也应该体现在生活的方方面面。当我们面对困难、面对挫折想要退却的时候,想想先烈们,不是可以增强生活的信心和勇气吗?

义勇军进行曲
田 汉

起来!不愿做奴隶的人们!
把我们的血肉筑成我们新的长城!
中华民族到了最危险的时候,
每个人被迫着发出最后的吼声。
起来!起来!起来!
我们万众一心,
冒着敌人的炮火,前进!
冒着敌人的炮火,前进!
前进!前进!进!

【简析】

《义勇军进行曲》作于1935年,由田汉作词,聂耳作曲,是电影《风云儿女》的主题歌。当时正值日寇入侵、国土沦陷的危难时刻,一声"起来",奏出了中华民族的心声,它象征着中华民族不屈不挠的战斗精神,激励和鼓舞着中国人民争取解放的斗志和信心。

田汉与聂耳

在中华民族"最危险的时候",这首《义勇军进行曲》无疑是一次最有力的动员;"每个人被迫着发出最后的吼声",简练而有力地揭示了抗日战争的正义性和严峻性;中国人民"冒着敌人的炮火前进",终于取得了抗战的最后胜利。

近代以来,中华民族的历史是一部反抗侵略的历史,正是不屈的战斗精神,才迎来了民族解放的最后胜利。在当前世界和平的年代里,我们不能忘记战争的因素仍然存在,而且必须认识到敌对势力敌视、遏制我们的行为从未一刻停止,我们仍然处在建设全面小康、实现中华民族伟大复兴的"最危险的时候"。我们要发扬先辈不屈不挠的战斗精神,与霸权主义做不懈的斗争。

让这首雄壮有力的《义勇军进行曲》——我们的国歌,永远激励着中华民族奋勇前进。

假使我们不去打仗

田 间

假使我们不去打仗,

敌人用刺刀
杀死了我们,
还要用手指着我们骨头说:
"看,
这是奴隶!"

【简析】

现代诗人田间,被称作"擂鼓诗人""时代的鼓手"(闻一多语)。1938年春,田间随西北战地服务团到达延安。为适应斗争的需要,他与文艺界同仁发起街头诗运动,把自己创作的诗歌写在墙壁、岩石和大树上,以揭露日寇侵略罪行、鼓舞人民斗志,这首诗便是其中一首。

这首明白如话的"街头诗",采取寓正于反的艺术手法,直截了当地推出一个假定的镜头,揭示了假若不去打仗的严重后果,从而激发军民同仇敌忾,与敌人血战到底。

假使我们不去打仗,将会面临什么呢?诗人指出了两种严重恶

诗配画《假使我们不去打仗》

果:一是"敌人用刺刀／杀死了我们",这是有关个人安危与民族存亡的重大问题;二则更进一层,敌人不仅要消灭我们的生命,而且还要从精神上侮辱我们,"用手指着我们骨头说／'看／这是奴隶'"。生命被强敌掠夺,而且还要留下耻辱名声的时候,这对于任何一个有尊严的人都是无法忍受的。

这首诗简洁明快,没有任何的铺叙、过渡,没有任何的委婉、曲笔,而是将一个简单的事实和推断直言相陈,简单明了,但极具震撼力。诗歌所表达的不愿做奴隶的反抗精神,鼓舞了抗战斗志,也应该成为我们的血液,在我们民族的血管里流淌。

最后一次的讲演
闻一多

这几天,大家晓得,在昆明出现了历史上最卑污,最无耻的事情!李先生究竟犯了什么罪,竟遭此毒手?他只不过用笔写写文章,用嘴说说话,而他所写的,所说的,都无非是一个没有失掉良心的中国人的话!大家都有一支笔,有一张嘴,有什么理由拿出来讲啊!有事实拿出来讲啊!(闻先生声音激动了)为什么要打要杀,而且不敢光明正大地来打来杀,而偷偷摸摸地来暗杀,这成什么话?(鼓掌)

今天,这里有没有特务?你站出来!是好

闻一多讲演的场景

汉的站出来！你出来讲！凭什么要杀死李先生？（厉声。热烈地鼓掌）杀死了人，又不敢承认，还要诬蔑人，说什么"桃色事件"，说什么共产党杀共产党，无耻啊！无耻啊！（热烈地鼓掌）这是某集团的无耻，恰是李先生的光荣！李先生在昆明被暗杀，是李先生留给昆明的光荣，也是昆明人的光荣！（鼓掌）

去年"一二·一"昆明学生为了反对内战，遭受屠杀，那算是青年的一代，献出了他们最宝贵的生命！现在李先生为了争取民主和平，而遭受了反动派的暗杀，我们骄傲一点说，这就是像我们这样大年纪的一代，我们的老战友，献出了最宝贵的生命！这两桩事发生在昆明，这算是昆明无限的光荣！（热烈地鼓掌）

反动派暗杀李先生的消息传出后，大家听了都悲愤痛恨。我心里想，这些无耻的东西，不知他们是怎么想法，他们的心理是什么状态，他们的心怎样长的！（捶击桌子）其实简单，他们这样疯狂的来制造恐怖，正是他们自己在慌啊！在害怕啊！所以他们制造恐怖，其实是他们自己在恐怖啊！特务们，你们想想，你们还有几天，你们完了，快完了！你们以为打伤几个，杀死几个，就可以了事，就可以把人民吓倒了吗？其实广大的人民是打不尽的，杀不完的！要是这样可以的话，世界上早没有人了。

你们杀死一个李公朴，会有千百万个李公朴站起来！你们将失去千百万人民！你们看着我们人少，没有力量？告诉你们，我们的力量大得很！强得很！看今天来的这些人，都是我们的人，都是我们的力量！此外还有广大的市民！我们有这个信心：人民的力量是要胜利的，真理是永远存在的。历史上没有一个反人民的势力不被人民毁灭的！希特勒，墨索里尼，不都在人民之前倒下去了吗？翻开历史看看，你还站得住几天！你们完了，快了！我们的光明就要出现了。我们看，光明就在我们眼前，而现在正

是黎明之前那个最黑暗的时候。我们有力量打破这个黑暗,争到光明!我们的光明,就是反动派的末日!(热烈地鼓掌)

李先生的血不会白流的!李先生赔上了这条性命,我们要换来一个代价。"一二·一"四烈士倒下了,年青的战士们的血,换来了政治协商会议的召开;现在李先生倒下了,他的血要换取政协会议的重开!(热烈地鼓掌)我们有这个信心!(鼓掌)

"一二·一"是昆明的光荣,是云南人民的光荣。云南有光荣的历史,远的如护国,这不用说了;近的如"一二·一",都是属于云南人民的。我们要发扬云南光荣的历史!(听众表示接受)

反动派挑拨离间,卑鄙无耻,你们看见联大走了,学生放暑假了,便以为我们没有力量了吗?特务们,你们错了!你们看见今天到会的一千多青年,又握起手来了,我们昆明的青年决不会让你们这样蛮横下去的!

反动派,你看见一个倒下去,可也看得见千百万个站起的?

正义是杀不完的,因为真理永远存在!

历史赋予昆明的任务是争取民主和平,我们昆明的青年必须完成这任务!

我们不怕死,我们有牺牲的精神,我们随时像李先生一样,"前脚跨出大门,后脚就不准备再跨进大门"!

【简析】

1946年7月11日,著名爱国民主人士李公朴在昆明遇害。7月15日,昆明云南大学召开"李公朴先生追悼大会",作为李先生的好友,闻一多主持了会议。会上,李公朴夫人报告李先生遇难经过,当李夫人泣不成声、听众愤然泪下之时,在场的特务却故意说笑胡闹。闻先生见此拍案而起，作了这篇满腔悲愤的演讲。会后，闻一多又参加了记者招待会，在当晚返家途中，特务便对闻先生下了毒手。这篇演讲，也就成了闻一多"最后的一次演讲"。

这篇演讲词的突出特点是情感激昂、慷慨大气，激愤的情绪和慷慨的气概贯穿始终。一开始，这种情绪就表现了出来，而且三五句之后就更为激越，进而发展为第二段段首的呼喊、诘问。这种情绪、气势一贯而下，直至发展成为末尾大义凛然、视死如归的气概。

闻一多是学者，更是爱国诗人。在留学美国的日子里，闻一多无时无刻不在思念自己的祖国。他在给朋友的信中说："不出国不知道想家的滋味，但是，不要误会以为我想的是狭义的'家'，不是，我所想的是中国的山水，中国的草木，中国的鸟兽，中国的屋宇，中国的人。"这位勇敢的爱国民主战士，虽然最终倒在了反动派罪恶的子弹下，但他那宁可倒下去也不愿屈服的光辉形象，却永远留在了人民的心中。

"前脚跨出大门，后脚就不准备再跨进大门"，为了争民主、争自由，这样的牺牲精神，是任何时候都不可缺少的，从来都是需要的。

就 义 诗
夏明翰

砍头不要紧，只要主义真。
杀了夏明翰，还有后来人。

【简析】

1928年初，夏明翰调中共湖北省委工作，由于叛徒出卖，3月18日在武汉被捕。3月20日清晨，夏明翰被押赴刑场，当敌人问他还有什么话要说时，他大声说："有，给我拿纸笔来！"夏明翰写完这首就义诗，随后英勇就义，年仅28岁。

谢觉哉抄在夏明翰遗照旁的《就义诗》

这首小诗明白如话，却又铿锵有力。"砍头不要紧，只要主义真"两句，表现了革命者临危不惧、视死如归的气节和坚定的革命信念；"杀了夏明翰，还有后来人"两句，则再现了革命者勇于献身的英雄气概。小诗正气凛然，言短意长，脍炙人口，广为传颂。

夏明翰本可以如祖父所愿，金榜题名，光宗耀祖，但他却成了封建家庭的叛逆，毅然投身中国共产党领导的革命队伍，积极开展革命工作。面对反动派，他坚守节操，视死不屈，以自己的鲜血和生命，实践着共产主义必胜的宣言。

就 义 诗
吉鸿昌

恨不抗日死，留作今日羞。
国破尚如此，我何惜此头。

【简析】

吉鸿昌，抗日爱国将领，历任旅长、师长、军长等。1933年5月，联合冯玉祥等在张家口组织察哈尔民众抗日同盟军，任第二

吉鸿昌（右二）与抗日同盟军的战友

军军长兼北路前敌总指挥，收复多伦等地，使全国抗日士气大振。1934年加入中国共产党，在天津继续进行抗日活动，同年11月遭国民党特务暗杀，不幸受伤被捕，后在北平陆军监狱英勇就义。（参见《美德故事》）

　　吉鸿昌临难之时，想到自己不能献身抗日，愤懑之情一泄而出，吟出了这首就义诗。诗歌虽寥寥几笔，却情感充盈、涵蕴丰富。国破家亡，患难丛生，自己不能为抗敌牺牲，反倒要死在国民党反动派的枪口之下，这不仅是个人的耻辱，更是国家、民族的耻辱。在生死关头，吉鸿昌将个人命运同整个国家和民族的命运自觉地联系在一起，体现出一个革命者的强烈责任感和博大胸怀。

我的"自白"书

陈　然

任脚下响着沉重的铁镣，
任你把皮鞭举得高高，

我不需要什么自白，
哪怕胸口对着带血的刺刀！
人，不能低下高贵的头，
只有怕死鬼才乞求"自由"；
毒刑拷打算得了什么？
死亡也无法叫我开口！
对着死亡我放声大笑，
魔鬼的宫殿在笑声中动摇；
这就是我——一个共产党员的自白，
高唱凯歌埋葬蒋家王朝。

【简析】

陈然烈士因印刷《挺进报》而被捕入狱，在渣滓洞写下了这首著名的诗篇。短短十二行诗句，体现了革命者百折不挠、宁死不屈、顽强抗争的英雄气概，以及革命的乐观主义精神。

革命者面对酷刑，毫不畏惧；面对诱惑，不为所动。"任脚下响着沉重的脚镣／任你把皮鞭举得高高／我不需要什么自白／哪怕胸口对着带血的刺刀！"体现了一个真正共产党员的坚强意志和坚定信念。

陈然像

生活在无数革命先烈用鲜血和生命换来的和平幸福的今天，我们应该继承革命先烈的遗志，踏着他们开创的道路前进。当国家和人民需要我们做出牺牲的时候，我们要勇敢地喊出："对着死亡我放声大笑，魔鬼的宫殿在笑声中动摇！"

重 量

韩 瀚

她把带血的头颅，
放在生命的天平上，
让所有苟活者，
都失去了
——重量。

〔简析〕

这首诗是为纪念张志新烈士而作，虽然短小，读后却给人一种无比厚重的感觉，确实是一首有"重量"的诗作。

诗歌以"重量"立言，而衡量重量的是天平。由此，"她"与"苟活者"被诗人放在了天平之上，二者的"重量"立刻分明。这种对比，直接明了地显示出：张志新为追求真理而死，生命价值是何等之重；而那些"苟活者"苟且偷生，其价值是何等之轻。二者强烈的反差，凸显了张志新烈士的伟大，也鞭挞了苟活者的渺小，表达出诗人鲜明的爱憎。

张志新像

人民大众的心中，永远都有一架"生命的天平"，它可以衡量历史的"是""非"，可以称出生命的价值。这架"天平"

已经无数次证明：为真理、为正义而献身，这些人的生命就重于泰山，并且会得到人们永久的怀念。生活于和平时代的我们，要时刻对照革命先烈和模范人物，衡量一下自己的人生，别让自己的生命失去重量。

【贰】 志向高远 求索不息

神话二则
《山海经》

精卫填海

发鸠之山,其上多柘木①。有鸟焉,其状如乌,文首、白喙、赤足,名曰"精卫",其鸣自詨②。是炎帝之少女③,名曰女娃。女娃

精卫填海(郭晓霞绘)

游于东海,溺而不返,故为精卫,常衔西山之木石,以堙于东海④。

夸父逐日

夸父与日逐走,入日⑤。渴,欲得饮,饮于河、渭;河、渭不足,北饮大泽⑥。未至,道渴而死⑦。弃其杖,化为邓林⑧。

〔注释〕

① 发鸠之山:古代传说中的山名,旧说在今山西省长治市西。柘(zhè)木:柘树,桑树的一种。

② 焉:于此,在那里。状:形状。乌:乌鸦。文首:头上有花纹。文,通"纹",花纹。喙(huì):嘴。赤足:红色的脚爪。其鸣自詨(xiáo):它的叫声是在呼唤自己(的名字)。詨,叫喊。

③ 是:这。少女:小女儿。

④ 溺(nì):溺水。故:所以。为:化为。堙(yīn):填塞。

⑤ 逐走:赛跑。逐,追赶。入日:追到太阳落下的地方。

⑥ 欲:想要。饮:喝水(解渴)。河、渭:黄河、渭水。北:向北。大泽:大湖,传说在雁门山北,纵横千里。

⑦ 未至:没有赶到。道渴而死:半路上因口渴而死。

⑧ 弃:丢弃。邓林:即桃林,地名,在今大别山附近豫、鄂、皖三省交界处。

〔简析〕

《精卫填海》和《夸父逐日》这两则神话故事,均出自《山海经》。故事文字很短,却塑造了两个神话形象,并已成为中华文化的象征性符号。

《精卫填海》讲述炎帝的小女儿到东海游玩,不慎溺水,死后化为精卫鸟，发誓填平东海，常常衔树枝和石块投之东海。《夸父逐日》讲述夸父和太阳赛跑，越追越近，因口渴喝干了黄河、渭水、大泽，最后还是渴死在了路上。

这两则神话故事，虽然内容不同，但反映的精神实质却是一样的。它们均表达了古代劳动大众征服自然、改造自然的宏伟志向，以及坚忍不拔、百折不回、不达目的绝不罢休的奋斗精神。

《精卫填海》和《夸父逐日》两则神话故事流传甚广，妇孺皆知。从古到今，精卫和夸父的事迹一直感动着无数的仁人志士，激励着他们为了真理奋发前行，不畏艰辛，不惧失败，甘于奉献，敢于牺牲。具备了这样的意志力，就没有什么坎坷不能逾越，没有什么困难无法克服，没有什么事情难以做到，没有什么目标难能达成。

淇奥
《诗经》

瞻彼淇奥，绿竹猗猗①。有匪君子，如切如磋，如琢如磨②。瑟兮僩兮，赫兮咺兮③。有匪君子，终不可谖兮④。

瞻彼淇奥，绿竹青青。有匪君子，充耳琇莹，会弁如星⑤。瑟兮僩兮，赫兮咺兮。有匪君子，终不可谖兮。

瞻彼淇奥，绿竹如箦⑥。有匪君子，如金如锡，如圭如璧⑦。宽兮绰兮，猗重较兮⑧。善戏谑兮，不为虐兮⑨。

【注释】

① 淇（qí）：淇水，源出河南林县，东经淇县流入卫河。奥（yù）：水边弯曲的地方。猗猗：长而美的样子。猗，通"阿"。

② 匪：通"斐"，有文采。切磋、琢磨：本指玉石、骨器加工，

钦先生毛诗图卷(清·钦揖绘)

引申为学问、品德上的钻研和修养。

③ 瑟：仪容庄重。僩(xiàn)：神态威严。赫：显赫。咺(xuān)：有威仪的样子。

④ 谖(xuān)：忘记。

⑤ 充耳：挂在冠冕两旁的饰物，下垂至耳，一般用玉石制成。琇(xiù)莹：似玉的美石，宝石。会弁(kuàibiàn)：鹿皮帽。会，

鹿皮会合处，缀以宝石。

⑥ 箦（zé）：通"积"，堆积。

⑦ 金、锡：黄金和锡；一说铜和锡。圭璧：玉制礼器，制作精细，可显示佩戴者身份、品德的高雅。

⑧ 绰：旷达。一说柔和的样子。猗（yǐ）：通"倚"。重（chóng）较，车厢上有两重横木的车子，为古代卿士所乘。

⑨ 戏谑：开玩笑，言谈风趣。虐：粗暴；一说过分。

〔简析〕

《淇奥》出自《诗经·卫风》，古人认为其旨在"美武公之德"（《毛诗序》）。武公是西周末年周平王的卿士，据说他晚年90多岁时，仍旧谨慎廉洁，纳谏容人，很受人们的尊敬，于是以诗来赞美他。不过，后世一般认为此诗并非特指，而是泛指周朝品德高尚的士大夫。

诗作共三章，反复歌颂了士大夫几个方面的优点：相貌堂堂、仪表不凡；才能出众，学问文章都很好；善于辞令，幽默风趣；最关键的是品德高尚：意志坚定，忠贞纯厚，心胸宽广，平易近人，堪称"君子"。

众所周知，在儒家的人格理想中，圣、贤是最高的两种，但很难做到；一般人能成为君子，已经很不容易。君子，其人、其德、其能如何？《淇奥》做出了具体形象的解说。这样的君子，也应该是我们努力修养看齐的榜样。

子路曾皙冉有公西华侍坐
《论语》

子路、曾皙、冉有、公西华侍坐①。

孔子和他的弟子们

子曰:"以吾一日长乎尔,毋吾以也②。居则曰:'不吾知也③。'如或知尔,则何以哉④?"

子路率尔而对曰⑤:"千乘之国,摄乎大国之间,加之以师旅,因之以饥馑⑥。由也为之,比及三年,可使有勇,且知方也⑦。"

夫子哂之⑧。

"求,尔何如⑨?"

对曰:"方六七十,如五六十,求也为之,比及三年,可使足民。如其礼乐,以俟君子⑩。"

"赤,尔何如?"

对曰:"非曰能之,愿学焉。宗庙之事,如会同,端章甫,愿为小相焉⑪。"

"点,尔何如?"

鼓瑟希,铿尔,舍瑟而作⑫。对曰:"异乎三子者之撰⑬。"

子曰:"何伤乎⑭?亦各言其志也!"

曰:"莫春者,春服既成,冠者五六人,童子六七人,浴乎沂,风乎舞雩⑮,咏而归。"

夫子喟然叹曰:"吾与点也⑯。"

三子者出,曾皙后⑰。

曾皙曰:"夫三子者之言何如?"

子曰:"亦各言其志也已矣⑱!"

曰:"夫子何哂由也?"

曰:"为国以礼,其言不让⑲,是故哂之。唯求则非邦也与⑳?安见方六七十如五六十而非邦也者?唯赤则非邦也与?宗庙会同,非诸侯而何?赤也为之小,孰能为之大㉑?"

【注释】

① 子路:姓仲,名由,字子路,又字季路,比孔子小9岁。曾皙(xī):名点,字子皙,曾参的父亲,约比孔子小20岁。冉有:名求,字子有,比孔子小29岁。公西华:姓公西,名赤,字子华,比孔子小42岁。四人都是孔子的学生。侍坐:卑者在尊者身旁陪伴叫"侍"。单用"侍"是指陪伴者站着,用"侍坐"指双方都坐着。

② 长:年长。尔:你们。毋吾以:不要因为我(而停止发言)。

③ 居:平时。不吾知:没有人了解、重用我。

④ 如或:如果有人。何以:有什么作为。

⑤ 率尔:轻率匆忙、不假思索的样子。对:下级回答上级的问话或者晚辈回答长辈的询问。

⑥ 千乘(shèng)之国:拥有一千辆兵车的国家。千乘之国,在当时是中等国家。摄乎:迫近,夹在……之间。师旅:军队,这里代指战争。因:加上。饥馑:谷不熟为"饥",菜不熟为"馑"。这里指荒年。

⑦ 比(bì)及:等到。方:正道。这里指辨别是非的道理。

⑧ 哂（shěn）：微笑。这里略含讥讽的意思。

⑨ 尔何如：你怎么样。

⑩ 方：纵横。指国土面积。如：或，或者。足民：老百姓丰衣足食。如其礼乐：至于礼乐教化。俟（sì）：等待。君子：有德行的人。

⑪ 宗庙之事：指诸侯的祭祀活动。如：或者。会同：指诸侯会盟之事。端章甫：穿着礼服，戴着礼帽。端，礼服；章甫，礼帽。小相：主持赞礼的最低一级官员。

⑫ 希：通"稀"。指弹瑟的速度放慢，节奏逐渐稀疏。铿（kēng）尔："铿"的一声，琴瑟声止住了。铿，象声词。指弹瑟结束时的最后一声高音。尔，"铿"的词尾。舍：放下。作：站起。

⑬ 撰：陈述。指上面子路等三人所说的话。

⑭ 何伤乎：有什么关系呢。

⑮ 莫（mù）春：指夏历三月。莫，通"暮"。冠者：成年人。古时男子，20岁行冠礼，表示已经成年。童子：未冠的少年。浴乎沂（yí）：在沂河里沐浴。沂，水名，在今山东省曲阜市南。此水因有温泉流入，故暮春时即可入浴。风乎舞雩（yú）：在舞雩台上吹风。风，吹风，乘凉。舞雩，鲁国祭天求雨的地方，设有坛，在今山东省曲阜市南。"雩"是古代为求雨而举行的祭祀，其时要伴以音乐和舞蹈，故称"舞雩"。

⑯ 喟（kuì）然：长叹的样子。与：赞同。

⑰ 后：留在后面。

⑱ 各言其志：各人谈了自己的志向。也已矣：语助词，相当于"罢了"。

⑲ 为（wéi）国：治国。让：谦逊，谦让。

⑳ 唯：语气助词，用于句首。非邦：不是国家。

㉑ 孰：谁。大：大的诸侯国。

【简析】

本篇选自《论语·先进》，是《论语》中描写细致、文学意味较浓的一篇。它记述了孔子诱导学生畅谈个人志向及孔子对学生的评价，从中可以看出各自不同的志趣、思想和性格，表现了儒家以礼治国的思想，展示了孔子教育思想及教学方法的一个方面。文章成功地运用了个性化的语言，把子路的坦率，冉有、公西华的谦逊，曾晳的洒脱，以及孔子循循善诱的长者之风，都非常生动细致地描写了出来。

愚公移山
《列子》

太行、王屋二山，方七百里，高万仞，本在冀州之南，河阳之北①。

北山愚公者，年且九十②，面山而居。惩山北之塞，出入之迂也，聚室而谋曰③："吾与汝毕力平险，指通豫南④，达于汉

油画《愚公移山》（徐悲鸿绘）

阴，可乎？"杂然相许⑤。

其妻献疑曰："以君之力，曾不能损魁父之丘，如太行、王屋何？且焉置土石⑥？"杂曰："投诸渤海之尾，隐土之北⑦。"遂率子孙荷担者三夫，叩石垦壤，箕畚运于渤海之尾⑧。邻人京城氏之孀妻，有遗男，始龀，跳往助之⑨。寒暑易节⑩，始一反焉。

河曲智叟笑而止之，曰："甚矣，汝之不惠！以残年余力，曾不能毁山之一毛，其如土石何⑪？"北山愚公长息曰："汝心之固，固不可彻，曾不若孀妻弱子。虽我之死，有子存焉；子又生孙，孙又生子；子又有子，子又有孙。子子孙孙，无穷匮也，而山不加增，何苦而不平⑫？"河曲智叟亡以应⑬。

操蛇之神闻之，惧其不已也，告之于帝⑭。帝感其诚，命夸娥氏二子负二山，一厝朔东，一厝雍南⑮。自此，冀之南，汉之阴⑯，无陇断焉。

【注释】

① 方：原指面积，这里是"周围"的意思。冀州：古九州之一，这里主要指河北南部。河阳：泛指黄河北岸。

② 年且九十：年龄将近九十。且，将近。

③ 惩：苦于。迂：绕远道。室：家庭成员。谋：谋划，商量。

④ 毕力：尽一切力量。指通：即"直通"。

⑤ 杂然：纷纷。许：赞同。

⑥ 献疑：提出疑问。曾：还。魁父：小山名。焉：哪里。置：放。

⑦ 尾：尾闾（lǘ）。传说是水聚集的地方。隐土：古代传说中的地名。

⑧ 荷：挑。夫：成年男子的通称。叩石：凿石。箕畚（jīběn）：

簸箕和土筐。

⑨ 京城：复姓。孀妻：寡妇。始龀（chèn）：才换牙。跳：蹦蹦跳跳的。

⑩ 易节：变换季节。

⑪ 叟（sǒu）：老头。毛：山上草木。其如……何：能对……怎么样。

⑫ 长息：长叹。固：顽固。彻：通，明白。穷匮（kuì）：穷尽。何苦：何愁，怕什么。

⑬ 亡以应：无话可答。亡，通"无"。

⑭ 操蛇之神：传说中的山神。不已：不停止。帝：天帝。

⑮ 诚：诚意。夸娥氏：古代神话中的大力神。负：背。厝（cuò）：放置。朔东：朔方东部。今山西省北部。雍南：雍州以南。雍州，古九州之一，今陕西省、甘肃省一带。

⑯ 陇断：高地，这里指阻碍的高山。汉之阴：汉水南边。山北水南谓之"阴"。

【简析】

出自《列子·汤问》的这则寓言，通过愚公移山的故事，表现了我国古代劳动人民移山填海的气魄和人定胜天的信念，赞颂了直面困难的无畏精神和克服困难的英雄气概。

这则短文，文字不多，写来却宛转跌宕、形神具备。写"移山"，自然先从山写起，接着叙及山与人的关系，引出了故事。之后，谋划、行动、讥讽、反驳、感天、成事，故事完整；主谋者、赞同者、帮助者、讥笑者、被感动者，人物不少。这样，所要表达的思想信念——下定决心改变现状、坚持不懈克服困难，也就令人信服地表现出来了。

在我们的生活中，总是会存在一些历久形成的"老大难"问题。无论原因是源自客观，还是出于主观，这些问题举一发而动全身，解决起来都非常棘手。对此，人们不免缩手缩脚，听之任之，从而使问题积重难返。这就到了考验我们决心的时候，果断出手，壮士断腕，问题未尝不可以顺利解决，就如同愚公之移山。

生于忧患，死于安乐
《孟子》

舜发于畎亩之中①，傅说举于版筑之间②，胶鬲举于鱼盐之中③，管夷吾举于士④，孙叔敖举于海⑤，百里奚举于市⑥。

故天将降大任于是人也⑦，必先苦其心志，劳其筋骨，饿其体肤，空乏其身，行拂乱其所为，所以动心忍性，曾益其所不能。

人恒过⑧，然后能改；困于心，衡于虑，而后作⑨；征于色，发于声，而后喻⑩。入则无法家拂士，出则无敌国外患者，国恒亡⑪。

然后知生于忧患而死于安乐也⑫。

孟子像

【注释】

① 舜：传说中的上古帝王名。发：起，这里指任用。畎（quǎn）亩：田地，这里指耕田。畎，田间

水渠。

② 傅说（fùyuè）：殷商时人，后被商王武丁任用为相。举：选拔。版筑：指夹板捣土筑墙。版，筑墙用的夹板。筑，捣土用的杵。

③ 胶鬲（gé）：商纣王的大臣。与微子、箕子、比干都是当时的贤人。鱼盐：此处意为在海边捕鱼晒盐。

④ 管夷吾：即管仲，辅助齐桓公成就霸业。士：狱官，此处指监牢。

⑤ 孙叔敖（áo）：楚国令尹，曾居于海滨。海：海滨。

⑥ 百里奚（xī）：秦穆公大臣，穆公以五张羊皮从楚人手中换得，举以为相。市：市井，集市。

⑦ 故：所以。是：代词，这，这些。

⑧ 恒：常常，总是。过：过错，过失。

⑨ 困于心：心中有困苦。衡于虑：思虑堵塞。衡，通"横"，梗塞，指不顺。虑，思路。作：奋起，指有所作为。

⑩ 征于色：表现在脸色上，意为面容憔悴。征，征验，表现。色，颜面，面色。喻：明白，理解。

⑪ 入：指在国内。法家：有法度的大臣。拂（bì）士：辅弼之臣。拂，通"弼"，辅佐。出：在国外。敌国：实力相当、足以抗衡的国家。恒：常常。

⑫ 生于忧患，死于安乐：忧患使人生存、发展，享受安乐使人萎靡、死亡。

【简析】

本篇选自《孟子·告子下》。春秋战国时期，纷争时起，战乱连绵，一个国家要想立于不败之地，就必须奋发图强，而不能安于现状、不思进取。这篇文章就是在这种背景下写成的。

文章从归纳历史现象入手，连举六个起于微贱、经过磨难而终有所成者的例子，证明堪当重任、成就突出的人，首先必须到艰苦的环境去磨炼，在磨炼中增长自己的才干。接着，从个人和国家的角度，进一步分析这种磨难和磨炼的必要性，最后自然而然地得出"生于忧患而死于安乐"的观点。文章观点鲜明，举证有力，笔力矫健，行文酣畅，语言抑扬顿挫，读起来朗朗上口，具有很强的感染力。

孟子在这篇文章中的观点，被历代仁人志士、明君贤臣奉之为圭臬，其中的名句被许多人作为座右铭。人们每当遇到磨难之时，就会想起"天将降大任于是人也"一段话，从而激发自己克服困难、奋发作为的豪情，坚定不断进取、成就事业的雄心。如今的我们，也应该从中汲取力量，接受磨难，迎接挑战，百折不挠，为国为民做出贡献。

劝　学（节选）
荀　子

君子曰：学不可以已①。青，取之于蓝而青于蓝②；冰，水为之而寒于水。木直中绳，𫐓以为轮，其曲中规；虽有槁暴，不复挺者③，𫐓使之然也。故木受绳则直，金就砺则利，君子博学而日参省乎己，则知明而行无过矣④。

吾尝终日而思矣，不

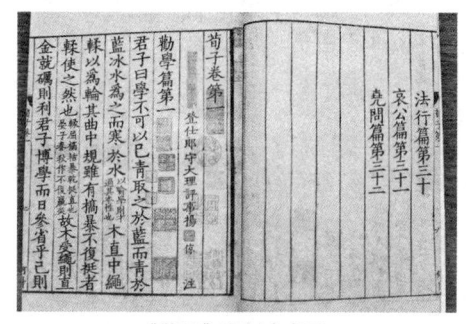

《荀子》宋刻本书影

如须臾之所学也；吾尝跂而望矣，不如登高之博见也⑤。登高而招，臂非加长也，而见者远；顺风而呼，声非加疾也，而闻者彰⑥。假舆马者，非利足也，而致千里；假舟楫者，非能水也，而绝江河⑦。君子生非异也，善假于物也⑧。

积土成山，风雨兴焉；积水成渊，蛟龙生焉；积善成德，而神明自得⑨，圣心备焉。故不积跬步⑩，无以至千里；不积小流，无以成江海。骐骥一跃，不能十步；驽马十驾，功在不舍⑪。锲而舍之，朽木不折；锲而不舍，金石可镂⑫。螾无爪牙之利，筋骨之强，上食埃土，下饮黄泉，用心一也⑬。蟹八跪而二螯，非蛇鳝之穴无可寄托者，用心躁也⑭。

【注释】

① 君子：有学问有修养的人。已：停止，废弃。

② 青：靛（diàn）青，一种深蓝色染料。蓝：蓼（liǎo）蓝，叶子可做染料。

③ 中（zhòng）绳：合乎拉直的墨线。中，合乎。輮（róu）：用火熏烤使之弯曲。规：圆规，测圆的工具。槁暴（gǎopù）：枯干。槁，枯。暴，同"曝"，晒。挺：直。

④ 受绳：用墨线量过。就砺（lì）：拿到磨刀石上去磨。金：指金属制成的刀剑等。砺，磨刀石。就，接近，这里指磨。参：同"三"，多次；一说检验。省：省察，反省。知：同"智"。明：明达。过：过错。

⑤ 须臾：片刻，一会儿。跂（qì）：踮起脚跟。博见：见得广。

⑥ 招：招手。见者远：很远的人都能看见。疾：快，这里意指声音洪亮。彰：清晰。

⑦ 假：凭借。舆：车。利足：脚步快。致：到达。楫（jí）：船

桨。能：同"耐"。绝：横渡。

⑧ 生非异：本性（同一般人）没有差别。生，通"性"，天赋，资质。物：外物，指各种客观条件。

⑨ 兴：起。焉：于之，在那里。渊：深水。神明：指通明的思想，高度的智慧。

⑩ 跬（kuǐ）：半步。古代称跨出一脚为"跬"，跨两脚为"步"。

⑪ 骐骥（qíjì）：良马，骏马。驽（nú）马：劣马。驾：马车一日的行程。十驾，指马车连走十天的路程。舍：停止。

⑫ 锲（qiè）：用刀子雕刻。折：切断。镂（lòu）：原指在金属上雕刻，泛指雕刻。

⑬ 螾：同"蚓"，蚯蚓。利：锐利。一：专一。

⑭ 跪：蟹脚。螯（áo）：螃蟹的第一对脚，形似钳。躁：浮躁，不专心。

【简析】

《劝学》出自《荀子》，是该书第一篇，原文较长，这里节选的是其中最为精彩的部分。

文章第一段，首先开宗明义提出全文的中心论点：学不可以已。接着通过几组比喻，在事物的前后对比中说明学习的重要作用，即"知明而行无过"。第二段紧接首段，同样以正面的阐述和形象的比喻，进一步说明学习的不可或缺。第三段在前面两段提出问题、分析问题的基础上，分析学习所应持有的态度和采用的方法：积累，坚持不懈，用心专一。

在文章中，作者引入日常生活中的事物，多方设譬，充分比较，对为学问题进行了深入浅出的探讨，生动有力地阐明了学习的重要性以及学习的态度、途径、方法。其中的一些句子，已经成为后人进行学习和进步的座右铭。

如今,人类世界已经进入学习社会,终身学习也已经成为一种社会性要求,人们对学习重要性的认识自不必说。然而,《为学》揭示的理念,还是会给我们一定的启发,尤其是关于循序渐进和用心专一。一曝十寒,浅尝辄止,畏难裹足,见异思迁……这样学习,必定难以"知明而行无过"。

龟虽寿
曹操

神龟虽寿,犹有竟时①;
腾蛇乘雾,终为土灰②。
老骥伏枥③,志在千里;
烈士暮年,壮心不已④。
盈缩之期,不但在天⑤;
养怡之福,可得永年⑥。
幸甚至哉,歌以咏志⑦。

【注释】

① 神龟:传说中的通灵之龟,能活几千岁。竟:终结,这里指死亡。

② 腾蛇:又作"螣(téng)蛇",传说中龙一类的动物,据说能腾云驾雾飞行。

③ 骥(jì):千里马。枥(lì):马槽。

④ 烈士:有雄心壮志、希望建立功业的人,这里是诗人自指。曹操此年53岁,故曰"暮年"。已:止。

河南省许昌市的曹操塑像

⑤ 盈缩之期：指人的寿命的长短。盈，满，引申为长；缩，亏，引申为短。但：只。天：天命，指自然。

⑥ 养怡：指调养身心，保持身心健康。怡，愉快，和乐。福：这里指保养身心带来的好处。永年：长寿，益寿延年。

⑦ 幸甚至哉，歌以咏志：这两句是附文，和正文没关系，是乐府诗的一种形式性结尾。

【简析】

这是一首以抒怀言志为主的诗，表达了作者老当益壮、积极进取的乐观精神。

诗的开首从年寿切入，无限感慨地吟道："神龟虽寿，犹有竟时，腾蛇乘雾，终为土灰。"神龟虽然长寿，腾蛇虽可腾云，但都难免一死，言外之意就是：何况有限的人生呢？不过，作者并未落入汉末文人感叹浮生若梦、劝人及时行乐的窠臼，而是慷慨高歌："老骥伏枥，志在千里。烈士暮年，壮心不已。"以"老骥"自比，尽管形老体衰、屈居枥下，但勃勃雄心时刻跃动，对宏远理想的追求从未停息，驰骋千里的豪情从来也不曾消沉。

写这首诗的时候，曹操已经53岁，进入了"暮年"。因此，诗歌开始从年寿切入，末尾又回到年寿："盈缩之期，不但在天；养怡之福，可得永年。"表现出一种不信天命、积极进取的心态，而诗人之所以要"养怡"，要"永年"，其实还是"壮心"在作怪。这几句的跌宕，使诗意深入一层，余韵悠长，神完意足。

曹操这首诗，充满诗人对生活的真切体验，融哲理思考、慷慨激情于一炉，以其乐观奋发、积极进取的精神，激荡着古来天下英雄的心灵，引起后世无数豪杰的共鸣。其中的"老骥伏枥，志在千里。烈士暮年，壮心不已"四句，更是脍炙人口，据《世说新语》记载：东晋的大将军王敦，每次酒后都要吟咏这几句诗，并用如意击打唾壶作节拍，以致壶口尽缺。

咏　史

左　思

弱冠弄柔翰，卓荦观群书[①]。
著论准《过秦》，作赋拟《子虚》[②]。
边城苦鸣镝，羽檄飞京都[③]。
虽非甲胄士，畴昔览《穰苴》[④]。
长啸激清风，志若无东吴[⑤]。
铅刀贵一割，梦想骋良图[⑥]。
左眄澄江湘，右盼定羌胡[⑦]。
功成不受爵，长揖归田庐[⑧]。

【注释】

① 弱冠：古时男子20岁成人，束发加冠，但身体尚弱，故称"弱冠"。柔翰：毛笔。这句是说20岁就擅长写文章。卓荦（luò）：

才能卓异。这句是说博览群书，才能卓异。

②《过秦》：即贾谊的《过秦论》。《子虚》：即司马相如的《子虚赋》。准、拟：以为典则。

③苦鸣镝（dí）：苦于敌人的侵扰。鸣镝，响箭。檄（xí）：紧急军事文书。

④甲胄（zhòu）士：战士。胄，头盔。畴昔：往昔。穰苴（ráng jū）：春秋时期齐国军事家穰苴，著有《司马穰苴兵法》。

⑤这两句是说放声长啸激扬清风，心里不在乎东吴。

⑥铅刀贵一割：铅刀一割即钝，比喻自己才能低下，但仍然希望一用。骋：实施。良图：好的计划。

⑦眄（miàn）：看。澄：澄清，平定。江湘：长江、湘江，东吴所在地，地处东南，所以说"左眄"。羌胡：泛指西北地区的部族，地在西北，所以说"右盼"。

⑧爵：禄位。长揖（chángyī）：旧时拱手高举并向下的一种礼节。田庐：家园。

【简析】

左思《咏史》组诗共八首，这里所选为第一首。此诗的主旨，是写自己的才能和愿望，可以看作是组诗的序诗。

诗的开头四句，写自己的博学能文，不仅博览群书，而且善于为文，追慕的是贾谊和司马相如，可见其自负之高。"边城苦鸣镝"四句，写自己兼通军事，既有文才，又有武略，国家危难时就该为国效力。"长啸激清风"四句，写自己的志气和愿望，谦逊之中，豪气干云。最后四句表达功成之后的志趣：为国家平患拓土，不受封赏；归隐田园。

此诗抒发了诗人为国建功的宏伟抱负，表达了"功成不受爵"

的高尚情操。诗人既渴望建功立业,但又不贪恋富贵,志趣高洁,堪为榜样。

归园田居
陶渊明

少无适俗韵,性本爱丘山①。
误落尘网中,一去三十年②。
羁鸟恋旧林,池鱼思故渊③。
开荒南野际,守拙归园田④。
方宅十余亩⑤,草屋八九间。
榆柳荫后檐,桃李罗堂前⑥。
暧暧远人村,依依墟里烟⑦。
狗吠深巷中,鸡鸣桑树颠⑧。
户庭无尘杂,虚室有余闲⑨。
久在樊笼里,复得返自然⑩。

【注释】

① 少:少年时代。适俗:适应世俗。韵:气质、情调。一作"愿"。丘山:丘陵和山脉,泛指山水田园。

② 尘网:尘世。这里指官场,是说官府生活污浊而又拘束。三十年:当为"十三年"之误,陶渊明做官13年。

③ 羁(jī)鸟:笼中之鸟。恋:一作"眷"。池鱼:池塘之鱼。故渊:原来生活的水域。

④ 南野:一作"南亩"。际:之间。守拙(zhuō):守正不阿,不善钻营。

陶渊明归里图

⑤ 方：通"旁"。方宅，住宅周围。

⑥ 荫（yìn）：荫蔽、遮盖。罗：罗列。

⑦ 暧暧（ài）：昏暗、依稀不明。依依：轻柔缓慢地上升。墟：村落。

⑧ "狗吠"二句：汉乐府《鸡鸣》诗有"鸡鸣高树颠，犬吠深宫中"之句，这里化用其意。

⑨ 户庭：门庭。尘杂：世俗的杂事。虚室：空闲的屋子。余闲：闲暇。

⑩ 樊（fán）笼：关鸟兽的笼子，这里比喻仕途。樊，藩篱，栅栏。返自然：指归耕园田。

【简析】

《归园田居》组诗共五首，是陶渊明辞去彭泽令之后所作。组诗的中心内容，是歌咏归田的乐趣。这里选的是第一首，写辞官归隐的愉快心情和乡居的乐趣。

这首诗以追悔开始，以庆幸结束。首先说明自己的性格不同流俗，为全诗定下基调。接着从"误落尘网"起头，后悔进入仕途，衷心恋念故园，终于辞官回归。接下来重点描写田园生活的景象和趣味，抓住典型进行速写式勾勒，景中有人，脉脉含情。最后进行归结，表达欣喜的心情。

诗作追悔自己"误落尘网""久在樊笼"的压抑与痛苦，庆幸自己终"归园田"、复"返自然"的惬意与欢欣，真切表达了诗人对污浊官场的厌恶，对山林隐居生活的无限向往与怡然陶醉。

读陶诗，不是说我们都要去"归田园"，而是要学习诗人洁身自好的品格，摒绝不良习气，远离污浊风俗，共同营造良好的社会风气。同时，读陶诗，诗中诗人与自然和谐相处的境界，也应该使我们受到一些启发。

登鹳雀楼
王之涣

白日依山尽，黄河入海流。
欲穷千里目，更上一层楼。

【简析】

盛唐诗人王之涣的这首诗，融情于景，情景交融，表达了诗人积极进取、乐观向上的人生态度。

诗的前两句"白日依山尽，黄河入海流"，写的是登楼望见的景色。诗人用极其朴素、浅显的语言，高度形象地概括了进入视野的万里河山。"欲穷千里目，更上一层楼"两句即景生意，表达了诗人向上进取的精神、高瞻远瞩的胸襟。

社会在不断地发生着变化，也在不断地进步，一个人要想追上

夕阳中的鹳雀楼

社会前进的脚步，就必须不断地充实自己，锐意进取。不论已取得多大的成就，都应该保持积极向上的精神。有了这精益求精、不断进取的精神，才会有更大的成就。

与韩荆州书
李 白

　　白闻天下谈士相聚而言曰①："生不用封万户侯，但愿一识韩荆州。"②何令人之景慕，一至于此耶③！岂不以有周公之风，躬吐握之事，使海内豪俊，奔走而归之，一登龙门④，则声誉十倍！所以龙蟠凤逸之士，皆欲收名定价于君侯⑤。君侯不以富贵而骄之，寒贱而忽之，则三千宾中有毛遂，使白得颖脱而出，即其人焉⑥。

　　白，陇西布衣，流落楚、汉⑦。十五好剑术，遍干诸侯；三十成文章，历抵卿相⑧。虽长不满七尺，而心雄万夫。王公大人，许与气义⑨。此畴曩心迹，安敢不尽于君侯哉⑩！

　　君侯制作侔神明，德行动天地，笔参造化，学究天人⑪。幸愿开张心颜，不以长揖见拒⑫。必若接之以高宴，纵之以清谈，请日试万言，倚马可待⑬。今天下以君侯为文章之司命，人物之

志向高远　求索不息 —— 081

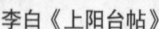

李白《上阳台帖》

权衡,一经品题,便作佳士⑭;而君侯何惜阶前盈尺之地⑮,不使白扬眉吐气,激昂青云耶!

昔王子师为豫州,未下车,即辟荀慈明,既下车,又辟孔文举⑯;山涛作冀州,甄拔三十余人,或为侍中、尚书,先代所美⑰。而君侯亦一荐严协律,入为秘书郎;中间崔宗之、房习祖、黎昕、许莹之徒⑱,或以才名见知,或以清白见赏。白每观其衔恩抚躬,忠义奋发,以此感激,知君侯推赤心于诸贤腹中,所以不归他人,而愿委身国士⑲。倘急难有用,敢效微躯⑳。

且人非尧舜,谁能尽善?白谟猷筹划,安能自矜㉑?至于制作,积成卷轴,则欲尘秽视听㉒。恐雕虫小技㉓,不合大人。若赐观刍荛,请给纸墨,兼之书人㉔。然后退扫闲轩,缮写呈上㉕。庶青萍、结绿,长价于薛、卞之门㉖。幸推下流,大开奖饰,惟君侯图之㉗!

【注释】

① 白:李白自称。谈士:谈论世事之人。

② 万户侯:食邑万户的侯爵。这里代指高官显贵。韩荆州:指韩朝宗。古人常用某人为官所在的地名作为对他的尊称。韩朝宗曾任荆州长史,故有此称。

③ 景慕:景仰爱慕。一至于此:竟然到了这种程度。

④ 周公之风:周公的风范。周公是西周武王之弟,辅佐武王灭商建周。据说周公礼贤下士,为不怠慢来访的贤者,曾一沐三握发,

一饭三吐哺。躬：躬行，亲自去做。吐握之事：即"一沐三握发，一饭三吐哺"，形容放下日常生活中的小事去处理公务。海内：天下。豪俊：有才德的人。登龙门：比喻受到名人接待而身价百倍。

⑤ 龙蟠（pán）凤逸：指英雄豪杰的蛰伏等待。从《三国志·杜袭传》中"龙蟠幽薮，待时凤翔"之语化出。收名定价：得到好的名誉和评价。君侯：此指韩朝宗。

⑥ 骄之：重视。忽之：轻视，疏慢。三千宾中有毛遂：战国时，赵国受到秦的围攻，赵王派平原君去楚国求救。平原君从三千宾客中选20人同行，其中有毛遂。颖脱而出：比喻有才能的人得到机会，展示才能。平原君认为毛遂没有表现，毛遂回答说：你没有给我表现机会，"使遂早得处囊中，乃颖脱而出"。颖（yǐng）：指锥子尖。即其人焉：就是毛遂那样的人。

⑦ 陇西：即今甘肃省临洮县一带。李白的先人是陇西人。布衣：平民。楚汉：当时李白安家在安陆（今属湖北省），往来于襄阳、江夏等地，均为楚国故地，在汉水之滨。

⑧ 遍干（gān）：四处拜访。干，干谒（yè）。诸侯：代指各地长官。历抵：逐个求见。历，普遍；抵：拜访。卿相：泛指朝中官员。

⑨ 七尺：古人以七尺为普通成人的身高。心雄万夫：心志高于一般人。许与气义：赞许我的气概和精神。

⑩ 畴曩（chóunǎng）：往日，从前。"安敢"句：怎敢不全部告诉您呢？

⑪ 制作：这里指政绩。侔（móu）神明：与神灵相当。比喻符合天意。牟，相等。动：感动。笔参造化：文章阐述了自然法则。参，参与。学究天人：学问研究了天道和人道。

⑫ 幸愿：衷心希望。开张：开拓，舒展。心颜：心情与脸色。

长揖：宾主相见的礼节。不如叩拜之礼那么谦卑。见拒：拒绝我。

⑬ 高宴：盛大的宴席。清谈：这里指纵情畅谈。倚马可待：靠着马背很快就写完。形容文思敏捷。

⑭ 司命：指"文昌星"，传说是主管文运的星宿。这里指评定文章优劣的权威。权衡：称东西的器具，这里指评定人物的权威。品题：评价，评论。佳士：品学俱佳的人。

⑮ 盈尺之地：很小的地方。惜阶前盈尺之地，是说不肯接待。

⑯ 王子师：东汉王允，汉灵帝时曾拜豫州刺史。下车：即官员到任。辟：征召，任用。荀慈明：东汉人荀爽，以通晓经术闻名一时。孔文举：东汉人孔融，才学过人。

⑰ 山涛：西晋人，曾任冀州刺史。在任时，搜访贤人，考察才能，先后任用三十多人。先代：前朝各代。美：赞美。

⑱ 严协律：即唐人严武。协律，掌管音乐的官。入：入朝。崔宗之：李白好友，历任礼部郎中等，与孟浩然、杜甫亦曾有交往。黎昕：曾任拾遗官，与王维有交往。房习祖、许莹：均不详。

⑲ 衔恩抚躬：形容严武等人感恩戴德的样子。抚躬，手按自己的胸口。感激：感动，鼓舞。推赤心于诸贤腹中：以真心对待贤能之士。诸贤，指严武等人。委身：把自己托付给某人。国士：国中的贤士，这里指韩朝宗。

⑳ 傥（tǎng）：同"倘"，假如。急难（nàn）有用：情况紧迫，需要用人之际。微躬：微贱的身躯，自谦之语。

㉑ 谟猷（móyóu）：谋划，谋略。自矜：自夸。这两句是说自己并不擅长计谋筹划。

㉒ 制作：这里指"文章诗赋"。卷轴：代指著作。尘秽视听：污染耳目。请对方看自己作品的谦逊说法。

㉓ 雕虫小技：微不足道的技能。这里也是自谦之词。

㉔ 刍荛（chúráo）：原意指割草、打柴。割草为刍，打柴为荛，刍荛指草野之人。这里代指自己的文章。书人：抄录文章的人。

㉕ 闲轩：空的小屋。缮（shàn）写：抄写。

㉖ 庶：或许。青萍：宝剑名。结绿：美玉名。长（zhǎng）价：抬高身价。薛、卞（biàn）：均为春秋时期人，薛是薛烛，越国识剑之人；卞是卞和，楚国辨玉之人。

㉗ 幸推下流：幸而推举到我。下流，谦称。奖饰：奖励称誉。惟：希望。图之：考虑。

【简析】

本文约写于唐玄宗开元二十年（734）左右，是李白初见韩朝宗时写的一封自荐书。那时，李白三十出头，正满腹抱负，希望"奋其智能，愿为辅弼，使寰区大定，海县清一"（《代寿山答孟少府移文书》）。但他不想经过进士、明经等常规考试进入仕途，而是希图一朝蒙受帝王赏识，获得重用。当他在襄阳遇到以提拔后进而知名的荆州长史韩朝宗后，就写了这封自荐信。

李白像

在这封信中，作者首先借天下谈士的话，赞扬了韩朝宗的道德文章，尤其是谦恭下士，善于识拔人才。接着毛遂自荐，介绍自己的履历、才能和气节，希望自己能得到赏识与推荐。虽是一篇干谒求人的文章，却无一丝寒酸乞怜的意味，写来纵横开阖，抑扬自如，雄壮奔放的文气之中，李白"虽长不满七尺，而心雄万夫"的气概，"日试万言，倚马可待"的自负，以及不卑不亢、"平交王侯"的性格，活灵活现，如在目前。

志向高远　求索不息　——　085

毛遂自荐的事情，自古有之，像李白这样干谒求进，像韩朝宗那样识拔人才，倒也无妨。关键的是，要有真本领，而不是靠阿谀奉承；要出以公心，而不是以权谋私。

劝　学
颜真卿

三更灯火五更鸡①，正是男儿立志时。
黑发不知勤学早，白首方悔读书迟②。

【注释】

① 三更（gēng）灯火五更鸡：是说三更有灯火相陪，五更有鸡鸣相伴。三更，半夜；五更，拂晓。

② 黑发：指年少时期，借指少年。白首：白头，指老年时期，借指老人。

【简析】

颜真卿是唐朝书法家，书法以"颜体"知名，与柳公权并称"颜柳"，有"颜筋柳骨"之誉。他志向高洁，为官清廉，治绩卓著。在这首诗里，他指出：三更灯火、五更鸡鸣陪伴，正是男儿立志读书的时间。如果少年时不肯及早勤奋学习，到满头白发的时候后悔也来不及了。诗句明白如话，道理浅显，关键要看怎样做了。

颜真卿书法

夏日绝句

李清照

生当作人杰,死亦为鬼雄①。
至今思项羽,不肯过江东②。

【注释】

① 人杰:人中的豪杰。鬼雄:鬼中的雄杰。
② 项羽:名籍字羽,下相(今江苏省宿迁市)人。秦末起兵,率八千江东子弟逐鹿中原,日益壮大,号西楚霸王。后与刘邦交战,被围垓(gāi)下,败走乌江(即今安徽省和县乌江浦),乌江亭长劝他渡江,他说无脸见江东父老,遂自杀。江东:今长江下游地区。

【简析】

这首诗又题"乌江",是一首咏史诗。诗作通过项羽的史事,以"人杰"与"鬼雄"作对比,抨击了北宋政权投降逃跑、南宋政权苟且偷安的卑劣行为,同时也表现出诗人豪迈高洁的胸怀和气节。

"生当作人杰,死亦为鬼雄"两句,直述自己对死生的看法:活着要做出类拔萃

项羽与虞姬塑像(江苏省徐州市)

的豪杰,死了也要成为鬼中雄杰。"至今思项羽,不肯过江东"两句,作者认为项羽不肯过江东,正是依循了上述人生准则,凸显出了英雄气节,因而值得后人钦佩。

楚汉之争中,项羽以失败告终,可以说是其性格弱点所致,但他末路之时,却显出不凡的气概,故而可谓"失败亦英雄"。面对危难,不能直面,而是选择退缩逃避,这正是诗人所鄙视的,也是她给失败英雄项羽奉上一瓣心香的原因所在。

满江红·写怀
岳 飞

怒发冲冠,凭栏处、潇潇雨歇①。抬望眼、仰天长啸②,壮怀激烈。三十功名尘与土,八千里路云和月③。莫等闲、白了少年头,空悲切④! 靖康耻,犹未雪;臣子恨,何时灭⑤?驾长车、踏破贺兰山缺⑥。壮志饥餐胡虏肉,笑谈渴饮匈奴血⑦。待从头、收拾旧山河,朝天阙⑧!

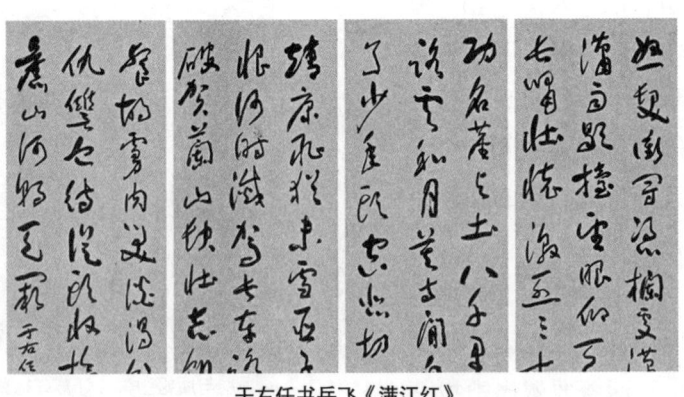

于右任书岳飞《满江红》

【注释】

① 怒发冲冠（guān）：形容大怒时头发直竖，将帽子顶起。凭：倚靠。潇潇：形容雨势急骤。

② 抬望眼：抬头远望。长啸：撮口激气发出清亮绵长的声音。

③ 三十功名尘与土：年已三十，建立了一些功名，但微不足道。尘与土，形容微不足道，是自谦之词。八千里路云和月：形容转战南北，路途遥远，披星戴月。

④ 等闲：随便，轻易。空：徒然。悲切：悲伤。

⑤ 靖康耻：指北宋灭亡的耻辱。靖康是宋钦宗的年号。灭：消失。

⑥ 长车：指战车。贺兰山：在今宁夏和内蒙古交界处。这里泛指宋、金边境的界山。缺：指山口。这两句意谓要驾着战车长驱北上，踏过边界关山，收复失地。

⑦ 胡虏、匈奴：泛指敌人。

⑧ 收拾：整顿，整理。天阙（què）：本指宫殿前的楼观，这里指皇帝住的地方。朝天阙，指朝见皇帝。

【简析】

这是一首气壮山河、激动人心的爱国词。词中表现了岳飞不愿虚度年华，迫切要求建功立业、报仇雪耻、收复故土的雄心壮志。

上片抒怀。起句"怒发冲冠"突兀不凡，对侵略者的满腔怒火势不可遏。"抬望眼"三句壮怀激烈，交织着对敌人的仇恨，对朝廷苟安的不满，透露出作者内心抑郁难申、壮志难酬的愁怀。"三十功名"以下回顾自己的战斗历程，表现了作者以恢复中原为己任，为复国大业只争朝夕的进取精神。

下片述志。作者牢记靖康之耻，誓欲"饥餐胡虏肉""渴饮匈奴血",对战胜强敌充满了自信。全词以"待从头、收拾旧山河,朝天阙"作结,抒发了作者报仇雪耻、还我河山的爱国壮志,气足神完。

岳飞一生,精忠报国,时刻以战胜强敌、收复失地为己任,从不懈怠,从不退缩。岳飞及其精神,已经成了我们民族精神的一个符号,那就是:国事为先、精忠报国。这种精神,面对外敌,固然需要;和平建设,同样不可或缺。

金错刀行

陆 游

黄金错刀白玉装①,夜穿窗扉出光芒。
丈夫五十功未立,提刀独立顾八荒②。
京华结交尽奇士,意气相期共生死③。
千年史策耻无名,一片丹心报天子④。
尔来从军天汉滨,南山晓雪玉嶙峋⑤。
呜呼!楚虽三户能亡秦⑥,岂有堂堂中国空无人。

【注释】

① 金错刀:用金涂饰刀身。白玉装:用白玉装饰刀柄。

② 顾:顾盼,环顾。八荒:八方荒远之地,泛指一切荒远的地方。

③ 京华:即京师,指南宋都城临安(今杭州市)。奇士:非常之士,指德行或才智出众的人。意气:豪情气概。相期:相互期待,这里指互相希望和勉励。

陆游画像

④ 史策：即史册。丹心：赤诚的心。

⑤ 尔来：近来。天汉滨：汉水边，这里指汉中一带。南山：终南山，即秦岭。玉嶙峋（línxún）：参差矗立，洁如白玉。嶙峋，山石参差重叠的样子。

⑥ 三户能亡秦：战国时期，秦国用外交手段孤立楚国，后又将楚怀王骗入武关，要求割地，怀王拒绝而被扣留，最终死在了秦国。当时楚国人民非常愤慨，民间有谣谚"楚虽三户，亡秦必楚"是指楚国即使只剩下三户人家，最后也一定能报仇灭秦。三户，指屈、景、昭三家。

【简析】

爱国诗人陆游曾应四川宣抚使王炎之聘请，赴宋、金对峙前线的南郑（今陕西省汉中市）担任职务。到任后，他曾多次奔走于前线视察军情，投身于收复失地的准备工作，并提出了自己以汉中为收复中原重要根据地的军事主张。调离之后，陆游根据在汉中的经历和感受，写下了这首《金错刀行》。

这是一首托物寄兴之作，结构上由物及人、层层拓展。全诗以金错刀起兴，以刀喻人，引出提刀人渴望杀敌立功的形象，接着从提刀人推扩到"奇士"，抒发这一群体共同的报国丹心，最后联系眼前从军经历，揭明全诗题旨，表达必胜的豪情壮志。起首两句音节高亢，随后四句一转换，越写越激昂凌厉，在末尾几乎高声呼出，情感饱满，读之令人热血沸腾。

这首诗犹如报国的誓言、战斗的号角，铿锵有力地掷在人们面前，表达了作者"一片丹心报天子"、为国立功的远大志向，以及歼灭敌人、兴复宋室的坚定信心。

在五千多年的发展历程中，中华民族形成了以爱国主义为核心的伟大民族精神。历朝历代,许多仁人志士都有强烈的忧国忧民思想,以国事为己任,前仆后继,临难不屈,保卫祖国,关怀民生,正是这种可贵的精神,使中华民族历经劫难而巍然屹立。

过零丁洋
文天祥

辛苦遭逢起一经①,干戈寥落四周星②。
山河破碎风飘絮③,身世凄凉雨打萍。
惶恐滩头说惶恐④,零丁洋里叹零丁⑤。
人生自古谁无死,留取丹心照汗青⑥。

【注释】

① 遭逢:遭遇,此指遇到朝廷选拔。起一经:依靠精通一种儒家经典而腾达。文天祥在宝祐四年(1256)参加"明经"科考试,中状元。这句叙述自己科名起家的出身。

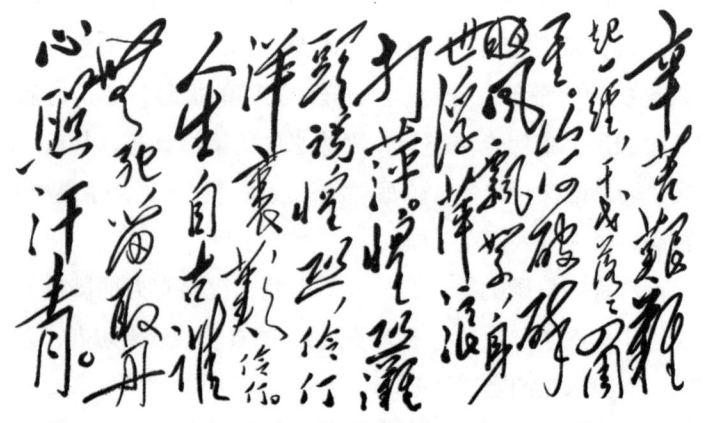

毛泽东手书《过零丁洋》

② 干戈：本指武器，这里指抗元战争。寥（liáo）落：荒凉冷落。四周星：四周年。文天祥从1275年起兵抗敌，到1278年被俘，恰好四年。

③ 絮：柳絮。后句"萍"，即浮萍。

④ 惶恐滩：在今江西省万安县，赣江十八处险滩之一。1277年，文天祥在江西败于元军，所部死伤惨重，妻儿也为元军所俘，他经惶恐滩撤到福建。说惶恐：形容从惶恐滩败退时力不从心、壮志难酬的心情。

⑤ 叹零丁：形容自己在零丁洋里孤零无援、孤掌难鸣。

⑥ 汗青：指史册。古代无纸，用竹简写字。制作竹简时，须用火烤去竹汗（水分），干后易写且不受虫蛀，因称"汗青"。

【简析】

祥兴元年（1278）十月，文天祥在广东海丰北五坡岭兵败被俘，押于船上，次年过零丁洋（即"伶仃洋"，在今广东省珠江口外）时，写下了这首诗。押解到崖山时，元军逼迫他写信招降固守崖山的张世杰、陆秀夫，文天祥坚决拒绝，向元军汉军都元帅张弘范出示此诗以明志。张弘范看后说"好人，好诗"，无法胁迫，只好罢休。

诗歌前四句回顾平生，格调悲壮，诗人出生入死、百折不挠的精神，浸入文字，可谓字字血泪。五、六句写自己的感触，以所历事件为基础，以地名结合感受作巧对，语意双关：后句"零丁洋"为主，写眼前实事实感；前句"惶恐滩"为辅，概括起兵以来"干戈寥落四周星"中的典型心理。最后两句写自己宁死不屈的凛然正气。后来，诗人英勇就义，以实际行动兑现了忠贞报国的誓言。这两句诗也就流传千古，多少年来，一直激励着后人。

文天祥的这首不朽诗篇，表现了他忠心报国、视死如归的决心和宁死不屈、大义凛然的气节。末尾的"人生自古谁无死,留取丹心照汗青",体现了诗人高尚的人生志趣,亦可谓千百年来仁人志士的人生追求。正是这种志向,激励着人们昂扬奋进,造就灿烂的人生。

山坡羊·道情
宋方壶

青山相待,白云相爱,梦不到紫罗袍共黄金带①。一茅斋②,野花开,管甚谁家兴废谁成败?陋巷箪瓢亦乐哉③!贫,气不改;达,志不改④。

【注释】

① 待:对待,这里指相伴。紫罗袍:古代高级官员的服装。

② 茅斋:茅屋。斋,书房或学舍。

③ 陋巷箪瓢(dānpiáo):此处用孔子弟子颜回事。《论语·雍也》:"一箪食,一瓢饮,在陋巷,人不堪其忧,回也不改其乐。"箪,盛饭的圆形竹器。瓢,剖开瓠(hú,即葫芦)做成的水瓢。

④ 贫,气不改;达,志不改:两句互文见意,是说无论贫穷还是显达,志向、气节始终不渝。

【简析】

这是一首抒写隐逸情趣的小令,作者宋方壶是元朝散曲家。

曲子开头两句,将"青山"与"白云"拟人化,说它们与自己互相陪伴,作者所居环境、所怀志向,由此豁然顿现。第三句紧承前两句,表现对功名利禄的蔑视和鄙弃,从另一角度体现出作者志趣的高洁。"一茅斋"三句，进一步交代所处环境和居室，申明自己脱屣（xǐ）世事，不问时局。最后，作者以安贫乐道的前贤颜回自况，并剖白自己始终不渝的贫士志气。

曲中"管甚"一句，会给人漠然国事、消极无为的情绪。但显然的是，所谓"兴废成败"的"谁家"，只不过是些争权夺利者，至多也不过是指一家一姓的封建王朝。作者不屑于此，正是出于他对现实的极端不满。拒绝同流合污，虽然只能算是消极的反抗，但身处浊世，这种精神也是可贵的。

全曲文字浅近，用语质朴，与所表现的思想意趣很是契合。曲子的最后几句，卒章显志，音节短促，铿锵有力，掷地可作金石声。

破阵子·为陈同甫赋壮词以寄之
辛弃疾

醉里挑灯看剑，梦回吹角连营①。八百里分麾下炙，五十弦翻塞外声，沙场秋点兵②。　马作的卢飞快，弓如霹雳弦惊③。了却君王天下事，赢得生前身后名④。可怜白发生⑤！

【注释】

①"醉里"二句：写诗人深夜醉中把玩武器，回忆起昔日战斗场景。吹角连营：各军营里接连不断响起号角声。角，军中乐器。

连环画《辛弃疾》(盛元龙绘)

②八百里：指牛。《世说新语》记载，晋人王恺有牛名"八百里"，王济与之比射，以"八百里"为赌物。王济获胜，遂杀牛作炙。麾（huī）下：部下。炙（zhì）：烤肉。五十弦：原本指瑟，这里代指军中乐器。翻：演奏。塞外声：指悲壮粗犷的军乐。沙场：战场。点兵：检阅军队。古代点兵用武，多在秋天，故称"秋点兵"。

③作：如。的卢：良马名。相传刘备在荆州遇险，所骑的卢"一跃三丈"，过檀溪而脱险。霹雳：本指雷声，这里形容弓弦声之有力。

④了却：了结，把事情做完。天下事：国家大事，这里特指恢复中原。身后：死后。

⑤可怜：可惜。

【简析】

辛弃疾力主抗金，21岁时就在家乡历城（今山东省济南市）组织过抗金起义。后来曾做过地方长官，但因主张恢复中原，受到排挤，长期得不到任用，在信州（今江西省上饶市）闲居近20年。这首词，就是闲居时写给好友陈亮（字同甫）的。

词的起首从挑灯看剑入笔，很自然地引入当年金戈铁马生活的回忆，以及建功扬名的壮志，慷慨豪壮，气势磅礴。结尾陡然一转，回到现实，由豪壮到悲凉，获得了独特的艺术效果。词作表达了作者抗金杀敌、建功报国的理想，抒发了壮志难酬、英雄迟暮的悲愤心情。

在一个开明的时代，身负绝艺，矢志报国，总会有英雄用武之地。怕的倒是身无一技之长，大志无凭，乏才报国，那才可悲可怜。

送东阳马生序(节选)

宋 濂

　　余幼时即嗜学,家贫无从致书以观,每假借于藏书之家,手自笔录①,计日以还。天大寒,砚冰坚,手指不可屈伸,弗之怠②。录毕,走送之,不敢稍逾约③。以是人多以书假余,余因得遍观群书④。既加冠,益慕圣贤之道,又患无硕师、名人与游,尝趋百里外,从乡之先达执经叩问⑤。先达德隆望尊,门人弟子填其室,未尝稍降辞色⑥。余立侍左右,援疑质理,俯身倾耳以请;或遇其叱咄,色愈恭,礼愈至,不敢出一言以复;俟其忻悦⑦,则又请焉。故余虽愚,卒获有所闻⑧。

　　当余之从师也,负箧曳屣⑨,行深山巨谷中。穷冬烈风,大雪深数尺,足肤皲裂而不知⑩。至舍,四支僵劲不能动,媵人持汤沃灌,以衾拥覆,久而乃和⑪。寓逆旅主人,日再食⑫,无鲜肥滋味之享。同舍生皆被绮绣,戴朱缨宝饰之帽,腰白玉之环,左佩刀,右备容臭,烨然若神人⑬。余则缊袍敝衣处其间,略无慕艳意,以中有足乐者,不知口体之奉不若人也⑭。盖余之勤且艰若此。今虽耄老,未有所成,犹幸预君子之列,而承天子之宠光,缀公卿之后,日侍坐备顾问,四海亦谬称其氏名⑮,况才

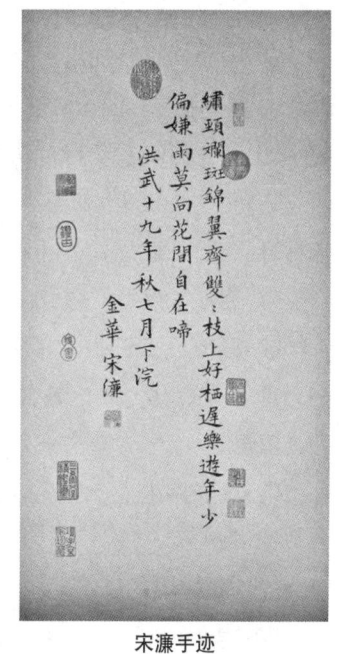

宋濂手迹

之过于余者乎?

【注释】

① 嗜(shì)学:好学,喜欢读书。致书:指买到书。计日:约定时间。假:也是"借"的意思。手自:亲手。

② 砚冰坚:砚台墨汁冻冰结实。怠(dài):懒惰。

③ 走:跑。逾约:超过约定的时间。

④ 以是:因此。得:得以,能够。

⑤ 既:已经。加冠:古时男子20岁即行加冠礼,表示成年。患:担心。硕师:学问渊博的老师。与游:交往。先达:有学问的前辈。执经:手持经书。叩问:请教。

⑥ 德隆望尊:德高望重。填其室:形容满屋是人。稍降辞色:言辞、态度稍微和缓。辞色,言辞和脸色。

⑦ 援疑质理:提出疑难问题,询问其中的道理。叱咄(chìduō):斥责。色:表情。俟(sì):等到。忻(xīn)悦:高兴。

⑧ 卒:最终。获有:获得而拥有。

⑨ 负箧(qiè):背着装有书的小箱子。箧,小箱子。曳屣(yèxǐ):拖着鞋。屣,鞋。

⑩ 穷冬:严冬。皲(jūn)裂:皮肤寒冷干燥而裂开。

⑪ 四支:即四肢。僵劲:僵硬。媵(yìng)人:原指随嫁的女子,这里指婢女。汤:热水。沃灌:冲洗。衾(qīn):被子。和:暖和而舒展。

⑫ 寓逆旅主人:住在旅店主人那里。日再食:一日两餐。

⑬ 被:同"披",穿。绮绣:锦缎。容臭(xiù):香囊。烨(yè)然:光彩、光亮的样子。

⑭ 缊(yùn)袍敝衣:旧棉袍,破衣服。缊,新旧混合的丝绵。

略无:一点也没有。慕艳:羡慕。艳,喜爱,羡慕。中:心中。口体之奉:吃穿方面的享受。

⑮ 耄(mào)老:年老。耄,古人70岁以上称"耄"。预:参与。宠光:厚遇。缀:装饰,点缀,意为跟随。顾问:咨询。谬(miù)称:不恰当地称赞,一种谦虚的说法。

【简析】

马生,字君则,南京国子监学生,宋濂的同乡。洪武十一年(1378),宋濂奉诏到金陵朝见明太祖朱元璋。马君则前来拜访,于是宋濂写了这篇赠序送给他。

文章叙述作者年轻时求学的种种困难,借书和抄书的辛苦,从师和求教的不易,四出奔走的劳累,衣服和饮食的简陋,但是,依靠一个"勤"字,终于学有所成。从而告诉马生,也告诉我

宋濂像

们:在学习上,一个人只要下定决心,不畏艰难,专心向学,虚心求教,持之以恒,就定能有所收获,有所成就。

作者首先从读书写起——这无疑是迄今最为常见,也最有效用的学习途径,无书可读,则借书来读;一读而欲再读,则不得不借助于抄书——这也是古来无书可读者的常用"伎俩";借而能如约速还,再借也就不难。内外两种力量作用下,书阅读越多,达到"遍观群书"的地步,想没有知识也难。

单是多读书,当然还不够,还要拜名师,多请益。这也不易:一要谦恭,耐得住性子,这样老师才肯教你,你才能获得更多受教

的机会;二要多问,而且要针对性地问,挑战性地问,所谓"援疑质理",这样收获才会更多,长进才会更大。

作者还特别描述了自己从事求学的艰苦,并在与"同舍生"的对比中,反衬出作者的"勤且苦"。而正是这"勤且苦",才成就了作者的"坐备顾问""四海谬称"。这里的描述,一如前段"执经叩问"的描述,很是具体,情景毕现,从而也就有了无可置疑的说服力。

时代不同了,我们今天不再会有"无从致书以观"的困难;但同样的是,想要有所进步,有所成就,"勤且苦"还是免不了的,不仅现在,将来也是。

为学一首示子侄

彭端淑

天下事有难易乎?为之,则难者亦易矣;不为,则易者亦难矣①。人之为学有难易乎?学之,则难者亦易矣;不学,则易者亦难矣。

彭端淑像

吾资之昏,不逮人也,吾材之庸,不逮人也;旦旦而学之,久而不怠焉,迄乎成②,而亦不知其昏与庸也。吾资之聪,倍人也,吾材之敏,倍人也;屏弃而不用,其与昏与庸无以异也③。圣人之道,卒于鲁也传之④。然则昏庸聪敏之用,岂有常哉?

蜀之鄙⑤,有二僧:其一贫,

其一富。贫者语于富者曰:"吾欲之南海⑥,何如?"富者曰:"子何恃而往⑦?"曰:"吾一瓶一钵足矣⑧。"富者曰:"吾数年来欲买舟而下,犹未能也。子何恃而往⑨!"越明年,贫者自南海还,以告富者,富者有惭色⑩。

西蜀之去南海,不知几千里也,僧之富者不能至,而贫者至焉。人之立志,顾不如蜀鄙之僧哉⑪?是故聪与敏,可恃而不可恃也;自恃其聪与敏而不学者,自败者也。昏与庸,可限而不可限也;不自限其昏与庸,而力学不倦者,自力者也。

【注释】

① 为(wéi):做。为学,即从事学习,做学问。

② 资:天资,天分。材:通"才"。旦旦:天天。迄乎成:等到学成了。迄,到。

③ 倍人:"倍于人"的省略,指超出别人一倍。无以异:没有什么不同。

④ 圣人:指孔子。卒:最终。鲁:迟钝。这句话是说:孔子的学问最终是靠不怎么聪明的曾参传下来的。

⑤ 鄙:偏僻的地方。

⑥ 之:去,前往。南海:指普陀山,在浙江东北部莲花洋中,相传为观音菩萨道场,与五台、九华、峨眉合称中国佛教四大名山。

⑦ 恃(shì):凭借,依靠。

⑧ 钵(bō):僧人用的饭钵,用以化缘乞食。

⑨ 买舟:租船。买,租、雇的意思。子何恃而往:这里是反问语气,意思是"你就靠这些根本没用"。

⑩ 越明年:到了第二年。惭色:羞愧的神色。

⑪ 顾:反而。

【简析】

　　这是一篇写给晚辈的劝学文章,讲的是做学问的道理,从学习难易的角度切入,重点阐述天资与学习的关系。

　　文章开头便从难易问题下手,认为天下事的难易是相对的,"为之,则难者亦易矣;不为,则易者亦难矣"。进而引入学习的难易问题,以类比的方式说明道理是同样的。

　　接着,作者重点论述天资与学习的关系,正反两方面说明问题,告诉人们聪敏不足恃,"旦旦为学"才是硬道理。末尾,还举了一个绝对"达人"的例子:孔老夫子的学问传人,原来真是"参也鲁"的曾参。

　　寓言说理,向来是我国古人说理的拿手好戏。这里,作者也讲了个亦真亦幻的故事,富者、贫者,力可"买舟"与"一瓶一钵",两相对比,一如开篇,类比中道理自见。接着进一步指出聪明不可恃,立志力学,即便有些昏与庸,也绝对胜过聪敏而不学者。

　　彭端淑是清朝康乾雍时期人,进士出身,担任过考官,与李调元、张问陶并称"清朝四川三才子"。当时"朴学"盛行,讲求严谨扎实的学风,因此彭端淑在这里也强调"力学",下"笨功夫"。其实,不仅乾嘉时期,任何时候做学问,或者仅仅是一般的学习——也包括做任何事情,都必须下一番苦功夫才行。不下功夫,聪明人最终也会是笨伯;苦功夫下到了,就不会再有愚人。

黄 生 借 书 说

袁　枚

　　黄生允修借书,随园主人授以书①,而告之曰:

书非借不能读也。子不闻藏书者乎②？七略、四库③，天子之书，然天子读书者有几？汗牛塞屋④，富贵家之书，然富贵人读书者有几？其他祖父积、子孙弃者，无论焉⑤。非独书为然⑥，天下物皆然。非夫人之物而强假焉，必虑人逼取，而惴惴焉摩玩之不已⑦，曰："今日存，明日去，吾不得而见之矣。"若业为吾所有，必高束焉，庋藏焉，曰"姑俟异日观"云尔⑧。

《袁枚全集》书影

余幼好书，家贫难致⑨。有张氏，藏书甚富，往借不与，归而形诸梦⑩。其切如是，故有所览辄省记⑪。通籍后，俸去书来，落落大满，素蟫灰丝，时蒙卷轴⑫。然后叹借者之用心专，而少时之岁月为可惜也⑬！

今黄生贫类予，其借书亦类予；惟予之公书与张氏之吝书⑭，若不相类。然则予固不幸而遇张乎？生固幸而遇予乎？知幸与不幸，则其读书也必专，而其归书也必速⑮。

为一说，使与书俱⑯。

【注释】

① 生：古人对读书人的通称。随园主人：袁枚自谓。随园，袁枚中年辞官后居住的别墅。授：授给，给予。

② 子：你。

③ 七略：汉成帝时刘向奉旨校中秘书，搜求天下遗书。刘向每校毕一书，就把书的篇目和大意写一篇叙录，奏给皇帝。刘向死后，

袁枚像（清·罗聘绘）

其子刘歆继承父业。刘歆总括群篇，撮其指要，著为《七略》：一辑略，二六艺略，三诸子略，四诗赋略，五兵书略，六术数略，七方技略。四库：唐玄宗时在长安、洛阳各聚书四部，以甲、乙、丙、丁为次，列经、史、子、集四库。

④ 汗牛塞屋：搬运起来累得牛流汗，放在家里塞满了屋子。这里形容藏书很多。

⑤ 祖父：祖父和父亲。"祖父"相对"子孙"说。无论：不用说，不必说。

⑥ 然：这样。

⑦ 夫（fú）人：那人。指向别人借书的人。强（qiǎng）假：硬要借。强，勉强。惴惴（zhuì）焉：忧惧的样子。摩玩：摩挲（suō）把玩。

⑧ 业：已经。高束：捆扎起来放在高处。束，捆，扎。庋（guǐ）：放置、保存。姑：姑且。俟（sì）：等待。异日：另外的日子。云尔：如此罢了，如此而已。

⑨ 好（hào）：喜爱。难致：难以得到。致，得到。

⑩ 与：给。形诸梦：形之于梦，在梦中现出那种情形。

⑪ 切：迫切。故有所览辄省（xǐng）记：（因为读书要求迫切，又得不到书）所以看过的就记在了心里。省记，了解，记忆。

⑫ 通籍：出仕，做官。俸：官俸，官吏的薪水。落落大满：意为到处是书。落落，形容连续不断地堆集。素蟫（yín）：白色的蠹（dù）鱼。蠹鱼，一种咬衣服书籍的小虫。灰丝：指虫丝。卷（juàn）轴：指书册。

⑬ 少时：年轻时。可惜：应该珍惜。

⑭ 类：似，像。公书：把自己的书借给别人。公，与别人共用。吝：吝啬。

⑮ 归：指还书。

⑯ 为一说，使与书俱：作一篇说，让（它）同书一起（交给黄生）。

【简析】

青年黄允修向袁枚借书，袁枚写了这篇文章，连同所借之书一起给了他。

文章的中心论点是"书非借不能读"，目的是劝勉青年要珍惜书籍，珍惜时间，专心学习。作者指出，藏书、吝书的人未必真能爱书、读书，比如天子有书不读，富贵人有书不读。而借书来读，倒更能促使自己抓紧时间去阅读，用心去钻研，并记牢书中的内容。因为书是借来的，担心"今日存，明日去"，自然会加倍珍惜，努力学习。

黄生借书，看来读书条件不算好。袁枚很大方地借书给他，顺带指出，人们不能因为条件不利而却步不前，只要有志向、有决心，不利的条件反而可以催人奋进，取得成绩；同时，也提醒人们不要因为条件优越而贪图安逸，养成不求进步的恶习。

袁枚"书非借不能读"的观点，并非他一家独有，也并非书籍"难致"时才有。近现代史上，我们都可以找到"借书而读"的名家，甚至普通学生学习也是如此。其中奥妙，就是袁枚讲给黄生的那番道理。今天书籍已经不再"难致"，但为了珍惜时间，提高效率，学有所得，我们也未尝不可经常借书来读。

弈 喻
钱大昕

予观弈于友人所,一客数败,嗤其失算,辄欲易置之,以为不逮己也①。顷之,客请与予对局,予颇易之②。甫下数子,客已得先手③;局将半,予思益苦④,而客之智尚有余。竟局数之⑤,客胜予十三子。予赧甚⑥,不能出一言。后有招予观弈者,终日默坐而已。

竹亭对棋图(明·钱穀绘)

今之学者,读古人书,多訾古人之失;与今人居⑦,亦乐称人失。人固不能无失,然试易地以处,平心而度之,吾果无一失乎⑧?吾能知人之失而不能见吾之失,吾能指人之小失而不能见吾之大失。吾求吾失且不暇⑨,何暇论人哉!

弈之优劣有定也,一着之失,人皆见之,虽护前者不能讳也⑩。理之所在,各是其所是,各非其所非,世无孔子,谁能定是非之真⑪?然则人之失者未必非得也,吾之无失者未必非大失也,而彼此相嗤无有已时,曾观弈者之不若已⑫。

【注释】

① 弈：下棋。所：住所。数（shuò）：屡次。嗤（chī）其失：讥笑他谋划不当。辄（zhé）欲：就想。易置之：替换友人与之对局。易，变换。不逮（dài）己：赶不上自己。逮，及，赶上。

② 顷之：过一会儿。对局：即下棋。局，棋盘。易：轻视。

③ 甫：刚刚。先手：指主动的形势。

④ 思益苦：思路越发困窘。

⑤ 竟局：终局，下完棋。竟，终了。数（shǔ）：计算。

⑥ 赧（nǎn）甚：很惭愧。赧，因羞愧而脸红。

⑦ 学者：求学的人。訾（zǐ）：诋毁。居：相处。

⑧ 固：本来。易地：彼此交换地位。度（duó）：推测，估摸。果：果真。

⑨ 不暇（xiá）：没时间，忙不过来。

⑩ 定：定准，工人的准则。一着（zhāo）：走一步棋。护前：回护前面的失误，泛指护短。讳：避忌。

⑪ 各是其所是，各非其所非：赞成自以为正确的，反对自以为不正确的。是非之真：真正的是非。

⑫ 得：收获。已时：停止的时候。曾（zēng）观弈者之不若已：简直连看棋的人都不如了。曾，乃，竟。不若，不如。已，同"矣"。

【简析】

这篇文章以下棋为喻，生动揭示了这样一个道理：观人之失易，见己之失难。作者通过自己下棋的亲身经历，说明只有易地而处，平心而度之，才能比较客观公正地评价事物。如果各执己见，以己为准，互不相让，容不得别人的观点，甚至彼此互相讥笑，那是永远也不会得出正确结论的。

文章以小见大，寓意深远。究其原因，在于作者善于观察生活，从习见的现象中发现问题，提炼升华，从而揭示出深刻的道理来。这样的文章，既通俗易懂，又富有哲理，易于接受，颇具说服力。

相信作者文中写到的情况，我们自己大多也遇到过。没有自信要不得，轻视别人、自知不明更要不得。看到别人的不足，我们仅仅能吸取教训，少走弯路；看到别人的长处，我们才能获得经验，长足进步。

书 怀（选一）
赵 翼

既要作好官，又要作好诗。
势必难两遂，去官攻文词①。
僮仆怨其癖②，亲友笑其痴。
且勿怨与笑，吾自有主持③。
一支生花笔，满怀镂雪思④。
以此涸尘事，宁不枉有之⑤。
何如拥万卷，日与古人期⑥。
好官自有人，岂必某在斯⑦。

[注释]

① 遂：实现，成就。去官：辞官，离开官职。攻文词：钻研文章诗词等。攻，致力学习或研究。

② 其：指"去官攻文词"者，即作者。癖（pǐ）：癖好，习性。

③ 勿：不要。主持：主张、持守。

④ 生花笔：传说李白梦笔生花，从此才思日进。镂雪思：比喻巧妙的构思。

⑤ 溷（hùn）：污浊，混乱。宁：岂不。枉：枉然，白白地。

⑥ 期：约定时间，这里是说每天与古人相交。

⑦ 斯：这，这里。

[简析]

赵翼是清朝士人，贡献主要在文学方面。这首诗题曰"书怀"，自然是抒写自家情怀的。

诗先从做好官、作好诗不可得兼说起，因而只能"舍官而取诗文"。这自然不为"官文化"熏陶出来的僮仆、亲友所理解，也就有必要解释一下，于是，诗人的观点亮了出来：文才不弱——生花笔、镂雪思，在浊世里混淘，岂不浪费？拥书万卷，天天与古人亲近，那是何感觉？好官自有人做，何必我们待在这儿呢。语言明白如话，风格则亦庄亦谐。

这首诗，可谓写出了封建社会正直知识分子的志趣与情怀，当然同时也不无对社会污浊、官场钻营的暗讽。人，就应该在"难两遂"的时候，选择自己的志趣所在，否则未必会有成就，又难免郁闷纠结，何苦来哉！

少年中国说（节选）
梁启超

日本人之称我中国也，一则曰老大帝国，再则曰老大帝国①。是语也，盖袭译欧西人之言也②。呜呼！我中国其果老大矣乎？梁启超曰：恶！是何言！是何言③！吾心目中有一少年中国在。

欲言国之老少，请先言人之老少。老年人常思既往，少年人常思将来。惟思既往也，故生留恋心；惟思将来也，故生希望心。惟留恋也故保守，惟希望也故进取。惟保守也故永旧，惟进取也故日新。惟思既往也，事事皆其所已经者，故惟知照例；惟思将来也，事事皆其所未经者，故常敢破格[④]。老年人常多忧虑，少年人常好行乐。惟多忧也，故灰心；惟行乐也，故盛气。惟灰心也，故怯懦；惟盛气也，故豪壮。惟怯懦也，故苟且；惟豪壮也，故冒险。惟苟且也，故能灭世界；惟冒险也，故能造世界。老年人常厌事，少年人常喜事。惟厌事也，故常觉一切事无可为者；惟好事也，故常觉一切事无不可为者。老年人如夕照，少年人如朝阳。老年人如瘠牛，少年人如乳虎[⑤]。老年人如僧，少年人如侠。老年人如字典，少年人如戏文。老年人如鸦片烟，少年人如泼兰地酒[⑥]。老年人如别行星之陨石，少年人如大洋海之珊瑚岛。老年人如埃及沙漠之金字塔，少年人如西伯利亚之铁路[⑦]。老年人如秋后之柳，少年人如春前之草。老年人如死海之潴为泽[⑧]，少年人如长江之初发源。此老年与少年性格不同之大略也。梁启超曰：人固有之，国亦宜然[⑨]。

　　造成今日之老大中国者，则中国老朽之冤业也[⑩]。制出将来之少年中国者，则中国少年之责任也。彼老朽者何足道？彼与此世界作别之日不远矣，而我少年乃新来而与世界为缘。如僦屋者然[⑪]，明日将迁居地方，而我今日始入此室处。将迁居者，不爱护其窗栊，不洁治其庭庑[⑫]，俗人恒情，亦何足怪。若我少年者，前程浩浩，后顾茫茫。中国而为牛为马为奴隶，则烹脔鞭箠之惨酷，惟我少年当之；中国称霸宇内，主盟地球，则指挥顾盼之尊荣，惟我少年享之；于彼气息奄奄，与鬼为邻者何与焉[⑬]。彼而漠然置之，犹可言也；我而漠然之，不可言也。使举国之少

青少年齐诵《少年中国说》

年果为少年也，则吾中国为未来之国，其进步未可量也。使举国之少年而亦为老大也，则吾中国为过去之国，其澌亡可跷足待也[14]。故今日之责任，不在他人，而全在我少年。少年智则国智，少年富则国富，少年强则国强，少年独立则国独立，少年自由则国自由，少年进步则国进步，少年胜于欧洲则国胜于欧洲，少年雄于地球则国雄于地球。红日初升，其道大光[15]；河出伏流[16]，一泻汪洋；潜龙腾渊，鳞爪飞扬；乳虎啸谷，百兽震惶[17]；鹰隼试翼，风尘吸张[18]；奇花初胎，矞矞皇皇[19]；干将发硎，有作其芒[20]；天戴其苍，地履其黄[21]；纵有千古，横有八荒[22]；前途似海，来日方长。美哉我少年中国，与天不老！壮哉我中国少年，与国无疆！

【注释】

① 老大帝国：腐朽衰老的国家。老大，本义是年长，此处是贬义，意为"老朽"。再：第二次，表示一而再之意。

② 是语：这话，这种说法。袭译：沿袭别人的翻译。欧西：指欧美西方世界。

③ 恶（wū）：叹词，犹"唉"，含有否定的意思。是何言：这是什么话。是，这。

④ 破格：打破常规定格。

⑤ 瘠（jí）牛：瘦弱的牛。乳虎：小老虎。

⑥ 泼兰地：即白兰地。

⑦ 金字塔：古代埃及王墓。这里与"西伯利亚铁路"对举，取其古雅而无实用之意。

⑧ 潴（zhū）：水积聚的地方。

⑨ 固：固然。亦宜然：也应该是这样。

⑩ 冤业：罪过，造下的孽。

⑪ 僦（jiù）屋：租赁房屋。

⑫ 窗栊（lóng）：窗户。栊，窗框。洁治：打扫清理。庭庑（wǔ）：庭院走廊。

⑬ 脔：切成小片的肉，这里指宰割。棰（chuí）：短木棍，这里指捶打。指挥：指点。何与：有什么关系。

⑭ 澌（sī）亡：灭绝消亡。澌，尽。

⑮ 其道大光：语出《周易·益》："自上下下，其道大光。"光，广大，发扬。

⑯ 伏流：地下的水流。

⑰ 震惶：震惊。惶，恐惧、惊慌。

⑱ 鹰隼（sǔn）：指鹰一类的猛禽。吸张：同"翕（xī）张"，一

开一合。

⑲ 初胎：指含苞欲放。矞矞（yù）皇皇：形容瑰丽美好。

⑳ 干将：古剑名，泛指宝剑。发硎（xíng）：刀刃新磨。硎，磨刀石。有作其芒：发出光芒。

㉑ "天戴"二句：是说少年中国如苍天之高大，如地之广阔。戴，头顶；履，脚踩。

㉒ 八荒：八方荒远之地。《说苑·辨物》："八荒之内有四海，四海之内有九州。"

【简析】

《少年中国说》是梁启超的一篇新体散文，写于1900年。当时，正值清朝末期，甲午之役中国惨败，清政府不思图治，却割地赔款。这激起了爱国知识分子的愤怒，但有志之士要求改良的戊戌变法也被血腥镇压了。政治腐败，内外交困，国家已到了日薄西山、气息奄奄的境地，帝国主义蓄谋瓜分中国，讥称中国为"老大帝国"。梁启超忧国忧民，积极参与改良运动，写下了这篇旨在激励国人、振兴中华的文章。

在文章里，梁启超把封建古老的中国和他心目中的"少年中国"作了鲜明的对比，极力赞颂少年勇于改革的精神，针砭老年人消极保守的思想，鼓励人们发愤图强，肩负起建设少年中国的重任；同时，文章也体现了作者期盼祖国繁荣富强的愿望，以及积极进取、蓬勃向上的精神。

青年梁启超

积极进取、蓬勃向上的精神,是中华民族生命力、创造力之所在,也是中华文明得以绵延千载、生生不息的原动力,更是人生应有的朝气蓬勃、奋发有为的精神状态。一百多年前梁启超心目中的"少年中国",今天已经巍然屹立在世界民族之林,而且依然朝气蓬勃,美哉壮哉,依然昂扬向上,奋发自强。我们每一个中华儿女,都应该保有一份"少年"心态,居安思危,积极进取,使我们的国家永远焕发"少年中国"的光彩。

请以三事为君告
——就任北京大学校长的演说

蔡元培

五年前,严几道先生为本校校长时①,余方服务教育部,开学日曾有所贡献于学校。诸君多自预科毕业而来,想必闻知。士别三日,刮目相见,况时阅数载,诸君较昔当为长足之进步矣。予今长斯校,请以三事为诸君告②:

一曰抱定宗旨。诸君来此求学,必有一定宗旨,欲求宗旨之正大与否③,必先知大学之性质。今人肄业专门学校,学成任事④,此固势所必然。而在大学则不然,大学者,研究高深学问者也。外人每指摘本校之腐败,以求学于此者,皆有做官发财思想,故毕业预科者,多入法科,入文科者甚少,入理科者尤少,盖以法科为干禄之终南捷径也⑤。因做官心热,对于教员,则不问其学问之浅深,惟问其官阶之大小。官阶大者,特别欢迎,盖为将来毕业有人提携也。现在我国精于政法者,多入政界,专任教授者甚少,故聘请教员,不得不聘请兼职之人,亦属不得已之举。究之外人指摘之当否,姑不具论,然弭谤莫如自修⑥,人讥我腐败，问心无愧，于我何惧？果欲达其做官发财之目的，则北京不少专门学校，入法科者尽可肄业于法律学堂，入商科者亦可投考商业学校，又何必来此大学？所以诸君须抱定宗旨，为求学而来，入法科者，非为做官；入商科者，非为致富。宗旨既定，自趋正轨，诸君肄业于此，或三年，或四年，时间不为不多，苟能爱惜分阴，孜孜求学，则求造诣，容有底止⑦。若徒志在做官发财，宗旨既乖⑧，趋向自异。平时则放荡冶游，考试则熟读讲义，不问学问之有无，惟争分数之多寡；试验既终，书籍束之高阁，毫不过问，敷衍三四年，潦草塞责⑨，文凭到手，即可借此活动于社会，岂非与求学初衷大相背驰乎？光阴虚度，学问毫无，是自误也。且辛亥之役，吾人之所以革命，因清廷官吏之腐败。即在今日，吾人对于当轴多不满意⑩，亦以其道德沦丧。今诸君苟不于此时植其基，勤其学，则将来万一因生计所迫，出而仕事⑪，担任讲席，则必贻误学生；置身政界，则必贻误国家。是误人也。误己误人，又岂本心所愿乎？故宗旨不可以不正大。此余所希望于诸君者一也。

二曰砥砺德行。方今风俗日偷，道德沦丧，北京社会，尤为恶劣，败德毁行之事，触目皆是，非根基深固，鲜不为流俗所染⑫。诸君肄业大学，当能束身自爱⑬。然国家之兴替，视风俗之厚薄。流俗如此，前途何堪设想。故必有卓绝之士，以身作则，力矫颓俗⑭。诸君为大学学生，地位甚高，肩此重任，责无旁贷，故诸君不惟思所以感己，更必有以励人。苟德之不修，学之不讲，同乎流俗，合乎污世，己且为人轻侮，更何足以感人。然诸君终日伏首案前，芸芸攻苦⑮，毫无娱乐之事，必感身体上之苦痛。为诸君计，莫如以正当之娱乐，易不正当之娱乐，庶几道德无亏⑯，而于身体有益。诸君入分科时，曾填写愿书，遵守

北京大学中国哲学门首届学生毕业留影（前排右五为蔡元培）

本校规则，苟中道而违之，岂非与原始之意相反乎？故品行不可以不谨严。此余所希望于诸君者二也。

三曰敬爱师友。教员之教授，职员之任务，皆以图诸君求学便利，诸君能无动于衷乎？自应以诚相待，敬礼有加。至于同学共处一室，尤应互相亲爱，庶可收切磋之效。不惟开诚布公，更宜道义相勖⑰，盖同处此校，毁誉共之。同学中苟道德有亏，行有不正，为社会所訾詈，己虽规行矩步，亦莫能辩⑱，此所以必互相劝勉也。余在德国，每至店肆购买物品，店主殷勤款待，付价接物，互相称谢。此虽小节，然亦交际所必需，常人如此，况堂堂大学生乎？对于师友之敬爱，此余所希望于诸君者三也。

余到校视事仅数日，校事多未详悉⑲。兹所计划者二事：一曰改良讲义。诸君既研究高深学问，自与中学、高等不同，不惟恃教员讲授，尤赖一己潜修[20]。以后所印讲义，只列纲要，细微末节，以及精旨奥义，或讲师口授，或自行参考，以期学有心得，能裨实用[21]。二曰添购书籍。本校图书馆书籍虽多，新出者甚少，苟不广为购办，必不足供学生之参考。刻拟筹集款项，多购新书，将来典籍满架，自可旁稽博采，无虞缺乏矣[22]。今日所与诸君陈说者只此，以后会晤日长，随时再为商榷可也。

【注释】

① 严几道：即严复，近代启蒙思想家、翻译家。1912年5月，京师大学堂更名北京大学，严复任首任校长，当年11月去职。

② 长：执掌，担任校长。请：请允许。

③ 正大：本指言行端正不邪，这里指目标正当、远大。

④ 肄（yì）业：指在校学习。肄，练习，学习。任事：承担事情。

⑤ 指摘（zhāi）：指点，挑选。干（gān）禄：求取俸禄。干，求取。终南捷径：指求取名利最近便的门路。

⑥ 具论：详细讨论。具，具体，详尽。弭谤（mǐbàng）：禁止非议。谤，诽谤，非议。

⑦ 趋：趋于，朝向。底止：止境。

⑧ 徒：只，仅仅。乖（guāi）：违背。

⑨ 冶游：这里指流连妓院。试验：即考试。塞（sè）责：对责任敷衍了事。

⑩ 当轴：政府里身居要职、大权在握者。轴，车轴，这里指中心。

⑪ 植基：打下基础。植，培植。仕事：做官。

⑫ 偷：马虎，得过且过。败德毁行：败坏道德、毁弃品行。鲜（xiǎn）：少。

⑬ 束身自爱：指约束自己，不与坏人坏事同流合污。束，检束，约束。

⑭ 卓绝之士：指非常杰出的人。卓，高，高超。绝，高超，绝妙。颓（tuí）俗：颓败的风俗。

⑮ 芸芸：形容众多，这里有"日复一日"的意思。攻苦：做艰苦的工作，这里指苦读。

⑯ 易：代替，替换。庶几：表示在上述情况下才可避免某种后果或实现某种希望。

⑰ 相勖（xù）：相互勉励。勖，勉励。

⑱ 訾詈（zǐlì）：评论。规行矩步：形容举动合乎规矩，毫不苟且。辩：辩白，说清楚。

⑲ 视事：到任履职。视，有"亲临"的意思。详悉：详尽知晓。悉，详尽地知道。

⑳ 潜修：潜心修炼，这里主要指自学。

㉑ 精旨奥义：精妙的宗旨，高深的意义。裨（bì）：补助。

㉒ 刻拟：有"眼下打算"的意思。刻，通"尅"，约定或限定时间。无虞：不担心。虞，忧患。

【简析】

1917年新年伊始，蔡元培就任北京大学校长，1月9日发表了这篇就任演讲。在这篇演讲中，蔡元培以新任校长的身份，对北大学子提出了自己的希望：第一是"爱惜光阴，孜孜求学"，而不是为了升官发财；第二是"束身自爱"，培养美德，端正品行；第三要敬爱师友，以诚相待。作为长者和一校之长，演讲中，蔡元培娓娓道来，循循善诱，赋予了演讲词超乎一般的鼓动性和感染力。

蔡元培是个主张不忘祖国传统美德的教育家，本人品行的高洁也是有口皆碑。他的道德标准，与两千年前的教育家孔子有类似之处。演讲中所要求的三个方面，实际上都涉及品德问题。所告三事，第二

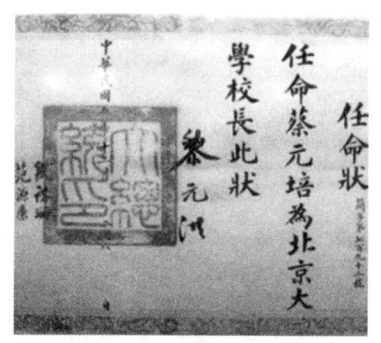

蔡元培担任北大校长的任命状

事，专门就个人品德立说；其他一、三两事，则是从为国为民、敬爱师友方面申论。无论哪一个方面，所论均具现实性和针对性。尤其是第一事，鉴于社会不良风气和学生求学现状，蔡元培希望学生能够抱定学问宗旨，爱惜光阴，孜孜求学，以免将来误人误己。对此一问题，他不仅正反两面反复强调，语重心长，甚至可谓苦口婆心，劝儆兼施。

如今，我们的学习条件早已今非昔比，社会风气也大为改良。但同样的是，仍然有一些学生考入大学之后，不能抱定宗旨，刻苦为学，而是虚度光阴，从20世纪的"冶游"转到21世纪的"电游"，"战场"虽已转移，混文凭则如出一辙。如此，则将来误人误己，亦是必然。其他"道德沦丧""败德毁行"的事情，也是应有尽有。因而，蔡元培先生所告三事，今天仍有必要为你为我，谆谆告诫；庶几将来个人有所成就，为国为民有所奉献。

卜算子·咏梅
毛泽东

风雨送春归①，飞雪迎春到。已是悬崖百丈冰，犹有花枝

俏②。俏也不争春，只把春来报。待到山花烂漫时，她在丛中笑③。

【注释】

① 风雨送春归：辛弃疾《摸鱼儿》词有句："更能消几番风雨，匆匆春又归去。"

② 冰：冰雪。犹：还，依然。俏：俊俏，美好的样子。

③ 烂漫：颜色鲜明而美丽。丛中笑：百花盛开时，感到欣慰和高兴。

【简析】

1958年，"大跃进"遭受挫折后，又连续出现了三年自然灾害，我国国民经济处于重重困难之中，而此时，国际上帝国主义和各国反动派联合起来，掀起了一股反华浪潮，中国人民正在经历一次严峻的考验。正是在这样的背景下，毛泽东写了这首词。

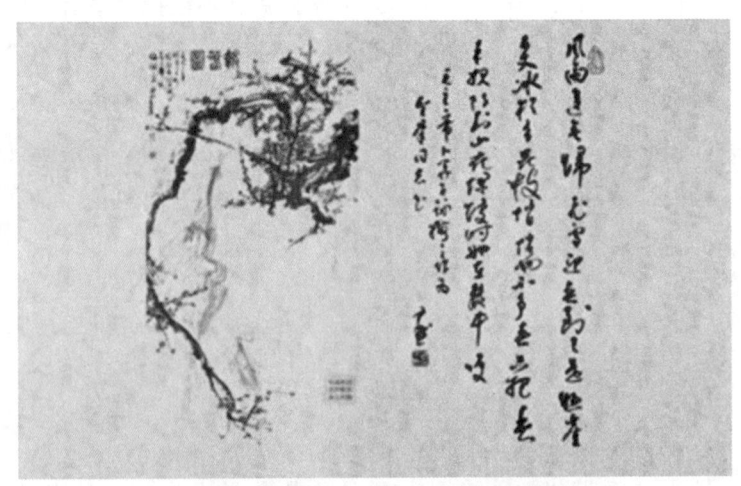

毛泽东《卜算子·咏梅》书画（沈尹默作）

这首词,借用陆游的原调、原题,但整首词所反映出来的意境却截然不同。词前引语说:"读陆游《咏梅》词,反其意而用之。"词中梅花的形象和风格,会使我们联想到坚持真理、英勇卓绝的高贵品质。

开头"风雨送春归,飞雪迎春到"两句,写季候变幻,营造了一种峭拔严峻的氛围,为下边写雪中之梅做了准备。起笔突兀,笔势凌云,词句挺拔,气势昂扬。"已是悬崖百丈冰,犹有花枝俏"两句,写出了梅花对寒威的蔑视、反抗、示威、挑战。下片把梅花喻为报春的使者,进一步热情礼赞,无私无欲的品性,使梅花的形象更为丰满,同时也体现了一个革命家高瞻远瞩的胸襟和不畏艰难的崇高精神品质。

毛泽东写这首词,意在鼓励人们敢于蔑视困难,敢于战胜困难;又不骄傲自满,而是谦逊平和,甘于奉献。词作借咏梅言志,鼓舞人民大众,激励人们要有威武不屈的精神,乐观旷达的心怀。历史证明,战胜困难,在困境中脱颖而出的人,靠的正是不向困难低头的韧劲和不断进取的拼劲。

大江歌罢掉头东
周恩来

大江歌罢掉头东①,邃密群科济世穷②。
面壁十年图破壁③,难酬蹈海亦英雄④。

【注释】

① 大江:宋人苏轼《念奴娇·赤壁怀古》开篇有"大江东去,浪淘尽,千古风流人物"之句,"大江"在这里泛指气势豪迈的歌曲。

② 邃(suì)密:深入、细致,指精深钻研。群科:各种学科。

济世穷：挽救国家的危亡。济，拯救，变革；世，社会，国家；穷，濒临绝境，危亡。

③ 面壁：面对墙壁而坐，这里形容刻苦钻研。破壁：这里是说学成之后，为国为民做出一番大事业来。

④ 难酬：难以实现，达不到目的。酬，实现。蹈海：投海，比喻出洋留学。

【简析】

1917年，时年19岁的周恩来中学毕业，为了寻求革命真理，他东渡日本，出国前夕，写下了这首诗。1919年9月，为了投身国内的反帝爱国斗争，周恩来毅然放弃在日本学习的机会，决定回国。回国前夕，同学好友饯行，请他书赠留念，周恩来挥毫书赠此诗。

诗的第一句，写东渡日本求学，展现出立志救国的宏大抱负；"大江"之歌，气象阔大，为全诗铺染了宏阔的基调。第二句进一步展现抱负，说要学习各科知识，用以改造社会，挽救国家于危亡之中。第三句借用典故，说自己要经过长期努力，学有所成，为国为民做出一番大事业来。第四句是说即使不能出洋留学，也能实现为国为民的宏伟志愿，也是货真价实的"英雄"。整首诗气象宏大，意境开阔，充分显示了作者宏伟的抱负和不平凡的精神境界。

作为送给同学好友的临别赠言，诗作自然有

周恩来《大江歌罢掉头东》手迹

共勉相勖之意。也正是那一代人的不懈努力，我们国家才挣脱了帝国主义、封建主义的枷锁，走上了民族独立、国家富强的道路。作为后辈，我们也应该胸怀远大理想，身肩历史重任，勤学多学，面壁破壁，成就自己，奉献祖国。

落 花 生

许地山

我们屋后有半亩隙地①。母亲说："让它荒芜着怪可惜，既然你们那么爱吃花生，就辟来做花生园罢。"我们几姊弟和几个小丫头都很喜欢——买种的买种，动土的动土，灌园的灌园②；过不了几个月，居然收获了！

妈妈说："今晚我们可以做一个收获节，也请你们爹爹来尝

《落花生》插图

尝我们的新花生，如何？"

我们都答应了。母亲把花生做成好几样的食品，还吩咐这节期要在园里的茅亭举行。

那晚上的天色不大好，可是爹爹也到来，实在很难得！

爹爹说："你们爱吃花生么？"

我们都争着答应："爱！"

"谁能把花生的好处说出来？"

姊姊说："花生的气味很美。"

哥哥说："花生可以制油。"

我说："无论何等人都可以用贱价买它来吃[3]；都喜欢吃它。这就是它的好处。"

爹爹说："花生的用处固然很多；但有一样是很可贵的。这小小的豆不像那好看的苹果、桃子、石榴，把它们的果实悬在枝上，鲜红嫩绿的颜色，令人一望而发生羡慕的心[4]。它只把果子埋在地底，等到成熟，才容人把它挖出来。你们偶然看见一棵花生瑟缩地长在地上[5]，不能立刻辨出它有没有果实，非得等到你接触它才能知道。"

我们都说："是的。"母亲也点点头。

爹爹接下去说："所以你们要像花生，因为它是有用的，不是伟大、好看的东西。"

我说："那么，人要做有用的人，不要做伟大、体面的人了。"

爹爹说："这是我对于你们的希望。"

我们谈到夜阑才散，所有花生食品虽然没有了，然而父亲底话现在还印在我心版上[6]。

【注释】

① 隙（xì）地：空地。隙，空隙。

② 姊（zǐ）弟：姐弟。姊，姐姐。灌园：给田园浇水。灌，灌溉，浇水。

③ 无论何等人：无论什么样的人。贱价：便宜的价钱。

④ 羡慕：这里是爱慕的意思。

⑤ 瑟（sè）：本指身体因寒冷、受惊等而蜷缩抖动，这里指低矮、不起眼。

⑥ 夜阑（lán）：夜将尽，夜深。阑，残、尽。心版：犹言"心田"。心里留下记忆，犹如留痕于版上，故称。版，古时刻字用以印刷的木板。

【简析】

这是一篇托物言志的短文，述说的是落花生，赞美的却是人品。文章通过对话和叙述，展现了一次家庭聚会的情景，母亲、父亲、儿女，天伦之乐，跃然纸上。母亲的善于持家，父亲的教育有方，儿女的勤劳聪颖，就连作者所要说明的道理，也是在一家人团聚的闲谈中自然流露出来，渗透着甘甜淳厚的生活情趣。

父亲对于孩子们的教育，不是说教，他只是从眼前的花生切入，循循善诱地引导孩子们自己得出结论：做人也要像落花生一样，"要做有用的人，不要做伟大、体面的人"。这段幼时的庭训，作者铭

许地山和家人

刻心版,成为他一生为人处世的准则。而这篇短文,也长期以来被选入中学课本(课本文字有改动),影响了一代又一代的青少年。

落花生,不讲求虚华的外表,不追求显赫的名声,默默无闻,从不炫耀自己,"非得等你接触它才能知道",才能真正感觉到它的价值所在。做人,就应该这样,本本分分,踏踏实实,绝不能徒有其表,华而不实。

从 三 到 万
马南邨

学习文化知识能不能走终南捷径呢①?这是许多初学的同志时常提出的问题。对于这个问题的回答,不能过于笼统。一定说能或不能,都不恰当。这要看学习的是什么人,学什么,用什么方法学等等,要按照具体情况进行分析。但是,一般地说,学文化应该一点一滴地慢慢积累,特别是初学的人不宜要求过急。

"文化"这个词在外国文里本来就是积累的意思。我国古代的读书人,很早就重视循序渐进的学习方法,这是符合于一般规律的正确方法。因为学习不但要靠理解力,还要靠记忆力,而无论一个人的理解力和记忆力有多强,他要理解和记住刚学会的东西,总要有一个过程;哪一个妄人如果想一下子就把什么都学会②,其结果必定要吃大亏。

有一个故事在明清人的笔记中重复出现了多次,尖锐地讽刺了这种妄人。这个故事是说:"有田舍翁,家资殷盛,而累世不识'之''乎'③。一岁,聘楚士训其子④。楚士始训之搦管临朱⑤。书一画⑥,训曰:一字;书二画,训曰:二字;书三画,训曰:三字。其子辄欣欣然,掷笔归告其父,曰:儿得矣,儿得矣;可无烦先生，重费馆谷也，请谢去⑦。其父喜，从之；具币谢遣楚士⑧。逾时，其父拟征召姻友万氏者饮，令子晨起治状⑨，久之不成。父趣之，其子恚曰：天下姓氏夥矣⑩，奈何姓万！自晨起至今，才完五百画也。"

这个故事比较通俗易懂，有的相声演员也曾讲过。但是，人们大都只把它当作笑话，而不把它看成一个严肃的讽刺性故事。我的看法不是这样，我以为我们应该从这个故事中，吸取一些关于学习方面的经验教训。

《燕山夜话》书影

对于一个人来说，学习过程中有若干重要的关节⑪，如果处理不好，往往会影响学习的进步。初学的一个最重要的问题，就是不要浅尝辄止。有一些轻浮的人在刚刚学会一、二、三或外国文A、B、C等等的时候，正如那个富翁的儿子一样，往往就"欣欣然"起来，以为"得矣，得矣"，什么都懂得了。这也好像学打拳的人，刚学会几个动作的时候，多半以为自己很了不得，处处想跟别人较量几下子。倒是学得多了，真正有了一些本领，才反而虚心起来。由此可见，越是没有本领的就越是自命不凡；越是有本领的才越谦虚谨慎。

从教学的过程来说，不管要学什么，教的人总是从易而难，逐步深入地把知识教给学生。因此，好的教师在开始的时候，应该给学生一个印象，觉得入门不难，往后才能越学越有信心。而学生如果自命不凡，看到入门很容易，就把老师一脚踢开，那么，他就什么也学不成。正如那个富翁的儿子一样，他以为从此可以不必再请老师了。殊不知他根本还不曾入门，只学会一、二、三，对于所谓"六书"等起码的知识一点也不懂⑫，所以他父亲叫他给姓万的亲友写一个请帖，他就傻眼了。

实际上，一、二、三这三个字的确很好认，而从三到万，从文字结构上却经过了许多复杂的变化。要懂得这些变化，也好像其他各种知识一样，必须逐渐学习，并且需要教师指导，不可能只凭什么"天才"就可以很快学会的。如果完全没有人教，倒很可能什么也学不会。我们之所以应该重视教师的作用，其理由也就在于此。

我们不懂的东西还很不少，都迫切需要虚心学习。但是，在学习上有许多问题，并没有得到彻底的解决。从三到万这个故事，似乎对我们有一些启发。我们无妨以此为例，举一反三，想一想怎样才能更好地加强我们的学习吧。

【注释】

① 终南捷径：这里指达到目的的便捷途径。

② 妄人：无知妄为的人。妄，乱，荒谬不合理。

③ 田舍翁：庄稼汉。殷盛：殷实、昌盛。累世：数代，接连几个世代。

④ 楚士：楚地的读书人。训：教导。

⑤ 搦（nuò）管临朱：握笔描红。描红是旧时习字的一种方法。

⑥ 书：写。画：笔画。

⑦ 辄：就。馆谷：指塾师的酬金。谢：辞。

⑧ 谢遣：打发走。

⑨ 逾时：过了一些时候。姻友：有亲戚关系的友人。治状：写请帖。

⑩ 趣（cù）：同"促"，催促。恚（huì）：抱怨。夥（huǒ）：多。

⑪ 关节：这里指起关键作用的环节。

⑫ 六书：汉字六种造字和用字方式，一般指象形、指事、会意、形声、转注、假借。

【简析】

马南邨（cūn）是现代杂文家邓拓的笔名，他所著《燕山夜话》以及与吴晗、廖沫沙合著的《三家村札记》，曾风行一时。

这是一篇探讨如何更好地加强学习的杂文。在文章中，作者摘引了古人学习的一个故事，由此生发，进而阐述了学习态度、学习方法和教师的作用等问题。读罢文章，我们从中可以明白这样一个道理：学习是一个从易而难、循序渐进的过程，不可能一蹴而就。它不但要靠理解力，还要靠记忆力，更重要的是，学习者必须具备谦虚好学的品格。

如今，"快乐学习"似乎很是时兴，教人的这样吹嘘，学习者也以此为标尺，学得辛苦就以为方法不对。其实，学习并不是意味快乐的事情，尤其是对于初学者来说，毋宁说学习是一件痛苦的事情。而所谓学习的"快乐"，从来

邓拓像

都是建基于兴趣之上的,高深学问如此,普通学习也是如此。把学习当成外力强加的"功课",学习就永远都不可能是快乐的。

如今,"喝凉水也胖"的事情或许并非仅见,但"一口吃个胖子"的学习则绝不可能。学习的事情,没有终南捷径可走,所谓"多少时间内就让你学会",不过是忽悠人的伎俩,从来都不会兑现。唯有勤勤恳恳,循序渐进,才会有所收获。

如今,似乎求师不难,老师遍地有,满天飞,有的可身临其境,有的则睹影闻声不见人(比如"慕课")。可是较之于前人的学习,我们只能说是差强人意。看来,求师也不易,不仅是"束脩"充足即可。求师,还是要真求师,求真师,徒有虚名的"大师",不求也罢。

致 橡 树[①]

舒 婷

我如果爱你——
绝不像攀援的凌霄花[②],
借你的高枝炫耀自己;
我如果爱你——
绝不学痴情的鸟儿,
为绿荫重复单纯的歌曲;
也不止像泉源,
常年送来清凉的慰藉;
也不止像险峰,
增加你的高度,衬托你的威仪。
甚至日光。

甚至春雨。
不,这些都还不够!
我必须是你近旁的一株木棉③,
作为树的形象和你站在一起。
根,紧握在地下,
叶,相触在云里。
每一阵风过,
我们都互相致意,
但没有人
听懂我们的言语。
你有你的铜枝铁杆,
像刀,像剑,也像戟;
我有我红硕的花朵,
像沉重的叹息,

木棉树

又像英勇的火炬。
我们分担寒潮、风雷、霹雳,
我们共享雾霭、流岚、虹霓④;
仿佛永远分离,
却又终身相依。
这才是伟大的爱情,
坚贞就在这里:
爱——
不仅爱你伟岸的身躯,
也爱你坚持的位置,
足下的土地。

【注释】

① 橡树:落叶大乔木,高可达 25～30 米,树形优美,是世界上最大的开花植物。

② 攀援:同"攀缘",比喻攀高枝儿。凌霄花:多年生藤本植物。

③ 木棉:落叶大乔木,高可达 25 米,树姿巍峨;花橘红色,大而美。

④ 雾霭(ǎi):雾气。岚(lán):山间的云雾。虹霓:同"虹蜺",即彩虹。

【简析】

《致橡树》创作于 20 世纪 70 年代中叶,是当代诗人舒婷的成名作,成为当代女性的爱情和形象宣言。

诗歌开头,用一连串的比拟,否定凌霄花、痴情鸟等依附、陪衬、顺从的爱情形象。接着一转，抒写木棉的形象，她不仅高可与橡树比肩，而且还有"红硕的花朵""像英雄的火炬"。这样的爱情，才是诗人心目中"伟大的爱情"。

《致橡树》反映了新时代女性的爱情观。通过木棉树对橡树的"告白"，诗作否定了世俗爱情观中男女的不平等、女性的不独立，呼唤并歌咏了男女平等、女性独立，男女之间心心相印、风雨同舟的爱情观，表达了对伟大爱情的热烈向往和不懈追求。

如今，女性早已不是弱者的代名词，在新的时代背景下，女性与男性有着同等的职业机会，同样可以成就自己的一番事业，甚至巾帼不让须眉的例子也比比皆是。作为新时代的女性，应该自立、自强，积极向上，不断进取，体现出崭新的女性风采，让自己成为始终与橡树并肩而立的木棉。

山 高 路 远
汪国真

呼喊是爆发的沉默

沉默是无声的召唤

不论激越

还是宁静

我祈求

只要不是平淡

如果远方呼喊我

我就走向远方

如果大山召唤我

我就走向大山

双脚磨破

干脆再让夕阳涂抹小路

双手划烂

索性就让荆棘变成杜鹃

没有比脚更长的路

没有比人更高的山

【简析】

《山高路远》是当代诗人汪国真的代表作,诗歌抒发了一种进取、执着、乐观、自信的生活态度,表现了当代青年搏击、奋进、昂扬、向上的精神风貌。

全诗以议论为主要抒情手段,将抽象的思考化作新颖而美好的形象,在形象的议论中暗示情感,比如:"双脚磨破/干脆再让夕阳涂抹小路/双手划烂/索性就让荆棘变成杜鹃",这本是奋斗过程中遇到的磨难和曲折,但作者却将痛苦甚至苦难化作美好的形象:灿烂的夕阳和美丽的杜鹃,由此表达蔑视苦难,以乐观战胜苦难的人生态度。

诗作的主旨在诗的最后两句:"没有比脚更长的路/没有比人更高的山"。山高路远,但路远,不比奋进不息的脚步更长;山高,不比积极上进的身形更高。无论山多高、路多远,只要迈开脚步,不断前行,不断攀登,再长的路也会被一次次超越,再高的山也会被一回回踩在脚下!

【叁】 弘扬正气 永葆节操

赠从弟

刘 桢

亭亭山上松,瑟瑟谷中风①。
风声一何盛,松枝一何劲②!
冰霜正惨凄,终岁常端正③。
岂不罹凝寒④?松柏有本性!

【注释】

① 亭亭:耸立的样子。瑟瑟(sè):形容风声。
② 一何:多么。盛:浩大。劲:挺拔。
③ 惨凄:凛冽、严酷。终岁:整年,全年。
④ 罹(lí):遭遇。凝寒:严寒。

【简析】

刘桢是汉末文学家,建安七子之一,为人骨鲠有气节。他有《赠从弟》诗三首,运用比兴手法,分别吟咏苹藻、松柏、凤凰,以其高洁、坚贞的品性、远大的胸怀、抱负,激励堂弟,亦以自勉。

《赠从弟》诗句篆刻(徐无闻作)

这里选的是第二首。

咏物诗多以比兴手法，借物抒怀。此诗也不例外，以平白朴实的文字，歌颂了松柏凌寒不屈的本性，勉励从弟（堂弟）学习松柏——越是狂风浩大严酷，越是要挺立风中，坚贞自守，不因外力压迫而改变本性，做一个堂堂正正的人。

我国古来就有用松、竹、梅、菊等比喻人格的传统，有人对此予以总结，概括出"比德"说。所谓"比德"，就是用自然界的事物来比喻人的品德，从而唤起人们人格境界的提升。在这首诗里，刘桢以松柏为喻，表现了他对松柏坚贞品质的追慕，同时用以勉励从弟。而这，也是在感召人们：遇逆境而绝不屈服，处乱世而保持坚定的人格追求。

五柳先生传
陶渊明

先生不知何许人也，亦不详其姓字，宅边有五柳树，因以为号焉①。闲静少言，不慕荣利。好读书，不求甚解；每有会意，便欣然忘食②。性嗜酒，家贫不能常得③。亲旧知其如此，或置酒而招之④。造饮辄尽，期在必醉⑤；既醉而退，曾不吝情去留⑥。环堵萧然，不蔽风日；短褐穿结，箪瓢屡空，晏如也⑦。常著文章自娱，颇示己志⑧。忘怀得失，以此自终⑨。

赞曰⑩：黔娄之妻有言⑪："不戚戚于贫贱，不汲汲于富贵。"⑫其言兹若人之俦乎⑬？酬觞赋诗，以乐其志⑭。无怀氏之民欤？葛天氏之民欤⑮？

【注释】

① 何许人：何处人，哪里的人。详：知道。姓字：姓名和字。因以为号：就以此为号。号，别号。

② 不求甚解：这里指读书只求领会要旨，不在字句上过分考究。甚解，明确的解释，指拘泥于字句。会意：领会书中意旨。会，领会，体会。欣然：高兴的样子。

③ 嗜（shì）：喜好。常得：经常得到。

④ 亲旧：亲戚朋友。亲，亲戚；旧，指旧交、旧友。或：有时。置：备办。招：邀请。

⑤ 造饮辄（zhé）尽：到了就喝个尽兴。造，往、到。辄，就。期在必醉：希望一定喝醉。期，期望。

⑥ 既醉：已经喝醉。曾不吝情去留：意思是来了就喝，喝完就走。曾（zēng）不，竟不，一点也不。吝情：挂心。

⑦ 环堵（dǔ）萧然：简陋的居室里空空荡荡。环堵，四壁，代指房屋。萧然，空寂的样子。短褐穿结：粗布短衣打着补丁。短褐，粗布短衣；穿结，指衣服破烂。穿，磨穿；结，缝补。箪瓢（dānpiáo）屡空：指经常缺少饮食。箪，盛饭的圆形竹器；瓢，盛水的饮器。晏如：

五柳先生陶渊明（谢稚柳绘）

安然自若的样子。

⑧ 颇示己志：很能表达自己的志趣。

⑨ 忘怀：忘却。自终：过完自己的一生。

⑩ 赞：史传文章末尾对所叙人物的评论性文字。

⑪ 黔（qián）娄：春秋时鲁国人，清贫自守，不愿出仕。死后，曾子到他家吊丧，问其妻："何以为谥？"其妻说宜谥"康"。曾子认为黔娄在世时日子过得并不好，死后又不算很荣耀，不宜谥"康"。其妻答道："彼先生者，甘天下之淡味，安天下之卑位，不戚戚于贫贱，不忻忻于富贵，求仁而得仁，求义而得义，其谥为'康'，不亦宜乎！"事见刘向《列女传》。

⑫ 戚戚：忧愁的样子。汲汲：急迫的样子。

⑬ 其言：指黔娄妻子的话。兹：这。若人：此人，指五柳先生。俦（chóu）：同类。

⑭ 酬觞（shāng）：饮酒。觞，酒杯。以乐其志：为自己的志向感到快乐。以，用来。

⑮ 无怀氏、葛天氏：均为传说中的远古帝王。传说远古时期民风淳朴，人们安居乐业，恬淡自足。

【简析】

这是陶渊明托名五柳先生而写的自传体文章。萧统在《陶渊明传》中说："渊明少有高趣……尝著《五柳先生传》以自说，时人谓之实录。"

文章先写五柳先生的高洁志趣，继而对之予以赞叹。五柳先生既是陶渊明的自说，也是作者心目中的理想人物。作者写他不以贫贱而忧心戚戚，以文自娱，忘怀得失。这些正是作者心志的展露。就文章写作而言，写得极为平淡自然，看似随意之笔，却是传神之处。清人吴楚材、吴调侯在《古文观止》中赞道："潇洒澹逸,一片神行之文。"

"不戚戚于贫贱,不汲汲于富贵"两句话,陶渊明用来剖白自己,其实它也传达了历代志节高尚者的心声,而这也应该是我们的崇尚;"无怀氏之民,葛天氏之民",陶渊明用来表达自己,其实上古社会的淳朴风尚也为历代人们所钦慕,而这也应该是我们的追求。

赋得古原草送别
白居易

离离原上草①,一岁一枯荣。
野火烧不尽,春风吹又生。
远芳侵古道,晴翠接荒城②。
又送王孙去,萋萋满别情③。

【注释】

① 离离:繁茂的样子。

② 远芳:远处的芳草。侵:这里指蔓延。晴翠:雨后嫩绿的草色。

③ "又送"二句:王孙,原指贵族子弟,此处借称被送的人。萋萋(qī),草茂盛的样子。

【简析】

这首诗是作者准备应考的拟作,诗题是指定的,故云"赋得"。

诗作咏物，兼写送别。特别是前四句，借物寓意，赋予野草顽强不屈的品质，从咏物升华而体现出一定的哲理，成为脍炙人口的千古名句。

"离离原上草，一岁一枯荣"两句，抓住"春草"生命力旺盛的特征，写出了一种生生不息的情味。接下来，作者先以"野火烧不尽"造就一种壮烈的意境，再接以"春风吹又生"，表现古原草的顽强生命力。这两句不但概括了"原上草"的性格，而且勾勒了烈火中再生的典型，故能卓绝千古。

由草，我们联想到凤凰涅槃，为了新生，它甘愿扑向烈火的怀抱；联想到千百万革命志士，他们前仆后继，宁死不屈，不正如"烧不尽"的古原草吗？斩不尽，锄不绝，只要残存一点根须，来年便会更青更茂，漫山遍野。"离离原上草"是胜利的旗帜，是志士们不屈的意志。"烈火"再猛，也无奈那深藏地下的根须，一旦"春

白居易《赋得古原草送别》诗意

风化雨",便会复苏,以迅猛之势,重新铺盖大地,回答"火"的凌虐。

菊 花
元 稹

秋丛绕舍似陶家,遍绕篱边日渐斜①。
不是花中偏爱菊,此花开尽更无花②。

【注释】

① 陶家:陶渊明家。斜:读 xiá。
② 更无:再也没有。更,再。

【简析】

这首咏物诗借物抒情,写菊花秋来绽放,赞美菊花历风霜而后凋,抒发诗人的爱菊之情,同时也寄寓了对坚贞品格的自我期许。

首句"秋丛绕舍似陶家",诗人以比起兴——丛丛菊花围绕荆篱

元稹塑像

绽放，好似到了陶家，来描绘秋菊盛开的景象。"遍绕篱边日渐斜"一句，写诗人绕篱赏菊，真切表现了诗人赏菊入迷、流连忘返的情景，渲染了爱菊的气氛。最后两句点明，之所以钟爱菊花，在于菊花后百花而凋谢，暗寓对菊花坚贞品格的赞誉。

宋人周敦颐曾说，"菊花之爱，陶后鲜有闻"，似乎未尽确实。看来，一如钟情于梅、兰、竹，我们中国人对坚贞、高洁品质的赞誉和追求，自古而然，于今犹然。生活中的我们，也应该拥有这般的坚贞与高洁，百折不挠，纤尘不染。

陋 室 铭
刘禹锡

山不在高，有仙则名；水不在深，有龙则灵①。斯是陋室，惟吾德馨②。苔痕上阶绿，草色入帘青③。谈笑有鸿儒，往来无白丁④。可以调素琴、阅金经⑤。无丝竹之乱耳，无案牍之劳形⑥。南阳诸葛庐、西蜀子云亭⑦。孔子云："何陋之有？"⑧

【注释】

① 名：出名，著名。灵：神奇，灵异。

② 斯是陋（lòu）室：这是简陋的屋子。斯，这。陋室，简陋的居室。惟：只。馨（xīn）：香，散布很远的香气，这里指品德优秀。

③ "苔痕"二句：苔痕碧绿，长到阶上；草色青葱，映入帘内。上，长到；入，映入。

④ 鸿儒：大儒，这里指博学的人。鸿，同"洪"，大。儒，旧指读书人。白丁：平民，这里指没有什么学问的人。

⑤ 调（tiáo）：调弄，这里指弹琴。素琴：不加装饰的琴。金经：

刘禹锡笔下的陋室
（安徽省和县）

泛指装饰精美的典籍。金，应该有"珍贵"的意思。

⑥ 丝竹：管弦乐器，这里代指浮华的音乐。"丝"指弦乐器，"竹"指管乐器。乱耳：扰乱双耳。案牍：官场文书。劳形：使身体劳累。形，形体、身体。

⑦ 南阳诸葛庐：三国诸葛亮未出山时，隐居于南阳的茅庐中。西蜀子云亭：西汉文学家扬雄，字子云，家在成都西南，取名"草玄亭"。这两句是说，诸葛庐和子云亭都很简陋，但主人都很有名，受到人们的景仰。

⑧ 何陋之有：有什么简陋的呢？语出《论语·子罕》："君子居之，何陋之有？"

【简析】

"铭"是古代铭刻在器物上，用以警诫自己或称颂他人的文字。本篇是刘禹锡任和州刺史时，为其寓所写的铭文，借以托物言志。

开篇几句运用比兴手法，引出陋室。"山不在高""水不在深"，

美德诗文 —— 144

比兴陋室；"有仙则名""有龙则灵"，比兴陋室之德。写陋室之陋，意在衬托室中主人之贤；而写室中主人之贤，正好说明陋室不陋，互相映衬，相反相成。以下写室内外之景、室中人、室中事，句句扣住"陋"字，而又不离"德"字。"苔痕上阶绿，草色入帘青"写室内外之景，精切地传写出陋室的佳处，为叙写陋室中的人和事铺垫了适宜的环境。"谈笑有鸿儒，往来无白丁"写室中之人，侧重概其交游，借以显示作者身份的不俗和性情的高雅。"可以调素琴，阅金经，无丝竹之乱耳，无案牍之劳形"四句写室中事，表现身居陋室的雅趣，足见作者行事不陋。最后引证古人、古迹、古语作结，"一锤定音"，又余味无穷。

现实中，作者身居陋室，生活艰苦；铭文中，作者所居则清静高雅，不同凡俗。两相对照，寄寓了作者洁身自好、不慕荣利的生活态度，以及志存高远、超绝世俗的人生境界。

古人有"安贫乐道"的说法，他们把精神追求看得胜于物质享受。他们不求物质的丰裕，而力求精神的充盈；他们不屑于流俗的时髦，而追求生活的高雅。在如今这个物欲横流、奢华竞逐的社会，我们也不妨像刘禹锡一样，追求一种陋室中的高雅与充盈。

偶 书

刘 叉

日出扶桑一丈高①，人间万事细如毛。
野夫怒见不平处②，磨损胸中万古刀③。

【注释】

① 扶桑：神话传说中的大树，生长在日出的东方。

② 野夫：草野之人，指诗人自己。处：一作"事"。
③ 磨损：一作"磨尽"。万古刀：万古流传的宝刀，这里比喻正义感。

【简析】

　　刘叉是唐朝诗人，曾在韩愈门下就学。李商隐在《齐鲁二生》这篇两百余字的小传里，写到了刘叉，说他"不在圣贤中庸之列"，却"过人无限"：虽然不合儒家的"中庸"之道，但特立独行，任侠重义，有相当的"过人"之处。

　　"过人无限"的诗人，其抒怀诗作，自然也是不肯"中庸"，且看："日出扶桑一丈高，人间万事细如毛"，太阳每天从东方升起，人世间的事情就纷纷出场。"万事"为何，作者没说，但由下文可知，多有"不平"。由此不妨推想：善良者受尽欺压，贫穷者惨遭勒索，正直者屡遭排斥，多才者总受冷遇……面对如许不平之事，诗人怒气横生，恨不得拔刀奋击，但不平之事多如牛毛，诗人也只能"磨损胸中万古刀"。

　　"万古刀"是诗作的关键词，是说历代侠义之士传承的正义感，犹如万古流传的宝刀，刀光熠熠，气冲斗牛，不平则鸣，激荡着人们尚义行侠的心魂。然而，正义感不得不压抑在胸中，万古刀也只能在一次次激荡中磨损。一句"磨损胸中万古刀"，诗人侠义刚猛的性格，郁闷纠结的情绪，表露无遗。

　　"路见不平一声吼，该出手时就出手"，电视剧《水浒传》主题歌中的这两句歌词，之所以红遍大江南北，就在于它唱出了人们郁结于胸的满腔正义。除奸佞、斩邪恶，若得以昌行，该是何等痛快的事情！但愿刘叉诗中那柄"万古刀"，未来不再销蚀、磨损。

北 陂 杏 花

王安石

一陂春水绕花身①,花影妖娆各占春②。
纵被春风吹作雪③,绝胜南陌碾成尘④。

【注释】

①"一陂(bēi)"句:是说一池春水环绕着新开的杏花。陂,池塘。

② 花影:花枝在水中的倒影。妖娆(yāoráo)娇艳美好。各占春:各自占据春光,平分春色。

③ 纵:即使。吹作雪:被春风吹落,像雪片一样飘落水中。

④ 绝胜:远远胜过。绝,绝对。南陌:泛指路边,这里指路边的杏树杏花。碾成尘:花落受践踏,和尘土混在一起。比喻与小人同流合污。

【简析】

王安石推行变法,受到朝中守旧大臣的排挤,被罢官贬居江宁(今南京市)。这首绝句,就写在贬居江宁之后,诗题中的"北陂"就在他的居处附近。

这是一首咏物诗。诗的前两句正面描写北陂杏花,首句写其生长环境并点题,次句写水中花

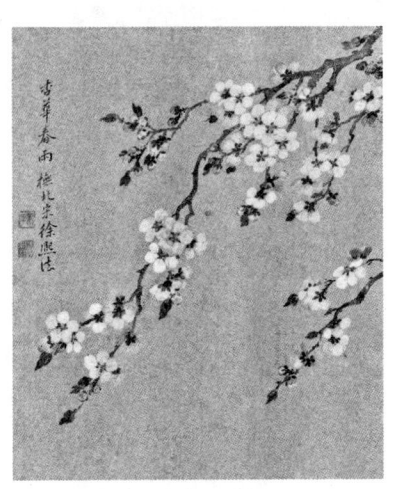

杏花春雨图(清·恽寿平绘)

影,突出其娇媚之美。后两句宕开一笔,在与南陌杏花的比较中,表现北陂杏花清高自守,不同流俗,突出其品性之美。

与多数咏物诗不同,这首诗并非泛泛吟咏杏花,而是写具体环境——北陂的杏花,且在对比中突出北陂杏花的品节。之所以如此,与作者当时的处境有关:北陂杏花在野,很是冷落;南陌杏花在朝,热闹非常。其实两处杏花,分别代表了改革派和改革派中的那些风派人物:北陂杏花吹落池中犹能保持纯洁,喻指自己改革虽然失败,但仍不改初衷;南陌杏花混迹于滚滚红尘,喻指风派人物与保守派同流合污,品节无存。

此诗可谓王安石晚年心境的写照,体现出他刚强耿介的个性和孤芳自赏的人生追求。与陆游的《卜算子·咏梅》对照阅读,体味其中"碾成尘"与"碾作尘"的差别,当可获得更多启迪。

爱 莲 说
周敦颐

水陆草木之花,可爱者甚蕃①。晋陶渊明独爱菊②。自李唐来,世人甚爱牡丹③。予独爱莲之出淤泥而不染,濯清涟而不妖,中通外直,不蔓不枝,香远益清,亭亭净植,可远观而不可亵玩焉④。

予谓菊,花之隐逸者也⑤。牡丹,花之富贵者也⑥;莲,花之君子者也⑦。噫!菊之爱,陶后鲜有闻⑧;莲之爱,同予者何人⑨?牡丹之爱,宜乎众矣⑩!

【注释】

① 蕃(fān):茂盛,这里指多。

② 陶渊明：东晋诗人，名潜，字渊明。独爱菊：只爱菊花。陶渊明所居周遭广植菊花，诗多为咏菊之作，"采菊东篱下，悠然见南山"尤为名句。独，仅仅，只。

③ 李唐：唐朝皇帝姓李，故称。爱牡丹：唐人酷爱牡丹，有"惟有牡丹真国色，花开时节动京城"（刘禹锡诗）之形容。

④ 予：我。淤（yū）泥：河沟或池塘里积存的污泥。染：沾染（污秽）。濯（zhuó）：用清水洗。妖：妖艳。此句暗喻不苟同时俗的品格。中通外直：莲花花茎中空，通体挺直。这里暗喻虚心而正直的品格。不蔓（màn）不枝：不生枝蔓。香远益清：香气飘得越远，越觉清幽。亭亭：耸立的样子。植：挺立。亵（xiè）玩：随便地摆弄。亵，不庄重。

⑤ 隐逸者：隐居者。这里比喻菊花开在秋天，孤芳自赏，如同隐士。

⑥ 富贵者：这里比喻牡丹身价不菲，白居易诗有"一丛深色花，十户中人赋"之谓。

荷塘边的周敦颐塑像及爱莲说石刻

⑦ 君子：指品行高洁的人。这里用来比喻莲的虚心正直、卓然自立、不可轻侮。

⑧ 鲜（xiǎn）有闻：很少听说。鲜，少。

⑨ 同予者何人：和我相同的人还有谁。

⑩ 宜乎众矣：当然是很多的了。宜，应该。

【简析】

这是一篇借物言志的小品，通过对莲花充满爱敬的描摹，礼赞了清逸超群、嵚崎磊落的君子风范，从而彰显了作者自己超然脱俗、德行高洁的品质。

起笔说"水陆草木之花，可爱者甚蕃"，包罗群芳，为下文伏笔。接着从群芳之中挑三种，予以对比。先说菊，以"陶渊明独爱菊"，揭示其傲然物外的性格；继写"自李唐来，世人甚爱牡丹"，反映唐人等钟情"富贵花"牡丹的好尚。菊与牡丹，前人各有所爱，但叙说前人所爱，不过是做个铺垫。铺垫足矣，则掉笔转写自家所爱，声明"予独爱莲"；接着是一连串铺叙，生境、花朵、花茎、花香，诸方面渲染得淋漓尽致，莲花之容姿、德行、节操如在目前。至此，作者意犹未尽，转而呼应开头，以对比起始，也以对比作结。不同的是，这里不再铺叙，而是比照人品，高度概括。由此，菊、牡丹、莲的不同品格，分别凸显，而且高下立判。

小品颂扬莲花所代表的清高傲世、洁身自好的情操，同时也传达了作者孤芳自赏、不肯随俗的思想感情。自古以来，品质高洁、操守坚定的君子，无论在顺境还是在逆境，都能够保持自己的高洁心灵，一如莲花。如今，也许有人以为"厉害了，我的国"，故而应当与唐人同一好尚。我以为，梅、兰、竹、菊的君子品节，于国家、于民族，才是永恒的基石。

卜算子·咏梅

陆 游

驿外断桥边，寂寞开无主①。已是黄昏独自愁，更著风和雨②。无意苦争春，一任群芳妒③。零落成泥碾作尘，只有香如故④。

【注释】

① 驿（yì）外：指荒僻、冷清之地。驿，驿站。断桥：残破的桥。无主：指无人过问、没人欣赏。

② 更著（zhuó）：又遭受、又加上。著，同"着"，遭受、承受。

③ 苦：尽力，竭力。争春：与百花争奇斗艳。一任：完全听凭。群芳：指百花，这里借指苟且偷安的主和派。

④ 零落：指凋谢。碾（niǎn）：轧烂，压碎。作尘：化作尘土。香如故：香气依旧存在。

【简析】

这是一首咏物词，作者通过歌咏梅花高洁的品质，以物喻人，托物言志，表现了自己不肯同流合污、坚强不屈的高尚情操。梅花绽放时独守节操，凋零后品节不堕，这是梅花的"花格"，也是作者人格的生动写照。

陆游始终不忘抗敌报国，虽遭受种种打击，仍然矢志不渝，这种思想构成了这首词的主旨。词的上片着力渲染梅花的孤独和清冷，驿外、断桥、黄昏，加以风雨，可知梅花的处境。其间一句"寂寞开无主"，已经不是客观描写，而是主观判断，作者的感情已然倾注于客观景物之中。下片写梅花无意争春，任凭群芳妒忌，即使凋谢

梅花诗意图
（宋·王岩叟绘）

陆游塑像及《咏梅》石刻

成尘，依然散发着幽香。

　　明朝文人卓人月，所著《古今词统》评价此词有言："末句想见劲节。"是的，梅花正以其坚劲的节操，自古以来即为人所爱敬。而气节，从来都是一种受到推崇高尚的品质，太史公司马迁著《史记》，将《伯夷列传》列为七十列传的首篇，就表现出对气节的推崇和赞美。或许，在卑污泛滥的时代，我们应该坚守节操，耐住寂寞，甘做人中之梅。

正气歌

文天祥

天地有正气，杂然赋流形①。下则为河岳，上则为日星。
于人曰浩然，沛乎塞苍冥②。皇路当清夷，含和吐明庭③。
时穷节乃见，一一垂丹青④。在齐太史简，在晋董狐笔⑤。
在秦张良椎，在汉苏武节⑥。为严将军头，为嵇侍中血⑦。
为张睢阳齿，为颜常山舌⑧。或为辽东帽，清操厉冰雪⑨。
或为出师表，鬼神泣壮烈⑩。或为渡江楫，慷慨吞胡羯⑪。
或为击贼笏，逆竖头破裂⑫。是气所旁薄，凛烈万古存⑬。
当其贯日月，生死安足论⑭！地维赖以立，天柱赖以尊⑮。
三纲实系命，道义为之根⑯。嗟余遘阳九，隶也实不力⑰。
楚囚缨其冠，传车送穷北⑱。鼎镬甘如饴，求之不可得⑲。
阴房阗鬼火，春院閟天黑⑳。牛骥同一皂，鸡栖凤凰食㉑。
一朝蒙雾露，分作沟中瘠㉒。如此再寒暑，百沴自辟易㉓。
哀哉沮洳场㉔，为我安乐国！岂有他缪巧，阴阳不能贼㉕。
顾此耿耿存，仰视浮云白㉖。悠悠我心悲，苍天曷有极㉗！
哲人日已远，典型在夙昔㉘。风檐展书读，古道照颜色㉙。

【注释】

① 赋：赋予。杂然：纷繁，多样。流形：各种形体、品类。"天地有正气"两句，是说天地间充满正气，它赋予各种事物以不同形态。下文即就正气所赋流形加以铺排。

② 沛（pèi）乎：旺盛的样子。苍冥：天地之间。

③ 皇路：犹言"国运"，国家的局势。清夷：清平。含和，吐：

表现，显露。明庭：圣明的王庭。

④ 见：同"现"，表现、显露。垂丹青：见于画册，传之后世。垂，留存、流传。丹青：图画。古代帝王往往图绘功臣肖像，以作表彰。

⑤ 在齐太史简：《左传》记载：春秋时，齐国大夫崔杼杀了国君，太史记"崔杼弑其君"于简册。崔杼大怒，杀了太史。太史的两个弟弟一如其兄，亦都被杀。第三个弟弟依旧，崔杼无奈，只好让他如实记录。太史，史官。简，竹简。在晋董狐笔《左传》记载，春秋时，晋灵公为赵穿所杀，大夫赵盾没有处置赵穿，太史董狐在史册上写成"赵盾弑其君"，孔子赞之为"良史"笔法。

⑥ 张良椎（chuí）：《史记》记载，张良祖上五代均任韩国丞相，韩国被秦灭后，他一心报仇，曾雇大力士以大椎在博浪沙伏击秦始皇，但未击中。苏武节：指苏武被俘，拒绝投降，被匈奴人流放北海牧羊，19年中始终手持汉朝符节。（参见《美德故事》）

⑦ 严将军：《三国志》记载，严颜在刘璋手下做将军，镇守巴郡，被张飞捉住后不肯投降，说："我州但有断头将军，无降将军！"于是张飞"义释严颜"。嵇（jī）侍中：嵇康之子嵇绍，晋惠帝时任侍中。《晋书》记载，永兴元年（304），皇室内乱，侍卫垮散，嵇绍挺身保护惠帝被杀，血溅惠帝之衣。事后，有人要洗去衣上血迹，惠帝说："此嵇侍中血，勿去！"

⑧ 张睢（suī）阳：即唐人张巡。《旧唐书》记载，安禄山叛乱，张巡固守睢阳（今河南省商丘市），每次上阵督战，大声呼喊，牙齿都咬碎了。城破被俘，拒不投降。敌将问他："闻君每战，皆目裂，嚼齿皆碎，何至此耶？"张巡回答说："吾欲气吞逆贼，但力不遂耳。"敌将视其齿，存者不过三数。颜常山：即唐人颜杲（gǎo）卿，任常山太守。《新唐书》记载，安禄山叛乱时，他起兵讨伐，后城破被俘，

文天祥塑像（文天祥纪念馆）

当面大骂安禄山，被钩断舌头，最终不屈被杀。

⑨ 辽东帽：东汉末年，管宁避乱辽东（今辽宁省辽阳市），一再拒绝朝廷的征召。他常戴一顶黑色帽子，安贫讲学，闻名于世。清操厉冰雪：清廉的节操凛如冰雪。厉，严肃、严厉。

⑩ 出师表：诸葛亮出师伐魏之前给后主刘禅的上表。鬼神泣壮烈：鬼神也被诸葛亮的壮烈精神感动流泪。

⑪ 渡江楫（jí）：东晋祖逖率师北伐，渡江时敲着船桨，发誓北定中原，后来终于收复黄河以南失地。楫，船桨。胡羯：古代对北方部族的称呼。这句是形容祖逖的豪壮气概。

⑫ 击贼笏（hù）：唐德宗时，朱泚（cǐ）谋反，召段秀实议事，段不肯同流合污，以笏猛击朱泚之头，大骂："狂贼，吾恨不斩汝万段，岂从汝反耶？"笏，大臣上朝时所持手板。逆竖（shù）：叛乱的贼子，指朱泚。

⑬ 是气：这种"浩然之气"，也即"正气"。旁薄：同"磅礴"

（pángbó），充满、广被的意思。凛烈：庄严、令人敬畏的样子。

⑭ 其：仍指正气。贯：上冲。安：怎能。两句是说：当正气激昂直冲日月的时候，个人生死还有什么值得计较的。

⑮ 地维、天柱：古人认为天圆地方，天有九柱支撑，地有四维系缀。地维即系住地的四角的绳子，天柱即支撑天的柱子。尊：尊奉，这里指支撑。两句是说：地和天都依靠正气支撑着。

⑯ 三纲：即君为臣纲、父为子纲、夫为妻纲。这里泛指封建伦常。两句是说：三纲、道义也是由正气维系着、滋养着。

⑰ 嗟（jiē）：感叹词。遘（gòu）：遭逢、遇到。阳九：古代迷信，以"百六""阳九"为不吉利的灾年。隶：徒隶，地位低微的官吏。这里是作者谦逊的自指。全句是说自己实在无力改变危亡国势。

⑱ 楚囚缨其冠：《左传》记载，春秋时，楚国的钟仪被俘往晋国，戴着楚国的帽子，表示不忘祖国。缨，帽带。传（chuán）车：朝廷驿站的车辆。穷北：极远的北方。穷，尽。

⑲ 鼎镬（dǐnghuò）：大锅。古代酷刑之一，把人放入鼎镬内活活煮死。甘如饴（yí）：感到像吃糖一样甘甜。饴，糖浆。求之不可得：即求之不得。

⑳ 阴房阒（qù）鬼火：囚室阴暗寂静，只有鬼火出没。阴房，见不到阳光的居处，这里指囚禁之处。阒，安静。春院闭（bì）天黑：虽是春天，院门紧闭，照样一片漆黑。闭，关闭。

㉑ "牛骥（jì）同一皂（zào）"两句：牛和骏马同槽，鸡和凤凰共食。比喻贤愚不分，杰出和平庸的人都关在一起。骥，良马。皂，马槽。鸡栖：鸡窝。

㉒ 一朝蒙雾露：一旦受雾露风寒所侵。蒙，受。分（fèn）作沟中瘠（jí）：料到自己一定会成为沟中的枯骨。分，料想，估量。沟中瘠，弃于沟中的枯骨。瘠，瘦骨。

㉓ 再寒暑：过了两年。再，两次。百沴（lì）自辟易：各种恶气都自行退避，也就是说没有生病。百沴，各种毒气。辟易，退避。

㉔ 沮洳（jùrù）场：低下阴湿的地方。

㉕ "岂有他缪（miù）巧"两句：哪里有别的妙法奇术，使寒暑不能伤害自己？阴阳：指自然之气，即上文的"寒暑"。缪巧，智谋、机巧。贼，害。

㉖ 顾此耿耿（gěng）存：只因心中充满正气。顾，但，表示转折。此，指正气。耿耿，光明貌。仰视浮云白：把富贵视若浮云。

㉗ "悠悠我心悲"两句：我心中绵长的亡国之痛，像苍天一样，哪有尽头。曷，何，哪。极，尽头。

㉘ 哲人：指前面列举的古代忠义之士。典型：模范，榜样。型，土模。

㉙ 风檐：临风的廊檐。古道照颜色：古代传统的美德，闪耀在面前。

【简析】

宋祥兴元年（1278）十月，因叛徒出卖，文天祥被元军所俘。翌年10月，解至大都（今北京市）。元朝统治者对他软硬兼施，威逼利诱，许以高位，文天祥丝毫不为所动，因而被囚三年，元至元十九年十二月九日（1283年1月9日）慷慨就义。这首诗，是就义前一年在狱中所作。

诗的开头即点出浩然正气存乎天地之间，赋予万事万物，在人则成为浩然之

文天祥像

弘扬正气　永葆节操

气,危难之时必然会显露出来。随后连用 12 个典故,概括历代节义之士的所作所为,为浩然正气时穷乃现提供了充分例证。接下来八句说明浩然正气贯日月、立天地,为三纲之命、道义之根,不可或缺。最后联系到作者自己的经历,虽然兵败被俘,陷身囚牢,环境恶劣,但由于一身正气,才顽强不屈,百病不侵。最后表明自己赤诚爱国、忧国忧民,决心以古代贤哲为榜样,泰然面对人生命运。

这首诗,可谓文天祥在狱中的誓言,也是一首慷慨激昂的战歌。诗歌表现了诗人的气节,也讴歌了我们民族自古而然的浩然正气,全诗直抒胸臆,毫无雕饰,情感深挚,豪气干云,千古之下读之,犹使人凛然气壮。

画　菊

郑思肖

花开不并百花丛,独立疏篱趣未穷。
宁可枝头抱香死,何曾吹落北风中。

【简析】

郑思肖是南宋末年文人,能诗善画。元兵南下,郑思肖忧国忧民,上疏直谏,陈述抗敌之策,朝廷拒而不纳,遂孤身隐居苏州。宋亡后,改原名"之因"为"思肖",而"肖"为宋朝国姓"赵"(趙)的组成部分;字"忆翁",表示不忘故国;号"所南",日常坐卧,均背北向南。居室题曰"本穴世界","本"字之"十"置于"穴"中,隐喻"大宋"。善画墨兰,宋亡后画兰不画土,人问其故,答曰:"地为人夺去,汝犹不知耶?"

《画菊》是一首题画诗,题画在于咏菊,咏菊在于言志。诗中寓含着诗人的人生遭际和理想追求，良可谓借题画咏菊以浇自家块垒。

诗作前两句写菊花不与百花为伍，"不并""独立"两词，醒目勾勒出菊花特立超卓的品性，同时也是诗人不愿同流合污的生动写照；而"疏篱"着眼环境，也体现出了菊花高洁的格调；"趣未穷"，一方面暗示菊花的志趣品位，一方面也透露出诗人疏篱赏菊所洋溢着的对菊花的欣然喜爱。后两句直抒胸臆，是

郑思肖画作《菊花》（局部）

诗人代菊花所作的品节宣言，也是诗人借菊花所作的自身品节的剖白。自然，这宣示与前两句的描摹一样，仍旧不脱离物性，菊的物性与人的志节浑融无间，意蕴醇厚。

也许，在古来诗人画家中，郑思肖算不上多么突出，但他的节操，却是卓然超群，令人感佩叹服的。这首题画诗，颂菊以自喻，隐括了诗人的无穷感受，寄寓了诗人的坚贞情怀。自古说"文如其人"，郑思肖可谓这话最典型的注脚。其实，写不出好文章来，倒也不要紧；做不了好人，尽管有所谓"不因人废言"，毕竟品节有亏，算不得完人。郑思肖及其此诗，给我们的警醒和启迪，应该不少，也不能少。

墨　梅
王　冕

吾家洗砚池边树^①，朵朵花开淡墨痕^②。

不要人夸颜色好③,只留清气满乾坤④。

【注释】

① 吾家:我家。王冕与王羲之同姓,故自认为一家。洗砚(yàn)池:洗笔洗砚的池子。王羲之有"临池学书,池水尽黑"的传说,这里化用这个典故。池边:一作"池头"。

② 朵朵:一作"个个"。淡墨:水墨画墨色分为四种:清墨、淡墨、浓墨、焦墨。这里是说朵朵盛开的梅花,是用淡墨勾绘而成。痕:痕迹,这里指墨迹。

③ 颜色好:指色彩绚烂。因是墨梅,故有此句之说。

④ 留:一作"流"。清气:梅花的清香之气。满乾坤:弥漫在天地间。满,弥漫。乾坤,天地。

【简析】

王冕(miǎn)是元朝画家、诗人,一生爱好梅花,种梅,咏梅,又工画梅。所咏所画,大多为墨梅、白梅。这首诗,诗题又作"墨梅图题诗",原画题诗"池边"作"池头","朵朵"作"个个","留"作"流";这里选用的是通行版本。

诗作的前两句,写池边梅树与画中梅花,仿佛后者是前者的移写,结合典故,给墨梅着上了淡雅卓绝的基调。后两句仍旧落在画中,赞赏墨梅虽无绚烂色彩,却是清香弥漫,充满人间。作者画墨梅,咏墨梅,当然意在述志,表达自己的高尚情趣和淡泊襟怀,以及不媚世俗的坚贞和纯洁的操守。

作者的一首《白梅》诗这样写道:"冰雪林中著此身,不同桃李混芳尘。忽然一夜清香发,散作乾坤万里春。"墨梅、白梅,都不会"人夸颜色好",却以淡雅高洁独擅胜场。人之处世,有时候也无须

王冕画作《墨梅》

"人夸颜色好",不妨多些墨梅、白梅的淡雅高洁。

石 灰 吟
于 谦

千锤万击出深山,烈火焚烧若等闲。
粉身碎骨全不怕,要留清白在人间。

【简析】

这首咏物诗,几乎没有描摹所咏之物的形貌,而是通过制作过程的拟人化描绘,揭示了所咏之物的精神,从而表达了诗人不怕艰险、勇于牺牲的大无畏精神,以及为人清白正直的品格追求。

第一句写石灰岩的开采,石灰岩之"出深山",要经受"千锤万击",说明这种山石具有何等坚硬的质地!但"出深山"仅仅是开

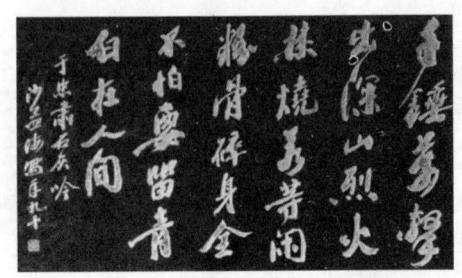

当代书法家沙孟海书《石灰吟》

始,之后还要放在石灰窑中,经过"烈火"煅烧成生石灰。但无论"千锤万击"还是"烈火焚烧",它都等闲处之,可见是何等的顽强、坚贞!后两句是说,即便粉身碎骨也全然不怕,因为其心愿就是要把清白本色长留人间。

诗作既在写物,也在写人,不离不滞。字面上没有物,字里行间却处处是物;写物而拟人,写人又借物,相辅相成,形神毕现。物的品质,拟人的精神,也是诗人的品格和追求,三者合一,堪称卓绝。我们不禁要说,也只有于谦这样的人,才敢写也配写这样的诗;那些坏蛋孬种们,不敢也不配。由此也可以生发一步:常吟此诗,必能养成堂堂正气、高洁精神。

北 风 吹
于 谦

北风吹①,吹我庭前柏树枝。
树坚不怕风吹动,节操棱棱还自持②。
冰霜历尽心不移,况复阳和景渐宜③。
闲花野草尚葳蕤,风吹柏树将何为④?
北风吹,能几时!

【注释】

① 北风：比喻恶势力。

② 坚：坚挺。棱棱（léng）：威严方正，形容节操的严整。自持：自守。

③ 两句是说历尽严冬冰霜，坚贞不移，何况阳春已至，光景将更加适宜。阳和：阳春和气，即春天的温暖。

④ 葳蕤（wēiruí）：草木茂盛、枝叶下垂的样子，形容茂盛。将何为：将能怎样呢？

【简析】

这首题名《北风吹》的咏物诗，借北风中不屈不挠的柏树自喻，展示诗人坚贞的节操与乐观的精神。

于谦故居"忠肃堂"（杭州市西湖区）

隆冬时节，北风呼啸，滥施淫威，万物凋残，而庭前柏树却坚然挺立，毫不动摇，节操凛然。这里，柏树的物性与作者的人格已经融为一体。在凛冽北风的考验中坚定不移，何况春天的和暖之气已然复苏，春光渐渐宜人，就连闲花野草也都茂盛起来，北风对坚柏无可奈何，还能逞凶几时？

诗作以北风中的柏树比拟坚贞的节操，说明无论处在何种逆境之中，都应当不折不挠，始终坚守节操。诗中以树喻人，昭示了诗人坚贞不屈的情操，充满了蔑视困难的乐观精神，给人以希望，给人以力量。全诗语言犀利而含蓄，感情热烈而鲜明，可谓一曲大义凛然的正气歌。

复庵记
顾炎武

旧中涓范君养民,以崇祯十七年夏,自京师徒步入华山为黄冠①。数年,始克结庐于西峰之左②,名曰复庵。华下之贤士大夫多与之游,环山之人皆信而礼之③。而范君固非方士者流也④。幼而读书,好《楚辞》;诸子及经史多所涉猎,为东宫伴读⑤。方李自成之挟东宫、二王以出也,范君知其必且西奔,于是弃其家走之关中,将尽厥职焉⑥。乃东宫不知所之,而范君为黄冠矣⑦。

太华之山,悬崖之巅,有松可荫,有地可蔬,有泉可汲,不税于官,不隶于宫观之籍⑧。华下之人或助之材,以创是庵而居之⑨。有屋三楹,东向以迎日出⑩。

余尝一宿其庵。开户而望,大河之东,雷首之山苍然突兀,伯夷、叔齐之所采薇而饿者,若揖让乎其间,固范君之所慕而为之

华山之巅

者也⑪。自是而东，则汾之一曲，绵上之山出没于云烟之表，如将见之，介子推之从晋公子，既反国而隐焉，又范君之所有志而不遂者也⑫。又自是而东，太行、碣石之间，宫阙山陵之所在，去之茫茫，而极望之不可见矣⑬。相与泫然⑭，作此记，留之山中。后之君子登斯山者，无忘范君之志也。

【注释】

① 旧：前朝，即明朝。中涓：内侍太监，主持宫中清扫。崇祯十七年：1644年，清顺治元年。黄冠：原指道士的装束，这里借指道士。

② 始克：才得以。克，能。结庐：盖屋子。庐，简陋的屋子。

③ 游：交游，往来。信：崇信。礼：尊敬。

④ 固：原本。方士：方术之士，这里指道士。流：流派、派别，这里指某类人物。

⑤ 涉猎：泛泛接触和了解。东宫：太子所居之宫，借指太子。

⑥ 方：正当，在……的时候。李自成之挟（xié）东宫、二王以出：1644年5月，李自成撤离北京时，带走了明朝的太子朱慈烺以及定王朱慈炯和永王朱慈炤。挟，挟持。以，而。奔：逃跑。走：跑。厥职：他的职责。厥，其，他的。

⑦ 所之：所往。之，到……去。

⑧ 太华之山：即上文所说的华山。巅（diān）：山顶。隶：属于。宫观（guàn）之籍：道教管辖的范围。宫观，道教建筑。

⑨ 创：开创，这里指建筑。是：这。庵：草屋。

⑩ 楹（yíng）：柱子，引申为房屋一间。东向：朝东。

⑪ 户：门。大河：黄河。雷首之山：雷首山，此山西起雷首山，东至吴坂，绵亘数百里，随地而异名，有中条山、历山、首阳山等称

谓。其中的首阳山,在今山西省永济市南,相传为伯夷、叔齐采薇绝食的地方。固范君之所慕而为之者也:意为伯夷、叔齐的做法本来就是范养民所羡慕并照做的。

⑫ 汾之一曲:汾河的一个曲折处。绵上之山:即介山。绵上,古地名,春秋时属晋国,在今山西省介休市。表:表面,这里指上面。反:通"返",回到。又范君之所有志而不遂者也:意为范养民弃家去找太子,也想和介之推跟从晋公子重耳流亡一样,最后得以复国,但这一目的并没有达到。遂,实现。

⑬ 太行、碣(jié)石之间:此指北京。宫阙山陵:指明朝故都的皇宫和皇陵。去之:离那里。去,距离。极望:极目远望,指尽最大努力眺望。

⑭ 泫(xuàn)然:流泪的样子。

【简析】

"复庵"是明朝遗民范养民在华山顶上的住处,题名"复庵",意谓主人复明之心不死。作为明末清初的学者,顾炎武不赴清廷诏征,归隐著述,与范养明有着同样的履历和心迹,他记复庵,意在颂扬复庵主人的爱国精神,激励后世之人的爱国热情。

文章记叙了复庵修筑的经过及其主人的志向,可分为四个部分:先叙范养民事迹,再写复庵规模,三记庵外景致,最后点出主题。"无忘范君之志",既是对登临华山瞻仰复庵的"后之君子"的叮嘱,也是作者自己思念

顾炎武像

故国、有志恢复情愫的吐露。顾炎武曾在《又酬傅处士次韵》中以"苍龙""老树"自喻:"苍龙日暮还行雨,老树春深更著花。"表明了自己至死不渝的爱国心。

这篇游记小品,是作者在 65 岁暮年登临华山时所作。不同于一般游记,作者别具块垒,寓深情于写景记事之中,壁立千仞的华山,无比开阔的视野,复庵主人的心志,古代贤哲的节操,无不在为作者张本、渲染,从而使自己深沉的亡国忧愤和炽烈的爱国热情倾吐无遗,读来令人感奋,催人泪下。

竹 石
郑 燮

咬定青山不放松,立根原在破岩中。
千磨万击还坚劲,任尔东西南北风!

【简析】

这是一首题画诗。郑燮(郑板桥)书画皆擅,尤以画竹知名。《竹石》这首诗,就是题咏竹石图的。诗歌侧重写竹,兼及于石,描写的是竹子,赞颂的却是人。

竹子,古人与梅、兰、菊并称"四君子",拥有许多美好的品德,诸如挺直、常青,尤其是有节。而在这首诗中,作者则侧重写竹子的"坚劲",以屹立的青山、坚硬的岩石为背景和基础,说竹子"咬定青山""立根""破岩",经得起"千磨万击",受得住四面狂风。可以说,

郑燮画作《竹石图》

这首诗通过咏竹,塑造了一个不惧任何艰难困苦和排挤打击,百折不挠、顶天立地的精神强者的形象。

  写作上,这首诗和于谦的《石灰吟》有异曲同工之妙。诗中说竹子"坚劲",也就是写人的坚韧劲拔,寄寓作者自己的精神追求。郑板桥甘于清贫,却一身傲骨,做了一任七品芝麻官,离任时瘦驴破被,一介不取,一尘不染,真可谓是"坚劲"至极。这种"坚劲"品质,无论修身、做事,都是我们所需要的,如此才能在"东西南北风"中立定脚跟,在千磨万击中做出成绩来。

自　嘲

鲁　迅

运交华盖欲何求①?未敢翻身已碰头。
破帽遮颜过闹市,漏船载酒泛中流②。
横眉冷对千夫指,俯首甘为孺子牛③。
躲进小楼成一统④,管他冬夏与春秋。

【注释】

① 华盖:古星名。旧时迷信以为,运气不好是因为华盖星犯命,称交华盖运。

② 破帽:原作"旧帽"。漏船载酒:用《晋书·毕卓传》中的典故:"得酒满数百斛(hú)……浮酒船中,便足了一生矣。"漏船,原作"破船"。中流:河中。泛:漂浮。

③ 横眉:怒目而视的样子,表示愤恨和轻蔑。孺子牛:春秋时期,齐景公跟儿子嬉戏,假装成牛,趴在地上让儿子骑。这里比喻甘愿为人民大众服务的人。

④ 成一统：意思是说，躲进小楼，有个一统的小天下。

[简析]

《自嘲》是鲁迅旧体诗中为人称道的一首，既抒情，又言志，内蕴丰富。

诗的前四句，以幽默的笔调描写了自己在国民党文化"围剿"中的艰难处境，但鲁迅并未屈服，而是从容镇定，顽强应战，甚至有些游刃有余；后四句表现鲁迅爱憎分明的阶级立场和为国为民献身的高贵品质。全诗表现了鲁迅对深受迫害的愤懑之情，对祖国命运的深切忧思，也流露出对某种"曲高和寡"的落寞心情。

鲁迅像

无疑，"横眉冷对千夫指，俯首甘为孺子牛"两句，是全诗的核心和精髓，集中地体现出作者的世界观、人生观。这两句诗，是鲁迅先生毕生遵守的誓言，也是他高贵人格的真实写照。毛泽东曾说："鲁迅的两句诗，'横眉冷对千夫指，俯首甘为孺子牛'，应该成为我们的座右铭。……一切共产党员，一切革命家，一切革命的文艺工作者，都应该以鲁迅先生为榜样，做无产阶级和人民大众的'牛'，鞠躬尽瘁，死而后已。"

白杨礼赞
茅 盾

白杨树实在是不平凡的，我赞美白杨树！

当汽车在望不到边际的高原上奔驰,扑入你的视野的,是黄绿错综的一条大毯子①;黄的,那是土,未开垦的处女土,几百万年前由伟大的自然力所堆积成功的黄土高原的外壳;绿的呢,是人类劳力战胜自然的成果,是麦田,和风吹送,翻起了一轮一轮的绿波——,这时你会真心佩服昔人所造的两个字"麦浪",若不是妙手偶得,便确是经过锤炼的语言的精华。黄与绿主宰着,无边无垠,坦荡如砥,这时如果不是宛若并肩的远山的连峰提醒了你(这些山峰凭你的肉眼来判断,就知道是在你脚底下的),你会忘记了汽车是在高原上行驶,这时你涌起来的感想也许是"雄壮",也许是"伟大",诸如此类的形容词,然而同时你的眼睛也许觉得有点倦怠,你对当前的"雄壮"或"伟大"闭了眼,而另一种味儿在你心头潜滋暗长了②,——"单调"!可不是,单调,有一点儿罢?

　　然而刹那间,要是你猛抬眼看见了前面远远地有一排,——不,或者甚至只是三五株,一二株,傲然地耸立,像哨兵似的树木的话,那你的恹恹欲睡的情绪又将如何③?我那时是惊奇地叫了一声的!

　　那就是白杨树,西北极普通的一种树,然而实在不是平凡的一种树!

　　那是力争上游的一种树,笔直的干,笔直的枝。它的干呢,通常是丈把高,像是加以人工似的,一丈以内,绝无旁枝;它所有的桠枝呢,一律向上,而且紧紧靠拢,也像是加以人工似的,成为一束,绝无横斜逸出④;它的宽大的叶子也是片片向上,几乎没有斜生的,更不用说倒垂了;它的皮,光滑而有银色的晕圈⑤,微微泛出淡青色。这是虽在北方的风雪的压迫下却保持着倔强挺立的一种树!哪怕只有碗来粗细罢,它却努力向上发展,高到丈许,二丈,参天耸立,不折不挠,对抗着西北风。

这就是白杨树,西北极普通的一种树,然而决不是平凡的树!

它没有婆娑的姿态,没有屈曲盘旋的虬枝⑥,也许你要说它不美丽,——如果美是专指"婆娑"或"横斜逸出"之类而言,那么白杨树算不得树中的好女子;但是它却是伟岸,正直,朴质,严肃,也不缺乏温和,更不用提它的坚强不屈与挺拔,它是树中的伟丈夫!当你在积雪初融的高原上走过,看见平坦的大地上傲然挺立这么一株或一排白杨树,难道你觉得树只是树,难道你就不想到它的朴质,严肃,坚强不屈,至少也象征了北方的农民;难道你竟一点也不联想到,在敌后的广大土地上,到处有坚强不屈,就像这白杨树一样傲然挺立的守卫他们家乡的哨兵!难道你又不更远一点想到这样枝枝叶叶靠紧团结,力求上进的白杨树,宛然象征了今天在华北平原纵横决荡用血写出新中国历史的那种精神和意志⑦。

白杨不是平凡的树。它在西北极普遍,不被人重视,就跟北方农民相似;它有极强的生命力,磨折不了,压

白杨树与战士

迫不倒,也跟北方的农民相似。我赞美白杨树,就因为它不但象征了北方的农民,尤其象征了今天我们民族解放斗争中所不可缺的朴质,坚强,力求上进的精神。让那些看不起民众,贱视民众,顽固的倒退的人们去赞美那贵族化的楠木(那也是直挺秀颀的[8]),去鄙视这极常见,极易生长的白杨罢,但是我要高声赞美白杨树!

【注释】

① 黄绿错综:黄色和绿色交错配合。

② 无边无垠(yín):同"无边无际",形容范围极为广阔。垠,边,界限。坦荡如砥(dǐ):平坦得像磨刀石一样。连峰:连绵的山峰。潜滋暗长:形容暗中不知不觉地生长。

③ 恹恹(yān)欲睡:形容精神萎靡、昏昏欲睡的样子。恹,精神萎靡的样子。

④ 桠(yā)枝:树木的分枝。横斜逸出:树枝从树干的旁边斜伸出来。

⑤ 晕(yùn)圈:模糊光圈。

⑥ 婆娑(pósuō):盘旋舞动的样子。虬(qiú)枝:盘曲的树枝。虬,卷曲、盘曲。

⑦ 纵横决荡:纵横驰骋,冲杀突击。

⑧ 秀颀(qí):秀丽而高大。颀,高,这里也有笔直的意味。

【简析】

这篇散文写于1941年,当时正在抗日战争的艰苦岁月。作者赞美白杨树,意在讴歌不屈不挠的抗战民众,讴歌中华民族质朴坚强、力求上进的民族精神。

写白杨树，自然要有背景，于是，作者便先从背景写起。西北高原无边无垠的大地，"雄壮""伟大""单调"，给白杨树涂上了和谐的背景色。接着，作者主要从枝干、形态方面描写白杨树，描写中却又按捺不住赞叹："它是树中的伟丈夫"，它"朴质、严肃、坚强不屈""它有极强的生命力，磨折不了，压迫不倒"。在这赞叹中，作者的弦外之音不再隐晦；而到最后一个段落，弦

茅盾像

外之音就成了主旋律："我赞美白杨树，就因为它不但象征了北方的农民，尤其象征了今天我们民族解放斗争中所不可缺的朴质，坚强，力求上进的精神。"

不可忽略的是，我们应该注意到，文章的开头，其实已经总括性声明"白杨树实在是不平凡的树"，并高声喊出"我赞美白杨树"，这既点了题，也引出了下文，而下文"不平凡"多次出现，而且有两次是在"独句段"中，可谓极力强调，前后勾连，一唱三叹。这就使文章对白杨的礼赞鲜明而突出，给人留下了深刻印象。

文中，作者也多次说白杨树是"极普通的一种树"，这与"不平凡"形成了对照。"极普通"是说白杨树的形貌"不平凡"是指白杨树的品格，这也正是广大民众的形象。由此我们可以生发开来：一个人，不能只看他的表面，更要看他的品格，也包括对国家、对民族的贡献。显而易见，今天，我们仍然应该礼赞白杨树，礼赞那些具有"朴质，坚强，力求上进的精神"的人，并力求使这些品德在我们自己的身上也闪烁光辉。

论 气 节

朱自清

气节是我国固有的道德标准，现代还用着这个标准来衡量人们的行为，主要的是所谓读书人或士人的立身处世之道。但这似乎只在中年一代如此，青年代倒像不大理会这种传统的标准，他们在用着正在建立的新的标准，也可以叫做新的尺度。中年代一般的接受这传统，青年代却不理会它，这种脱节的现象是这种变的时代或动乱时代常有的。因此就引不起什么讨论。直到近年，冯雪峰先生才将这标准这传统作为问题提出①，加以分析和批判；这是在他的《乡风与市风》那本杂文集里。

冯先生指出"士节"的两种典型：一是忠臣，一是清高之士。他说后者往往因为脱离了现实，成为"为节而节"的虚无主义者，结果往往会变了节。他却又说"士节"是对人生的一种坚定的态度，是个人意志独立的表现。因此也可以成就接近人民的叛逆者或革命家，但是这种人物的造就或完成，只有在后来的时代，例如我们的时代；冯先生的分析，笔者大体同意；对这个问题笔者近来也常常加以思索，现在写出自己的一些意见，也许可以补充冯先生所没有说到的。

气和节似乎原是两个各自独立的意念。《左传》上有"一鼓作气"的话②，是说战斗的。后来所谓"士气"就是这个气，也就是"斗志"；这个"士"指的是武士。孟子提倡的"浩然之气"似乎就是这个气的转变与扩充③。他说"至大至刚"，说"养勇"，都是带有战斗性的。"浩然之气"是"集义所生"，"义"就是"有理"或"公道"。后来所谓"义气"，意思要狭隘些，可也算是"浩然之气"的分支。现在我们常说的"正义感",虽然特别强调现实,似乎也还可以算是跟"浩然之气"联系着的。至于文天祥所歌咏的"正气"④,更显然跟"浩然之气"一脉相承。不过在笔者看来两者却并不完全相同,文氏似乎在强调那消极的节。

节的意念也在先秦时代就有了,《左传》里有"圣达节,次守节,下失节"的话⑤。古代注重礼乐,乐的精神是"和",礼的精神是"节"。礼乐是贵族生活的手段,也可以说是目的。他们要定等级,明分际,要有稳固的社会秩序,所以要"节",但是他们要统治,要上统下,所以也要"和"。礼以"节"为主,可也得跟"和"配合着,乐以"和"为主,可也得跟"节"配合着。"节"跟"和"是相反相成的。明白了这个道理,我们可以说所谓"圣达节"等等的"节",是从礼乐里引申出来成了行为的标准或做人的标准,而这个"节"其实也就是传统的"中道"。按说"和"也是中道,不同的是"和"重在合,"节"重在分;重在分所以重在不犯不乱,这就带上消极性了。

向来论气节的,大概总从东汉末年的党祸起头⑥。那是所谓处士横议的时代⑦。在野的士人纷纷的批评和攻击宦官们的贪污政治,中心似乎在太学。这些在野的士人虽然没有严密的组织,却已经在联合起来,并且博得了人民的同情。宦官们害怕了,于是乎逮捕拘禁那些领导人。这就是所谓"党锢"或"钩党","钩"是"钩连"的意思。从这两个名称上可以见出这是一种群众的力量。那时逃亡的党人,家家愿意收容着,所谓"望门投止"⑧,也可以见出人民的态度,这种党人,大家尊为气节之士。气是敢作敢为,节是有所不为——有所不为也就是不合作。这敢作敢

西南联大时期的朱自清（左一）

为是以集体的力量为基础的，跟孟子的"浩然之气"与世俗所谓"义气"只注重领导者的个人不一样。后来宋朝几千太学生请愿罢免奸臣，以及明朝东林党的攻击宦官，都是集体行动，也都是气节的表现。但是这种表现里似乎积极的"气"更重于消极的"节"。

在专制时代的种种社会条件之下，集体的行动是不容易表现的，于是士人的立身处世就偏向了"节"这个标准。在朝的要做忠臣。这种忠节或是表现在冒犯君主尊严的直谏上，有时因此牺牲性命；或是表现在不做新朝的官甚至以身殉国上。忠而至于死，那是忠而又烈了。在野的要做清高之士，这种人表示不愿和在朝的人合作，因而游离于现实之外，或者更逃避到山林之中，那就是隐逸之士了。这两种节，忠节与高节，都是个人的消极的表现。忠节至多造就一些失败的英雄，高节更只能造就一些明哲保身的自了汉，甚至于一些虚无主义者。原来气是动的，可以变化。我们常说志气，志是心之所向，可以在四方，可以在千里，志和气是配合着的。节却是静的，不变的，所以要"守节"，要不"失节"。有时候"节"甚至于是死的，死的节跟活的现实脱了榫,于是乎自命清高的人结果变了节,冯雪峰先生论到周作人⑨,就是眼前的例子。从统治阶级的立场看,"忠言逆耳利于行",忠臣到底是卫护着这个阶级的,而清高之士消纳了叛逆者,也是有利于这个阶级的。所以宋朝人说"饿死事小,失节事大"⑩,原先说的是女人,后来也用来说士人,这正是统治阶级代言人的口气,但是也表示着到了那时代士的个人地位的增高和责任的加重。

"士"或称为"读书人",是统治阶级最下层的单位,并非"帮闲"。他们的利害跟君相是共同的,在朝固然如此,在野也未尝不如此。固然在野的处士可以不受君臣名分的束缚,可以不事王侯,高尚其事,但是他们得吃饭,这饭恐怕还得靠农民耕给他们吃,而这些农民大概是属于他们做官的祖宗的遗产的。"躬耕"往往是一句门面话,就是偶然有个把真正躬耕的如陶渊明,精神上或意识形态上也还是在负着天下兴亡之责的士,陶的《述酒》等诗就是证据⑪。可见处士虽然有时横议,那只是自家人吵嘴闹架,他们生活的基础一般的主要的还是在农民的劳动上,跟君主与在朝的大夫并无两样,而一般的主要的意识形态,彼此也是一致的。

然而士终于变质了,这可以说是到了民国时代才显著。从清朝末年开设学校,教员和学生渐渐加多,他们渐渐各自形成一个集团;其中有不少的人参加革新运动或革命运动,而大多数也倾向着这两种运动。这已是气重于节了。等到民国成立,理论上人民是主人,事实上是军阀争权。这时代的教员和学生意识着自己的主人身份,游离了统治的军阀,他们是在野,可是由于军阀政治的腐败,却渐渐获得了一种领导的地位。他们虽然还不能和民众打成一片,但是已经在渐渐的接近民众。五四运动划出了一个新时代。自由主义建筑在自由职业和社会分工的基础上。教员是自由职业者，不是官，也不是候补的官。学生也可以选择多元的职业，不是只有做官一路。他们于是从统治阶级中独立，不再是"士"或所谓"读书人"，而变成了"知识分子"，集体的就是"知识阶级"。残余的"士"或"读书人"自然也还有，不过只是些残余罢了。这种变质是中国现代化的过程的一段，而中国的知识阶级在这过程中也会尽了并且还在想尽他们的任务，跟这时代世界上别处的知识阶级一样，也分享着他们一般的运命。若用气节的标准来衡量，这些知识分子或这个知识阶级开头是气重于节，到了现在却又似乎是节重于气了。

知识阶级开头凭着集团的力量勇猛直前，打倒种种传统，那时候是敢作敢为一股气。可是这个集团并不大，在中国尤其如此，力量到底有限，而与民众打成一片又不容易，于是碰到集中的武力，甚至加上外来的压力，就抵挡不住。而一方面广大的民众抬头要饭吃，他们也没法满足这些饥饿的民众。他们于是失去了领导的地位，逗留在这夹缝中间，渐渐感觉着不自由，闹了个"四大金刚悬空八只脚"⑫。他们于是只能保守着自己，这也算是节罢；也想缓缓的落下地去，可是气不足，得等着瞧。可是这里的是偏于中年一代。青年代的知识分子却不如此，他们无视传统的"气节"，特别是那种消极的"节"。替代的是"正义感"，接着"正义感"的是"行动"，其实"正义感"是合并了"气"和"节"，"行动"还是"气"。这是他们的新的做人的尺度。等到这个尺度成为标准，知识阶级大概是还要变质的罢？

清华大学为朱自清举行追悼会

【注释】

① 冯雪峰：现代诗人、文论家。

② 一鼓作气：出自《左传·庄公十年》，曹刿（guì）说："夫战，勇气也。一鼓作气，再而衰，三而竭。"

③ 浩然之气：出自《孟子·公孙丑上》，孟子说："我善养吾浩然之气，其为气也，至大至刚，以直养而无害，则塞于天地之间。其为气也，配义与道；无是，馁也。是集义所生者，非义袭而取之也。"（参见《美德箴言》）

④ 文天祥所歌咏的"正气"：文天祥《正气歌》云："天地有正气，杂然赋流形。于人曰浩然……"是说天地间的"正气"，在人来说就是"浩然之气"。

⑤ "圣达节，次守节，下失节"：出自《左传·成公二十五年》，意思是：道德智慧高尚的不为而成；其次的人坚持节操；最下等的丧

失节操。

⑥ 党祸：即"党锢之祸"。东汉桓帝、灵帝时，士大夫等不满宦官乱政，发生党争。事件因宦官以"党人"罪名禁锢士人终身而得名。

⑦ 处（chǔ）士横议：指没有做官的读书人纵论时政。处士，有才德而隐居不仕的人，这里指没有做官的读书人。横议，放肆地进行议论。

⑧ 望门投止：逃难或出奔时，见有人家就去投宿，求得暂时存身。《后汉书·张俭传》记载，张俭受到宦官迫害逃亡，望门投止，人们看重他的名声、操行，甘愿冒破家的危险收留他。

⑨ 榫（sǔn）：榫卯结构中凸出的部分。周作人：现代散文家、翻译家。日寇占领北平后，他曾和日本人进行文化合作，并接受汪伪政权聘任。抗战胜利后，被以汉奸罪审判、监禁，1949 年获释。

⑩ 饿死事小，失节事大：出自宋人程颐，《伊川先生语录》："又问：'或有孤孀贫穷无托者，可再嫁否？'曰：'只是后世怕寒饿死，故有是说。然饿死事极小，失节事极大。'"

⑪ 陶渊明：晋朝诗人。其《述酒》诗有"流泪抱中叹，倾耳听司晨"之句，意思是："内心忧伤而叹息，彻夜难眠；侧耳听着雄鸡报晓，等待天明。"透露出不能忘怀世事的精神。

⑫ "四大金刚悬空八只脚"：四大金刚上了天，就会有八只脚悬在空中。指事情尚未落实，或者不切实际。金刚，佛教中守护佛的力士。

【简析】

这是一篇演讲稿。1947 年 4 月 9 日，在庆祝西南联大新诗社成立三周年纪念会上，朱自清做了演讲。当时，国民党发动内战，镇压民主运动，反动本质已暴露无遗。在与国民党黑暗统治的斗争中，知识分子和青年学生如何作为成为亟待解决的问题，朱自清先生的演讲回答了这一问题。

在这篇演讲中,朱自清先生层层递进,有的放矢,由冯雪峰的文章引出自己的观点。然后从"气"与"节"的原始含义谈到它们的演变,指出积极的气和消极的节的不同。又进一步说明了与气节内涵嬗变相关的"士"的阶级性质,随着时代变迁而发生的变化,劝导青年学生冲破羁绊,摒弃传统的气节,把正义感作为自己的尺度。

朱自清先生"文如其人",抗战全面爆发后,国民党政府为了欺骗、收买知识分子,发出一种配购证,可以低价购到"美援面粉"。朱自清不顾自己重病缠身、生活艰困,毅然在《抗议美国扶日政策并拒领取美援面粉宣言》上签字,表现了中国知识分子的高尚气节。

毛泽东在《别了,司徒雷登》一文中,表彰了朱自清"一身重病,宁可饿死,不领美国的'救济粮'"的气节,说他"表现了我们民族的英雄气概",这正是对这位著名学者的最好褒奖。朱自清先生提倡的以正义为依归的气节,而不是针对狭隘集团所谓的"气节",是我们应该永远保有和坚守的。

青 松

陈 毅

大雪压青松,青松挺且直。
要知松高洁,待到雪化时。

【简析】

《青松》这首短诗,是陈毅借物咏怀组诗《冬夜杂咏》中的首篇。作者通过对雪中青松的歌颂,赞美了共产党人和中国人民不畏强暴、不怕困难、敢于斗争、争取胜利的革命英雄主义精神。

诗的前两句："大雪压青松，青松挺且直。"把松放在一个严酷的环境中，透出一种近乎剑拔弩张的气氛，从中我们看到了雪的暴虐，也感受到了松的抗争，一"压"一"挺"两个掷地有声的动词，把青松那种坚忍不拔、宁折不弯的刚直与豪迈写得惊心动魄。"要知松高洁，待到雪化时"，作者相信，在经历了风雪的涤荡和洗礼之后，青松将更显其高洁的本性。

陈毅在江苏淮安黄花塘新四军军部

"大雪压青松，青松挺且直"，不但是陈毅元帅人格力量的体现，同时也是我们党和人民不畏艰难、豪气勃发、愈挫愈坚精神形象的再现。

谈 骨 气

吴 晗

我们中国人是有骨气的。

战国时代的孟子，有几句很好的话："富贵不能淫，贫贱不能移，威武不能屈，此之谓大丈夫。"意思是说，高官厚禄收买不了，贫穷困苦折磨不了，强暴武力威胁不了，这就是所谓大丈夫。大丈夫的这种种行为，表现出了英雄气概，我们今天就叫做有骨气。

我国经过了奴隶社会、封建社会的漫长时期，每个时代都有很多这样有骨气的人，我们就是这些有骨气的人的子孙，我们是有着优良革命传统的民族。

　　当然，社会不同，阶级不同，骨气的具体含义也不同。这一点必须认识清楚。但是，就坚定不移地为当时的进步事业服务这一原则来说，我们祖先的许多有骨气的动人事迹，还有它积极的教育意义，是值得我们学习的。

　　南宋末年，首都临安被元军攻入，丞相文天祥组织武装力量坚决抵抗，失败被俘后，元朝劝他投降；他写了一首诗，其中有两句是："人生自古谁无死，留取丹心照汗青。"意思是人总是要死的，就看怎样死法，是屈辱而死呢，还是为民族利益而死？他选取了后者，要把这片忠心记录在历史上。文天祥被拘囚在北京的一个阴湿的地牢里，受尽了折磨，元朝多次派人劝他，只要投降，便可以做大官，但他坚决拒绝，终于在公元1282年被杀害了。

　　孟子说的几句话，在文天祥身上都表现出来了。他写的有名的《正气歌》，歌颂了古代有骨气的人的英雄气概，并且以自己的生命来抗拒压迫，号召人民继续起来反抗。

　　另一个故事是古代有一个穷人，饿得快死了，有人丢给他一碗饭，说："嗟，来食！"（喂，来吃！）饿人拒绝了"嗟来"的施舍，不吃这碗饭，后来就饿死了。不食嗟来之食这个故事很有名，传说了千百年，也是有积极意义的。那人摆着一副慈善家的面孔，吆喝一声"喂，来吃！"这个味道是不好受的。吃了这碗饭，第二步怎样呢？显然，他不会白白施舍，吃他的饭就要替他办事。那位穷人是有骨气的：看你那副脸孔、那个神气，宁可饿死，也不吃你的饭。

　　不食嗟来之食，表现了中国人民的骨气。

新中国早期的宣传画

　　还有个例子。民主战士闻一多是在 1946 年 7 月 15 日被国民党枪杀的。在这之前，朋友们得到要暗杀他的消息，劝告他暂时隐蔽，他毫不在乎，照常工作，而且更加努力。明知敌人要杀他，在被害前几分钟还大声疾呼，痛斥国民党特务，指出他们的日子不会很长久了，人民民主一定得到胜利。毛主席在《别了，司徒雷登》一文中指出："许多曾经是自由主义者或民主个人主义者的人们，在美国帝国主义者及其走狗国民党反动派面前站起来了。闻一多拍案而起，横眉怒对国民党的手枪，宁可倒下去，不愿屈服。"高度赞扬他表现了我们民族的英雄气概。

　　孟子的这些话，虽然是两千多年以前说的，但直到现在，还有它积极的意义。当然我们无产阶级有自己的英雄气概，有自己的骨气，这就是决不向任何困难低头，压不扁，折不弯，顶得住，吓不倒，为了社会主义、共产主义建设的胜利，我们一定能够克服任何困难，奋勇前进！

【简析】

1959 至 1961 年的三年间，我国国民经济发生严重困难，国家和人民遭到重大损失。为了团结全国人民同心同德地克服困难、奋勇前进，就需要大声疾呼，继承和发扬中华民族勤劳、智慧、勇敢的传统，

校园里的吴晗塑像

从而战胜暂时的经济困难，奋发图强。正是在这样的历史背景下，吴晗写了这篇文章。

文章一开头，作者就明确点出了全文的中心论点："我们中国人是有骨气的。"随后从理论上阐明了"骨气"的含义。接着，作者引述了三个典型的例子，令人信服地阐述了中心论点。文章的末段，在以上论述基础上加深一步，指出"骨气"在当今时代的具体内容和在当前发扬这一光荣传统的意义。文章各层次紧密衔接，互相照应，层层深入，首尾贯通，对什么是有骨气，怎样做才算得有骨气，为什么要提倡有骨气等问题，进行了生动具体的阐述。

《谈骨气》一文，在当时起到了一定的作用，后来也对人们培养骨气多有激励。一个民族需要骨气，一个团体需要骨气，一个人也需要骨气。有骨气，才有人格；有骨气，才有国格。愿我们的铮铮铁骨，支撑我们的民族永远屹立于世界民族之林。

礁 石
艾 青

一个浪，一个浪
无休止地扑过来
每一个浪都在它脚下
被打成碎沫，散开……
它的脸上和身上
像刀砍过的一样
但它依然站在那里
含着微笑，看着海洋……

【简析】

　　这首抒情短诗写于1954年，有人说它是一首咏物诗，有人说它是诗人艾青为智利大诗人聂鲁达而作。但不管何种说法，每一位读过此诗的读者，无不对诗中"礁石"的形象留下深刻的印象。

艾青与齐白石等在一起

　　全诗运用白描手法描绘了礁石的形象，面对"无休止"的海浪的击打，它被"打成碎沫"，虽然"脸上和身上/像刀砍过的一样"，但依然乐观向上，无所畏惧地"含着微笑，看着海洋"。这里的礁石已不仅仅是礁石,而是一位历经磨难,依然斗志昂扬的革命者形象。

  每个人的一生都不可能一帆风顺,困难和挫折是难免的,当我们遭遇困难和不幸的时候,应该像"礁石"那样,把困难和不幸摔在脚下,即使伤痕累累,也要含笑面对。

【肆】

勤劳俭朴 清正廉明

晏子拒赐

《晏子春秋》

晏子方食，景公使使者至①。分食食之，使者不饱，晏子亦不饱②。使者反③，言之公。公曰："嘻！晏子之家，若是其贫也！寡人不知，是寡人之过也。"④使吏致千金与市租，请以奉宾客，晏子辞⑤。三致之，终再拜而辞⑥，曰："晏之家不贫。以君之赐，泽覆三族，延及交游，以振百姓⑦，君之赐也厚矣！婴之家不贫也。婴闻之，夫厚取之君，而施之民，是臣代君君民也⑧，忠臣不为也；厚取之君，而不施于民，是为筐箧之藏也⑨，仁人不为也；进取于君，退得罪于士，身死而财迁于它人，是为宰藏也⑩，智者不为也。夫十总之布，一豆之食，足于中免矣。"⑪

景公谓晏子曰："昔吾先君桓公，以书社五百封管仲，不辞而受，子辞何也？"⑫晏子曰："婴闻之：圣人千虑，必有一失；愚人千虑，必有一得。意者⑬，管仲之失而婴之得者耶？故再拜而不敢受命。"

【注释】

① 方：正在。使使：派使臣。前一个"使"，派；后一个"使"，使者，使臣。

② 分食食（sì）之：分食物给使臣吃。前一个"食"，食物；后一个"食"，给……吃。

③ 反：同"返"。

④ 若是其贫："其贫若是"的倒装，穷得像这样。寡人：寡德之人，君主的谦称。是：这。

⑤ 致：送给。市租：集市的税收。奉：供养，招待。辞：拒绝。

⑥ 再拜：拜了两拜。再，两次。

⑦ 泽：恩惠。覆：遮盖，这里指包容。交游：指朋友。振：同"赈"（zhèn），救济。

⑧ 代君君民：第二个"君"，统治。

⑨ 箧（qiè）：箱子。

⑩ 迁：转移。宰：主管者。

⑪ 总：古丝80根为一总。豆：古代盛食物的器具，类似高脚盘。足：满足。中：内心。

⑫ 先君：前朝祖先。桓公：齐桓公，春秋五霸之首。书社：古制25家立社，书社指按社把人口和土地登记在簿册里。子：对人的尊称，相当于"您"。

⑬ 意者：料想。

【简析】

晏婴是春秋时期齐国大夫，历任灵公、庄公、景公三世，是春秋后期的重要政治家。他敢于犯颜直谏，纠正国君的错误；提倡节俭，并身体力行。太史公司马迁曾这样感慨："假令晏子而在，余虽为之执鞭，所忻慕焉！"（"假如晏子还活着，我就是为他执鞭驾车，也是心向往之啊！"）（《史记·管晏列传》）可见对晏子敬仰之至。

传世的《晏子春秋》一书，是战国时期的人搜集有关晏子言行编辑而成的。这篇《晏子拒赐》，就选自《晏子春秋·内篇杂下》。

《晏子拒赐》全文分为两段。第一段写晏子家贫，但安贫乐道，婉言陈述理由，拒绝接受齐景公的千金赐礼。第二段，通过对话，进一步表现晏子生活俭朴、廉洁自律的美德。故事通过晏子拒绝接受景公赐予，表现了晏子身居高位而不图享受的高尚品德。

晏婴公园的壁雕（山东省临淄区）

去 私
《吕氏春秋》

晋平公问于祁黄羊曰："南阳无令，其谁可而为之？"① 祁黄羊对曰："解狐可。"平公曰："解狐非子之仇邪？"② 对曰："君问可，非问臣之仇也。"平公曰："善。"遂用之。国人称善焉。

居有间，平公又问祁黄羊曰："国无尉③，其谁可而为之？"对曰："午可。"平公曰："午非子之子邪？"④ 对曰："君问可，非问臣之子也。"平公曰："善。"又遂用之。国人称善焉。

孔子闻之，曰："善哉，祁黄羊之论也！外举不避仇，内举不避子⑤，祁黄羊可谓公矣。"

【注释】

① 祁黄羊：名奚，字黄羊，晋国大夫。令：县官。其谁可而为之：谁担任这官职合适呢？其，句首语气词，没有意义。可，合适、胜任。

② 子：您。邪：通"耶"。
③ 居有间：过了一段时间。尉：军事长官。
④ 子之子：前一个"子"是古代对男子的尊称，相当于"您"；后一个"子"，即儿子。
⑤ 论：言论、观点。外举：举荐外人；内举：举荐家人。

【简析】

这篇短文节选自《吕氏春秋·孟春纪》。去私，即去掉私心私念，摒弃一切谋取私利、满足私欲的行为，而要求事事"出以公心"。

文章通过祁黄羊推举人才的两则故事，阐明了去私的道理。祁黄羊从国家——"公"的利益出发，以"任人唯贤"为举荐人才的指导，而不是从个人——"私"的利益出发，以个人好恶为原则，从而表现了祁黄羊不计个人恩怨，不顾他人毁誉，一心为国效忠的崇高思想。

人之私心自古有之，所以才要去私；同样，大公无私的美德也自古有之，祁黄羊就是显著的例子。外举、内举，同样是为了

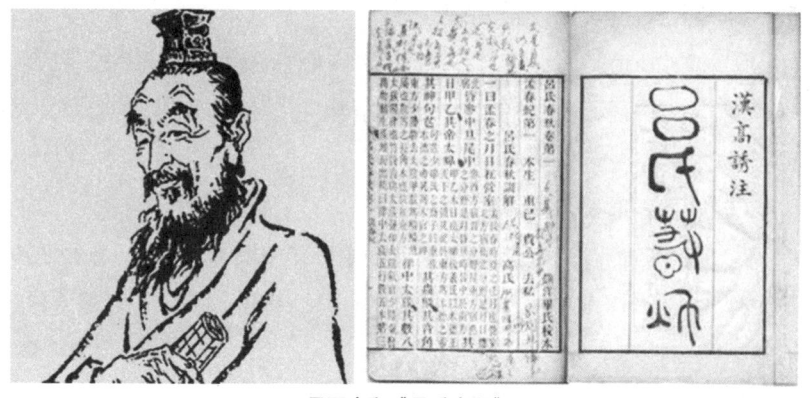

吕不韦和《吕氏春秋》

"公",所以孔子予以称赞。孔子的两句话,后来演变成了"外举不避仇,内举不避亲",被认为公心举荐人才的原则。应该说,就是在今天,这样的主张也不失其意义。不过,在一个制度民主、体制健全的社会,人才的选任自有其规范和程序,也就大可不必为"外举不避仇,内举不避亲"纠结。何况如今选用人才上的歪风邪气着实不少,还是有所避忌的好。

诫子书
诸葛亮

夫君子之行,静以修身,俭以养德①。非澹泊无以明志,非宁静无以致远②。夫学须静也,才须学也,非学无以广才,非志无以成学③。慆慢则不能励精,险躁则不能冶性④。年与时驰,意与日去,遂成枯落,多不接世,悲守穷庐,将复何及⑤!

【注释】

① 夫(fú):段首或句首发语词,引出下文,没有实际意义。修身:修养自身。养德:培养品德。

② 澹(dàn)泊:也作"淡泊",内心恬淡,不慕名利。明志:明确志向。宁静:安宁清静,主要指集中精神。致远:实现远大目标。

③ 广才:增长才干。成:成就。

④ 慆(tāo)慢:怠惰迟缓。慆(《艺文类聚》),怠惰;《太平御览》作"淫",过度。慢,迟缓。励精:磨砺精进。险躁:轻薄浮躁。冶性:陶冶性情。

⑤ 与:跟随。驰:疾行,这里指"增长"。日:日子,时间。

学子诵读《诫子书》(湖北省襄阳市诸葛亮文化节)

遂：于是，就。枯落：枯枝和落叶，这里形容韶华逝去。接世：应世，适应、立足社会。穷庐：破屋。将复何及：又怎么来得及。

【简析】

《诫子书》是诸葛亮晚年写给儿子诸葛瞻的一封家书，题目是后人加的。诸葛亮一生为国，鞠躬尽瘁，死而后已。他为国家事业日夜操劳，顾不上当面教子，便以书信形式对当时只有8岁的儿子予以告诫。

这封《诫子书》，可谓充满智慧的家训。书信只有一百余字，却涉及修身养性、治学做人的深刻道理，读来发人深省。可以说，诸葛亮一生的修养心得、智慧结晶、经验总结，以及他对儿子的殷殷父爱、谆谆教诲、切切期望，尽在其中。文字凝练，骈散结合，不仅字字珠玑，而且朗朗上口。全文入选各种选本，其中"非澹泊无以明志，非宁静无以致远"早已成为脍炙人口的格言。

谏太宗十思疏
魏 征

臣闻求木之长者，必固其根本；欲流之远者，必浚其泉源①；思国之安者，必积其德义。源不深而望流之远，根不固而求木之长，德不厚而思国之安，臣虽下愚，知其不可，而况于明哲乎②！人君当神器之重，居域中之大，不念居安思危，戒奢以俭，斯亦伐根以求木茂，塞源而欲流长也③。

凡百元首，承天景命，善始者实繁，克终者盖寡④。岂取之易、守之难乎？盖在殷忧必竭诚以待下，既得志则纵情以傲物；竭诚则吴越为一体，傲物则骨肉为行路⑤。虽董之以严刑，振之以威怒，终苟免而不怀仁⑥，貌恭而不心服。怨不在大，可畏惟人；载舟覆舟，所宜深慎⑦。

诚能见可欲则思知足以自戒，将有作则思知止以安人⑧，念高危则思谦冲而自牧，惧满溢则思江海下百川⑨，乐盘游则思三驱以为度，忧懈怠则思慎始而敬终⑩，虑壅蔽则思虚心以纳下，惧谗邪则思正身以黜恶⑪，恩所加则思无因喜以谬赏，罚所及则思无因怒而滥刑⑫：总此十思，宏兹九德，简能而任之，择善而从之，则智者尽其谋，勇者竭其力，仁者播其惠，信者效其忠；文武并用，垂拱而治⑬。何必劳神苦思，代百司之职役哉⑭！

【注释】

① 长（zhǎng）：高大。本：树根。浚（jùn）：疏通。

② 下愚：地位低、见识浅的人。这是作者的自谦之语。明哲：明智、贤能的人。

③ 人君：君主，帝王。当（dāng）：主持，掌握。神器：指帝位。古时认为"君权神授"，故称帝位为"神器"。域中：指天地之间。戒奢（shē）：戒除奢侈。斯：这。伐：砍伐。塞：堵塞。

④ 凡百元首：所有的元首，泛指古代君主。凡百，所有。承天景命：承担上天赋予的重大使命。景，大。实繁：的确很多。实，的确，确实。克终：能够完成（使命）。克，能。盖：表示推测语气。寡：少。

⑤ 殷忧：忧患深重。殷，深。竭诚：竭尽诚意。纵情：放纵欲望。傲物：看不起别人。吴越：战国时的吴国和越国。两个国家互相仇视，长期敌对。骨肉：指亲人。行路：路人，这里比喻毫无关系的人。

魏征直言敢谏

⑥ 董：督促。振：通"震"，恐吓。苟免：侥幸免于责罚。苟，苟且，侥幸。怀仁：归服于（君主的）仁德。怀，归向。

⑦ 怨不在大：（臣民对君主的）怨恨不在大小。可畏惟人：可怕的只是百姓，意指可怕的是激起公愤。人，众人。载舟覆舟：化用《荀子·王制》语："君者舟也，庶人者水也。水则载舟，水则覆舟。"所宜深慎：这是应当深刻警惕的。

⑧ 可欲：能引起欲念的东西。自戒：警诫自己。有作：有所兴作，指兴建宫室、征伐游猎之事。作，兴起。安人：安民，使百姓

安宁。

⑨ 高危：指君主高高在上。危，高。谦冲（chōng）：谦虚。冲，虚。自牧：自我修养。牧，约束。满溢：自满而招致失败。江海下百川：江海在众多河流之下。百川，众多河流。

⑩ 盘游：游乐忘返。这里特指打猎。三驱：三面合围，网开一面。表示对猎物有仁德之心。度：限度。慎始而敬终：做事始终小心谨慎，即善始善终。

⑪ 虑壅（yōng）蔽：担心（言路）堵塞，受到蒙蔽。壅蔽，堵塞。纳下：采纳下属的意见。谗邪：谗佞奸邪。谗，说人坏话。邪，不正派。正身：端正自身。黜（chù）恶：排斥邪恶之人。黜，排斥，罢免。

⑫ 喜、怒：高兴或发怒。谬赏：不得当地奖赏。滥刑：滥用刑罚。

⑬ 宏：弘扬。九德：君子的九种德行。简：选拔。能：贤能。播：传布，播散。信者：忠诚的人。效：献出。垂拱：垂衣敛手，比喻不用操劳。

⑭ 百司：百官。职役：职务，工作。

【简析】

本文选自《贞观政要》，《旧唐书》魏征本传也有记载。文章写于贞观十一年（637）。贞观年间，国泰民安，经济繁荣。面对升平之世，唐太宗不愿再过创业时那种俭朴谨慎的生活，骄怠之意不时显露。针对这种情况，魏征上呈了这篇奏疏。

文章首先运用一连串比喻，以日常事物引出国家大政，进而切入论题，揭出主旨。接着主要从君主身份展开，正反两方面说明善始善终、载舟覆舟的道理。至此，重要性的论述已经足够，因而下文集中论述具体方法，也就是本文的中心"十思"；末尾顺带一笔"十思"的效用，从而文章完满结束。

魏征是历代臣子进谏的楷模，唐太宗也可谓历代君主纳谏的典型，"贞观之治"的成就，与此有很大的关系。"十思"是写给封建时代的君主的，对共和时代的官员尤其是高级官员也不无参考价值。抛开身份不论，对普通人来说，"十思"也具有明显的借鉴意义。

魏征像

悯　农（选一）
李　绅

锄禾日当午，汗滴禾下土。
谁知盘中餐，粒粒皆辛苦。

【简析】

唐朝诗人李绅，诗歌存世不算多，但《悯农》二首，却是流传广远，影响深刻。这里所选，是其中的第二首。

诗的头两句是描写，展现了农民劳作的场景：正午烈日当空，农民依然劳作在田间，滴滴汗珠洒在灼热的土地上。诗人撷取最富有典型意义的形象，概括表现了农民不避严寒酷暑、雨雪风霜，终年辛勤劳动的生活。接下来，后两句的议论水到渠成，"粒粒皆辛苦"，既是对农民辛苦劳作的歌咏，也是对享受农民劳动成果"粒

悯农图（范孟军绘）

食"的世人的劝诫。

劳动人民以其巨大贡献和无穷创造，推动历史车轮滚滚向前，从原始社会走进了文明时代。他们勤劳、善良，终年劳碌奔波却毫无怨言。正如马克思所说：劳动替富者生产了惊人作品（奇迹），劳动生产了宫殿，劳动生产了美。劳动者是天底下最值得尊敬的人。我们今天读这首诗，从中受到的启发有二：一是要尊重劳动者，把礼敬献给他们；二是要尊重劳动大众的劳动成果，让节俭生长在自己身上。

训俭示康

司马光

吾本寒家，世以清白相承①。吾性不喜华靡，自为乳儿，长者加以金银华美之服，辄羞赧弃去之②。二十忝科名，闻喜宴独不戴花③。同年曰："君赐不可违也。"乃簪一花④。平生衣取蔽寒，食取充腹，亦不敢服垢弊以矫俗干名，但顺吾性而已⑤。

众人皆以奢靡为荣，吾心独以俭素为美⑥。人皆嗤吾固陋，吾不以为病，应之曰："孔子称'与其不逊也宁固'。又曰：'以约失之者鲜矣。'又曰：'士志于道，而耻恶衣恶食者，未足与议也。'⑦古人以俭为美德，今人乃以俭相诟病，嘻，异哉！"⑧

美德诗文 —— 200

近岁风俗，尤为侈靡：走卒类士服，农夫蹑丝履⑨。吾记天圣中，先公为群牧判官，客至，未尝不置酒，或三行五行，多不过七行⑩。酒酤于市，果止于梨、栗、枣、柿之类，肴止于脯、醢、菜羹，器用瓷、漆⑪。当时士大夫家皆然，人不相非也⑫。会数而礼勤，物薄而情厚⑬。近日士大夫家，酒非内法，果、肴非远方珍异，食非多品，器皿非满案，不敢会宾友；常数月营聚，然后敢发书⑭。苟或不然，人争非之，以为鄙吝⑮。故不随俗靡者盖鲜矣⑯。嗟乎！风俗颓弊如是，居位者虽不能禁，忍助之乎⑰！

又闻昔李文靖公为相，治居第于封丘门内，厅事前仅容旋马⑱。或言其太隘，公笑曰："居第当传子孙，此为宰相厅事诚隘，为太祝、奉礼厅事已宽矣。"⑲参政鲁公为谏官，真宗遣使急召之，得于酒家⑳。既入，问其所来，以实对㉑；曰："卿为清望官，奈何饮于酒肆？"㉒对曰："臣家贫，客至无器皿、肴、果，故就酒家觞之。"㉓上以无隐，益重之㉔。张文节为相，自奉养如为河阳掌书记时㉕；所亲或规之曰："公今受俸不少，而自奉若此，公虽自信清约，外人颇有公孙布被之讥。公宜少从众。"㉖公叹曰："吾今日之俸，虽举家锦衣玉食，何患不能？顾人之常情，由俭入奢易，由奢入俭难。吾今日之俸，岂能常存？一旦异于今日，家人习奢已久，不能顿俭，必致失所。岂若吾居位、去位、身在、身亡，常如一日乎？"㉗呜呼！大贤之深谋远虑，岂庸人所及哉㉘！

御孙曰㉙："俭，德之共也；侈，恶之大也。"共㉚，同也，言有德者皆由俭来也。夫俭则寡欲。君子寡欲则不役于物，可以直道而行；小人寡欲则能谨身节用，远罪丰家㉛。故曰："俭，德之共也。"侈则多欲。君子多欲则贪慕富贵，枉道速祸；小人多欲则多求妄用，败家丧身；是以居官必贿[32]，居乡必盗。故曰："侈，恶之大也。"

昔正考父饘粥以口，孟僖子知其后必有达人[33]。季文子相三君[34]，妾不衣帛，马不食粟，君子以为忠。管仲镂簋朱纮，山节藻棁，孔子鄙其小器[35]。公叔文子享卫灵公，史鳅知其及祸，及戍，果以富得罪出亡[36]。何曾日食万钱，至孙以骄溢倾家[37]。石崇以奢靡夸人，卒以此死东市[38]。近世寇莱公，豪侈冠一时，然以功业大，人莫之非，子孙习其家风[39]，今多穷困。其余以俭立名，以侈自败者多矣，不可遍数，聊举数人以训汝。汝非徒身当服行[40]，当以训汝子孙，使知前辈之风俗云。

【注释】

① 寒家：门第低微，也不富裕的家庭。清白：指清正廉洁的家风。

② 华靡（mí）：生活豪华奢侈。乳儿：幼儿。长者：长辈。羞赧（nǎn）：害羞。

司马光塑像（山西省夏县司马光祠）

③ 忝（tiǎn）科名：指名列进士。忝，谦辞，有辱。科名，科举考中而取得的功名。闻喜宴：又名"琼林宴"，皇帝为新科进士所赐宴会。戴花：宋制，赴闻喜宴的新科进士，皆赐簪花。

④ 同年：同榜登科的人。簪（zān）：插，戴。

⑤ 充腹：吃饱。垢弊：指肮脏破烂的衣服。矫俗干（gān）名：故意违背世俗以沽名钓誉。顺吾性：顺从我的天性。

⑥ 奢靡：奢侈浪费。俭素：节俭朴素。

⑦ 嗤（chī）：嗤笑。固陋：顽固鄙陋。病：缺点。与其不逊也宁固：语见《论语·述而》。不逊，骄傲。固，固陋。以约失之者鲜矣：语见《论语·里仁》。约，俭约。鲜（xiǎn），少。"士志于道"句：亦见《论语·里仁》。志于道，有志于追求道。未足，不值得。议，谈论。

⑧ 诟病：讥议，批评。异：奇怪。

⑨ 近岁：指宋神宗元丰年间。走卒：当差的。类：类似，像。指衣服穿得类似。蹑（niè）：穿。丝履：丝织的鞋。

⑩ 天圣：宋仁宗年号。先公：司马光的父亲司马池。群牧判官：群牧司判官。群牧司，主管国家马匹的机构。置酒：摆酒席。行：行酒，主人为客人斟酒。

⑪ 酤（gū）：买酒。脯（fǔ）：干肉。醢（hǎi）：肉酱。羹（gēng）：汤。瓷漆：瓷器和漆具。

⑫ 皆然：都这样。非：认为不对。

⑬ 会：聚会。数（shuò）：多次。礼勤：礼意殷勤。物薄：食物简单。

⑭ 内法：宫内酿酒之法。品：种类。皿（mǐn）：盘、盆之类器具。营聚：张罗，准备。发书：发出请柬。

⑮ 苟或：假如有人。鄙吝：吝啬，小气。

⑯ 随俗靡(mí):跟风随俗。靡,倾,倒。

⑰ 颓弊(tuíbì):败坏。居位者:有权势的人。忍:忍心。

⑱ 李文靖公:李沆,宋真宗时任宰相,死后谥"文靖"。治:修建。居第:住宅。封丘门:汴京城门之一。厅事:办公或接待宾客的厅堂。旋马:马转身,形容狭小。

⑲ 隘(ài):狭窄。诚:确实。太祝奉礼:太常寺的两个官职,主管祭祀。常由功臣子孙担任。

⑳ 参政鲁公:鲁宗道,宋仁宗时拜参知政事。得于酒家:在酒馆找到。

㉑ 既:已经。所来:从何处来。以实对:以实情回答。

㉒ 清望官:名声清正的官员。奈何:为何,怎么。

㉓ 就:靠近,这里是"借着"的意思。觞(shāng)之:请人喝酒。

㉔ 无隐:坦白,不隐瞒。益:更加。

㉕ 张文节:张知白,宋仁宗时官至宰相,谥"文节"。奉养:生活享受。掌书记:唐朝官名,相当于宋朝的判官,指地位不高的官吏。

㉖ 所亲:亲近的人。规:规劝。受俸:收入的俸禄。清约:清廉节约。公孙布被:汉武帝时丞相公孙弘,盖布被,很少吃肉,当时人认为是故意作伪。少:稍。

㉗ 举家:全家。顾:但。习奢:习惯了奢侈。顿:马上。失所:没有存身之地,指饥寒无着。

㉘ 大贤:指上述李、鲁、张那样的人。庸人:凡人。

㉙ 御孙:春秋时期的鲁国大夫。

㉚ 共(gōng):相同。

㉛ 不役于物:不受外物牵扯、制约。小人:指普通百姓。谨身

节用：约束自己，节约用度。远罪丰家：避免犯罪，使家庭富裕。

㉜ 枉道：不按正道行事。速祸：招致祸患。速，招。多求：多方搜求。妄用：胡乱使用，浪费。贿：贪赃受贿。

㉝ 正考父：春秋时期宋国上卿，孔子的祖先。饘（zhān）：稠粥。孟僖（xī）子：春秋时鲁国大夫。后：后代。达人：显达的人。

㉞ 季文子：春秋时期鲁国大夫季孙行父，曾在宣公、成公、襄公三朝执政。

㉟ 管仲：春秋时期齐国之相。镂：刻花。簋（guǐ）：古代盛食物的器具。纮（hóng）：帽带。山节：刻有山形的斗拱。藻棁（zǎozhuó）：在梁柱上绘画。棁，梁上的短柱。小器：器量狭小。

㊱ 公叔文子：春秋时期卫国大夫公叔发。享：宴请。史䲡（qiū）：卫国大夫。及祸：遭到灾祸。戌：公叔文子的儿子公孙戌。得罪：惹上罪名。出之：逃亡别国。

㊲ 何曾：晋朝人，曾官至太尉，生活奢侈，每天吃饭花费万钱还说"无处下筷"。骄溢：骄横豪侈。倾家：家族败亡。到晋怀帝时，何家已"灭亡无遗"。

㊳ 石崇：晋朝人，极其富裕，常与贵戚争奢斗富。夸人：炫耀。卒：终于。东市：刑场。石崇有一妓绿珠，孙秀求之不得，便唆使赵王司马伦杀了石崇。

㊴ 寇莱公：寇准，宋真宗时任宰相，封莱国公。冠：领先。功业大：寇准曾打败辽兵进犯。习：习染。

㊵ 非徒：不仅。身：自身。服行：实行。

【简析】

司马光生活的年代，奢侈之风盛行，人们竞相以奢华为尚，社会日益腐化。对此，熟悉历史的司马光深感焦虑。为使子孙后代免

司马光像

受这种不良风气的影响和侵蚀,司马光特意给儿子司马康写了这篇家训,教导他发扬俭朴家风,永不奢侈腐化。

文章先写自己年轻时不喜华靡,注重节俭,现身说法,真切可信。接着写近世风俗趋向奢侈靡费,讲究排场,与宋初大不相同,又举李文靖、鲁宗道、张文节三人的节俭言行加以赞扬,指出大贤的节俭乃深谋远虑之举,非庸人所能及。进而引用春秋时期御孙的话,从理论上说明"俭"和"侈"所导致的必然后果,使文章深入一层。最后连举六位古今人事例,又以正反两面事实对比,说明俭能立名、侈必自败。末尾以"训词"作结。

中华民族自古以来就以勤俭为尚,勤俭持家是一以贯之的家庭风尚,而家庭的兴衰也正基于是勤俭还是奢靡。而且节俭也并非仅仅是家庭的美德,也是全民族所应有的美德。一个国家,经济发展、国民富裕之后,社会上往往会刮起奢靡之风。或许有人认为这是国家繁荣的一种体现,但我们要说的是,财富的积累不应该成为奢华靡费的理由,节俭永远都应该在心中、在路上。

病 牛
李 纲

耕犁千亩实千箱①,力尽筋疲谁复伤②?
但得众生皆得饱③,不辞羸病卧残阳④。

【注释】

① 实千箱：极言生产的粮食多。实，充实，满。箱，同"厢"，指粮仓。

② 复：又。伤：哀怜，同情。

③ 但得：只要能。众生：大众、百姓。

④ 羸（léi）：衰弱多病。残阳：夕阳，又比喻晚年。

【简析】

李纲和岳飞一样，都是当时的主战中坚，并曾领军击退金兵。高宗时任宰相，在职七十余日即被罢相。这首诗，就写在他谪居期间，是当时心境的真实写照。

诗歌颇为概括地刻画了病牛的形象，但并不具体描摹形貌，而是主要写其贡献和志趣。诗的前两句，写病牛辛勤劳作、收获颇丰，筋疲力尽却无人怜惜，贡献与待遇反差巨大，反诘语气使诗情格外凝重。然而，病牛并不因此而消沉，后两句情绪翻转，表白自己的志向：只要众人都能吃饱，就是年老体弱也在所不惜。

当然，诗歌并非为咏牛而咏牛，而是要"托物言志"，借咏牛来言情述志，诗人虽疲惫不堪，却耿耿不忘抗金报国，想着社稷，念着众生。诗中力尽筋疲、无人怜惜而不辞羸病、志在众生的老牛，正是诗人晚年形象的化身，尽管已经年老体衰、力竭筋疲，但仍然时时以国家兴亡、天下苍生为念，毫不在意对自己弃置不用的处境。

李纲像

我们赞赏"老黄牛"的精神,李纲的"病牛",显示的也是"老黄牛"的精神,那就是:任劳任怨,唯有奉献,别无他求。这种志在众生、百死不悔的"老牛"精神,在今天也值得人们大力赞扬和效仿。

记王忠肃公翱三事
崔　铣

《天官王翱》书影

　　王翱,字九皋,盐山人①,永乐进士。宣德元年,以杨士奇荐,擢御史②。时官吏有罪,不问重轻,许赎罪还职③。翱请犯赃吏但许赎罪,不得复官,以惩贪黩,帝从之④。

　　公为吏部尚书,忠清,为英皇所信任⑤。仲孙以太监,将应秋试,以有司印卷白公⑥。公曰:"汝才可登第,吾岂忍蔽之哉!若汝因之中选,则妨一寒士矣。且汝有阶得仕,何必强所不能,以幸冀非分邪?"⑦列卷火之⑧。

　　公一女,嫁为畿辅某官某妻⑨。公夫人甚爱女,每迎女,婿固不遣,恚而语女曰⑩:"而翁长铨,迁我京职,则汝朝夕侍母;且迁我如振落叶耳,而固吝者何?"女寄言于母⑫。夫人一夕置酒,跪白公。公大怒,取案上器击伤夫人,出,驾而宿于朝房,旬乃还第⑬。婿竟不调。

　　公为都御史⑭,与太监某守辽东。某亦守法,与公甚相得也⑮。后公改两广⑯,太监泣别,赠大珠四枚。公固辞。太监泣曰:

"是非贿得之。昔先皇颁僧保所货西洋珠于侍臣，某得八焉，今以半别公，公固知某不贪也。"⑰公受珠，内所着披袄中，纫之⑱。后还朝，求太监后，得二从子⑲。公劳之曰："若翁廉，若辈得无苦贫乎？"⑳皆曰："然。"公曰："如有营，予佐尔贾。"㉑二子心计，公无从办，特示故人意耳，皆阳应曰㉒："诺。"公屡促之，必如约㉓。乃伪为屋券，列贾五百金㉔，告公。公拆袄，出珠授之，封识宛然㉕。

【注释】

① 盐山：今属河北省沧州市。

② 擢（zhuó）：提拔。

③ 赎（shú）罪还职：用财物抵免刑罚，官复原职。

④ 赃（zāng）吏：贪官。但许：只许。贪黩（dú）：指贪污、贪污者。从：采纳。

⑤ 忠清：忠诚清廉。英皇：指明英宗。

⑥ 仲孙：二孙子。以荫（yīn）入监：以上一辈的余荫获得监生资格。荫，上代的余荫；监，监生资格。有司：主管部门的官吏。白：告诉。

⑦ 登第：指考中。蔽：这里是"埋没"的意思。妨：阻碍。寒士：贫寒的读书人。有阶得仕：有条件得到官职。阶，台阶。幸冀：侥幸希望。

⑧ 列卷火之：撕碎烧之。列，同"裂"。火，烧。

⑨ 畿（jī）辅：京城周围地区。

⑩ 迎：指迎接出嫁的女儿归宁。固：坚持。遣：打发走。恚（huì）：恨，怒。

⑪ 而：尔，你。翁：父亲。长（zhǎng）铨（quán）：担任吏

部长官。铨，铨选。古代选拔、任免之事属于吏部。迁：升迁。振落叶：摇下正在凋落的树叶，比喻极其容易。而：可是。吝（lìn）：吝惜，小气。

⑫ 寄言：托人带话。

⑬ 驾：坐车。朝房：官吏上朝前休息的房子。旬：十天。第：府第。

⑭ 都御史：都察院的长官。都，总。

⑮ 甚相得：相处得十分融洽。

⑯ 改：改任。两广：广东、广西。

⑰ 是：这。贿得：受贿得到。先皇：先朝皇帝，指明成祖。颁（bān）：赏赐。僧保：太监名，当指永乐年间下西洋的郑和。货：买。侍臣：皇帝左右的近臣，包括太监。别：赠别。固：本来。

⑱ 内：通"纳"，放入。纫（rèn）：缝好。

⑲ 太监后：太监的后代、继承人。从子：侄子。

⑳ 劳：慰问。若：你们。得无：犹言"莫非""恐怕"，表示对事实的测度。苦贫：苦于贫穷，为贫穷所困。

㉑ 营：经营，置办。指做生意或买房产等。佐：帮助。贾：同"价"，钱。

㉒ 心计：心里盘算。无从办：无法办到。故人意：故人的情意。阳：同"佯"，假装。

㉓ 促：催促。如约：按照约定来办。

㉔ 伪为屋券：假造了买房子的契约。列贾：开列的价格。五百金：五百两银子。

㉕ 授：交给。封识（zhì）：封好的记号。识，通"帜"，标志，记号。宛（wǎn）然：真切、清楚，这里指依旧是原来的样子。宛，如，仿佛。

【简析】

王翱(áo)是明朝名臣,曾任吏部尚书(习称"天官")等职,为人刚正廉洁。本文所记,是关于王翱生平中的一些生活小事,主旨是展现王翱的廉洁自律、不徇私情。

文章记述了主人公的三件小事。第一件是不让孙子参与科举考试,因为他有进身之阶,不必占用科考名额而妨碍那些贫寒的读书人。第二件是拒绝夫人的请求,甚至赌气不回家,坚决不把女婿调任京职。第三件是把朋友馈赠的四颗珠子视为代朋友收藏,最后又将其还给了朋友后代,而且从未打开过封识。

三件事,都算不上惊天动地,却很是难能可贵。比如第一件,孙子的要求很是正常,但王翱一片仁人之心,不让孙子参考,原因是他有做官之阶,如果参加科考,肯定能考上,而名额有限,势必要阻碍那些贫寒读书人的晋身之路。这样的思虑,这样的作为,恐怕不是很多人所能做到的。多一些这样的仁人,社会就会和谐美好许多。

王翱像

范县署中寄舍弟墨第四书
郑 燮

十月二十六得家书,知新置田获秋稼五百斛①,甚喜。而今而后,堪为农夫以没世矣②!要须制碓制磨③,制筛罗簸箕,制大小扫帚,制升斗斛。家中妇女,率诸婢妾,皆令习舂揄蹂簸之事,便是一种靠田园、长子孙气象④。天寒冰冻时,穷亲戚朋友到门,先泡一大碗炒米送手中,佐以酱姜一小碟,最是暖老温贫之具⑤。暇日咽碎米饼,煮糊涂粥,双手捧碗,缩颈而啜之,霜晨雪早⑥,得此周身俱暖。嗟乎!嗟乎!吾其长为农夫以没世乎!

我想天地间第一等人,只有农夫,而士为四民之末⑦。农夫上者种地百亩,其次七八十亩,其次五六十亩,皆苦其身,勤其力,耕种收获,以养天下之人。使天下无农夫,举世皆饿死矣。我辈读书人,入则孝,出则弟,守先待后,得志泽加于民,不得志修身见于世⑧,所以又高于农夫一等。今则不然,一捧书本,便想中举、中进士、作官,如何攫取金钱,造大房屋,置多田产。起手便错走了路头⑨,后来越做越坏,总没个好结果。其不能发达者,乡里作恶,小头锐面⑩,更不可当。夫束修自好者,岂无其人;经济自期,抗怀千古者⑪,亦所在多有。而好人为坏人所累⑫,遂令我辈开不得口;一开口,人便笑曰:"汝辈书生,总是会说,他日居官,便不如此说了。"所以忍气吞声,只得挨人笑骂⑬。工人制器利用,贾人搬有运无⑭,皆有便民之处。而士独于民大不便,无怪乎居四民之末也!且求居四民之末,而亦不可得也!

愚兄平生最重农夫,新招佃地人⑮,必须待之以礼。彼称我为主人,我称彼为客户,主客原是对待之义,我何贵而彼何贱乎?要礼貌他⑯,要怜悯他;有所借贷,要周全他;不能偿还,要宽让他。尝笑唐人七夕诗,咏牛郎织女,皆作会别可怜之语,殊失命名本旨⑰。织女,衣之源也;牵牛,食之本也。在天星为最贵;天顾重之,而人反不重乎?其务本勤民,呈像昭昭可鉴矣⑱。吾邑妇人，不能织绸织布，然而主中馈⑲，习针线，犹不失为勤谨。近日颇有听鼓儿词，以斗叶为戏者，风俗荡轶，亟宜戒之⑳。

吾家业地虽有三百亩，总是典产㉑，不可久恃。将来须买田二百亩，予兄弟二人，各得百亩足矣，亦古者一夫受田百亩之义也。若再求多，便是占人产业，莫大罪过。天下无田无业者多矣，我独何人，贪求无厌，穷民将何所措足乎㉒！或曰："世上连阡越陌㉓，数百顷有余者，子将奈何？"应之曰："他自做他家事，我自做我家事，世道盛则一德遵王，风俗偷则不同为恶，亦板桥之家法也。"㉔哥哥字。

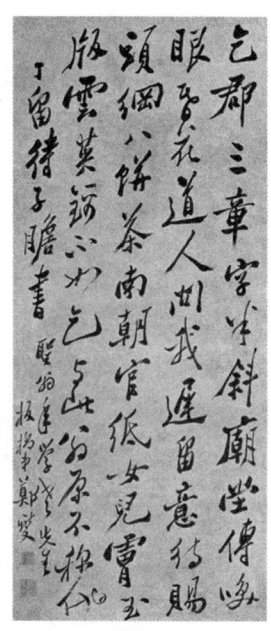

郑燮手迹

【注释】

① 置：置办，购买。斛（hú）：量器。

② 没世：终身。

③ 碓（duì）：舂米用具。

④ 舂（chōng）：捣。揄（yú）：往臼中放谷或由臼中取米。蹂（róu）：同"揉"。长子孙：养育子孙。

⑤ 暖老温贫：使老人、穷人温暖。

⑥ 啜（chuò）：喝。霜晨雪早：指寒冷的早晨。

⑦ 四民：指士、农、工、商。

⑧ 弟：同"悌"，敬重兄长。守先待后：守先王之道以传给后人。泽：恩惠。修身：独善其身的意思。见：同"现"，显露。

⑨ 起手：一开始。

⑩ 小头锐面：尖头小脸，形容无孔不入、善于钻营。

⑪ 束修自好：约束自己的言行，爱惜自己的声名。经济自期：以经世济民来要求自己。经济，经世济民。抗怀千古：高尚情怀高于古人。

⑫ 累（lěi）：拖累。

⑬ 挃：同"挨"。

⑭ 贾（gǔ）人：商人。

⑮ 佃地人：佃户，租地来种的农民。

⑯ 礼貌：指以礼待人。

⑰ 七夕诗：写农历七月初七牛郎织女鹊桥相会的诗歌。殊：很，十分。本旨：本来的意义。

⑱ 呈像：指牛郎织女星的形状，即表现为耕织。昭昭可鉴：明白清楚。

⑲ 主中馈（kuì）：指主持家务。中馈，指家中饮食之事。

⑳ 斗叶：玩纸牌。明清时称纸牌为叶子。荡轶（yì）：放荡而不守规矩。亟（jí）：应该赶快（处理、办理）。

㉑ 典产：出钱典当的土地，到期原主可以赎回。

㉒ 措足：立足。

㉓ 连阡越陌：指土地很多。

㉔ 偷：败坏，浇薄。家法：治家的原则、法则。

[简析]

《郑板桥集》共收郑燮家书 16 封，这封信是乾隆九年（1744）任山东范县知县时写给弟弟郑墨的第四封信。

在这封信中，郑燮表达了他的平等思想，表达了他对农民的重

郑燮塑像（江苏省兴化市故居）

视。文章指出，农民在四等人中应居于首位，而工人、贾人次之，读书人则为四民之末。作者认为，读书人"一捧书便想中举、中进士、做官，如何攫取金钱、造大房子、置多田产"，那些不能做官的，也在乡里横行作恶，而农民辛勤劳动，"以养天下之人"，因此，应该尊重农民，轻视读书人。信中反映了作者蔑视权贵、尊重农民、反对土地兼并的思想。

说起来，士农工商，社会上缺了哪一个都不行。从郑板桥的这封信里，我们最应该受教的，除了他的平等思想，还有勤劳节俭。无论国、家，勤俭足以兴旺，奢靡必定衰亡。

诫 子 书
曾国藩

余通籍三十余年，官至极品，而学业一无所成，德行一无许

曾国藩手书曾氏家训

可，老大徒伤，不胜悚惶惭赧①。今将永别，特将四条教汝兄弟。

一曰慎独而心安②。自修之道，莫难于养心；养心之难，又在慎独。能慎独，则内省不疚，可以对天地、质鬼神③。人无一内愧之事，则天君泰然④。此心常快足宽平，是人生第一自强之道，第一寻乐之方，守身之先务也⑤。

二曰主敬则身强⑥。内而专静纯一，外而整齐严肃，敬之工夫也；出门如见大宾，使民如承大祭，敬之气象也；修己以安百姓，笃恭而天下平，敬之效验也⑦。聪明睿智，皆由此出。庄敬日强，安肆日偷⑧。若人无众寡，事无大小，一一恭敬，不敢怠慢，则身之强健，又何疑乎？

三曰求仁则人悦。凡人之生，皆得天地之理以成性，得天地之气以成形。我与民物⑨，其大本乃同出一源。若但知私己而不知仁民爱物，是于大本一源之道已悖而失之矣⑩。至于尊官厚禄，高居人上，则有拯民溺、救民饥之责⑪。读书学古，粗知大义，既有觉后知、觉后觉之责⑫。孔门教人，莫大于求仁，而其最切者，莫要于欲立立人、欲达达人数语⑬。立人、达人之人，人有不悦而归之者乎？

四曰习劳则神钦[14]。人一日所着之衣、所进之食,与日所行之事、所用之力相称,则旁人叹之,鬼神许之[15],以为彼自食其力也。若农夫织妇终岁勤动,以成数石之粟、数尺之布,而富贵之家终岁逸乐,不营一业,而食必珍馐,衣必锦绣,酣豢高眠,一呼百诺[16],此天下最不平之事,神鬼所不许也,其能久乎?古之圣君贤相,盖无时不以勤劳自励。为一身计,则必操习技艺,磨练筋骨,困知勉行[17],操心危虑,而后可以增智慧而长见识。为天下计,则必已饥已溺,一夫不获,引为余辜[18]。大禹、墨子,皆极俭以奉身[19],而极勤以救民。勤则寿,逸则夭;勤则有材而见用,逸则无劳而见弃;勤则博济斯民而神祇钦仰,逸则无补于人而神鬼不歆[20]。

此四条,为余数十年人世之得。汝兄弟记之行之,并传之于子子孙孙,则余曾家可长盛不衰,代有人才。

【注释】

① 通籍:朝中有了名籍,指初做官。官至极品:曾国藩官至一品,封一等毅勇侯。许可:称许、认可。悚惶(sǒnghuáng):惶恐。惭赧(cánnǎn):因羞愧、羞惭而脸红。赧,脸红。

② 慎独:独处时谨慎不苟。

③ 内省(xǐng)不疚(jiù):自我反省,内心不感到惭愧不安。疚,惭愧。质:对质。

④ 天君:指心。泰然:安定自如。

⑤ 快足宽平:快乐满足,宽舒平静。守身:保持品德和节操。

⑥ 主敬:以敬为主。敬,严肃端庄,谨饬不苟。

⑦ "出门"二句:语见《论语·颜渊》。大宾,重要的客人。承大祭,承奉大的祭典。修己以安百姓:语见《论语·宪问》。修己,

修养自己。笃恭而天下平：语见《礼记·中庸》。笃恭（dǔgōng），纯厚恭敬。效验：成效，效果。

⑧ 庄敬：庄严恭敬。安肆：安乐放纵。偷：薄。

⑨ 民物：泛指人民、万物。

⑩ 悖（bèi）：违背，相冲突。

⑪ 拯民溺（nì）：指拯救民众于水火。拯，援救，救助。溺，指陷于困境。

⑫ 觉后知、觉后觉：语出《孟子·万章上》："天之生此民也，使先知觉后知，使先觉觉后觉也。"指先知道、先觉悟的人，使那些不知道、不觉悟的人也知道、觉悟。

⑬ 欲立立人、欲达达人：语出《论语·雍也》："己欲立而立人，己欲达而达人。"

⑭ 习劳：习练劳动，指经常劳动。神钦：神祇赞许。

⑮ 韪（wěi）：是、对，指认同。许：认可。

⑯ 终岁：一整年。勤动：辛勤劳动。珍馐（xiū）：珍奇名贵的食物。馐，美食。酣豢（hānhuàn）：沉醉于某种情境。高眠：高枕安眠。诺（nuò）：答应。

⑰ 操习：操练。困知勉行：在克服困难中求得知识，有了知识就勉力实行。困知，遇困而求知；勉行，尽力实行。

⑱ 己饥己溺：别人挨饿、溺水就像自己挨饿、溺水一样。形容关心大众疾苦。余辜（gū）：我的罪过。余，我；辜，罪过。

⑲ 奉身：奉养身体，即对待自己。

⑳ 夭：夭折，早死。博济：广泛救助。斯民：指老百姓。神鬼不歆（xīn）：神鬼不受感动。歆，古指祭祀时鬼神享受祭品的香气，鬼神闻之而动。

【简析】

曾国藩的学问事功,在清朝晚期可谓出类拔萃,无人能出其右。又有与王阳明比较者,何轩何轻,姑且不说,论学问,曾国藩为醇儒,王阳明心学则难免受禅学影响;论事功,王阳明之平定宸濠之乱,远不如曾国藩纵横数省平定"发逆"之坚忍卓绝。有人说王阳明学不到,因为其人天赋超绝;其实曾国藩也不笨,只是聪明不外露而已。

曾国藩像

曾国藩可谓多才之士,其成就也是多方面的。于国不论,于家庭也有不小的造就,比如引领诸弟、教诲诸子。这里的《诫子书》,可以说是他对儿子们的遗训,因为不久他就去世了。在这封遗书里,他将自己数十年的人生心得总结为慎独、主敬、求仁、习劳四条。这四条,几乎条条都源自曾氏的经验,又几乎条条都远接古圣先贤的教诲。而曾家也正是受益于此,才真的如曾氏所言"长盛不衰,代有人才"。

曾几何时,我们总是说"时代不同了",因此行事也随之一反传统。百多年过去,曾经"打倒"的孔家店,如今又供上了"冷猪头"。这一番大折腾、大翻转,应该给我们一些启示了。一个民族,割断了传统,也就失去了特色,甚至是失去了存在的价值。就此而言,如今的我们,不妨把曾国藩的《诫子书》,变成我们的"诫子书",受到的益处定会不少。

致子谷、廉伯

谢觉哉

子谷、廉伯：

儿子要看父亲，父亲也想看儿子，是人情之常。

眼下你们很穷，北方是荒年，饿死人；你们筹措路费不易，到这里，我又要替你们搞住的吃的，也是件麻烦事。如你们还没有起身，可以等一下，等到今年秋收后，估计那时候光景会好一些。到那时来看我，是一样的。打听便车是没有的。因为任何人坐车，都要买票。

你们会说我这个官是"焦官"①。是的，"官"而不"焦"，天下大乱；"官"而"焦"了，转乱为安。有诗一首：

你们说我做大官，
　我官好比周老官（奇才大老官）②，

谢觉哉与家人合影

起得早来眠得晚,

能多做事即心安。

问你母亲好。

父字

（1950年）一月二十一

【注释】

① "焦官"：不挣钱的官。

② 周老官：周奇才，谢觉哉的长辈，一位勤勤恳恳的雇农。谢觉哉有诗称赞他："生来脸黑号奇才，诚实勤劳口少开；越吃苦心越静，晚年耳更不闻雷。"

【简析】

谢觉哉为"延安五老"之一，是著名的社会活动家，新中国成立之初，担任内务部部长。那时，他的部分亲人还在家乡。这封信，就是谢觉哉写给留在家乡的两个儿子的。

家乡的两个儿子要来北京看望父亲，可身为内务部长的谢觉哉却劝阻儿子来京。他在信中告诉两个儿子，自己当的是那种"起得早来睡得晚，能多做事即心安"的"焦官"，没钱为他们买票，也不能以权谋私搞"便车"。从这封信质朴的语言中，我们可以看到谢觉哉洁身自好的高尚品德和清廉自守的为官操守。

清正廉明、善自持守，是为官者履行职责、待人处世的行为准则。老一辈领导人，有许多人是廉洁自守的典范，谢觉哉就是其中的代表。"'官'而不'焦'，天下大乱；'官'而'焦'了，转乱为安。"这种朴素的认识,却揭示了千古不变的真理;"起得早来眠得晚,能多做事即心安。"也同样以朴实出之,也深含道理,予人启迪。

清 贫

方志敏

我从事革命斗争,已经十余年了。在这长期的奋斗中,我一向是过着朴素的生活,从没有奢侈过。经手的款项,总在数百万元;但为革命而筹集的金钱,是一点一滴地用之于革命事业。这在国民党的伟人们看来,颇似奇迹,或认为夸张;而矜持不苟,舍己为公,却是每个共产党员具备的美德。所以,如果有人问我身边有没有一些积蓄,那我可以告诉你一桩趣事:

就在我被俘的那一天——一个最不幸的日子,有两个国民党

被捕后的方志敏(中)

军的兵士,在树林中发现了我,而且猜到我是什么人的时候,他们满肚子热望在我身上搜出一千或八百大洋,或者搜出一些金镯金戒指一类的东西,发个意外之财。那知道从我上身摸到下身,从袄领捏到袜底,除了一只时表和一枝自来水笔之外,一个铜板都没有搜出。他们激怒起来了,猜疑我是把钱藏在哪里,不肯拿出来。他们之中有一个左手拿着一个木柄榴弹,右手拉出榴弹中的引线,双脚拉开一步,作出要抛掷的姿势,用凶恶的眼光钉住我,威吓地吼道,"赶快将钱拿出来,不然就是一炸弹,把你炸死去!"

"哼!你不要作出那难看的样子来吧!我确实一个铜板都没有存;想从我这里发洋财,是想错了。"我微笑着淡淡地说。

"你骗谁!像你当大官的人会没有钱!"拿榴弹的兵士坚不相信。

"决不会没有钱的,一定是藏在哪里,我是老出门的,骗不得我。"另一个兵士一面说,一面弓着背重来一次将我的衣角裤裆过细的捏,总企望着有新的发现。

"你们要相信我的话,不要瞎忙吧!我不比你们国民党当官的,个个都有钱,我今天确实是一个铜板也没有,我们革命不是为着发财啦!"我再向他们解释。

等他们确知在我身上搜不出什么的时候,也就停手不搜了;又在我藏躲地方的周围,低头注目搜寻了一番,也毫无所得,他们是多么地失望呵!那个持弹欲放的兵士,也将拉着的引线,仍旧塞进榴弹的木柄里,转过来抢夺我的表和水笔。后彼此说定表和笔卖出钱来平分,才算无话。他们用怀疑而又惊异的目光,对我自上而下地望了几遍,就同声命令地说:"走吧!"

是不是还要问问我家里有没有一些财产?请等一下,让我想一想,啊,记起来了,有的有的,但不算多。去年暑天我穿的几套旧的汗褂裤,与几双缝上底的线袜,已交给我的妻放在深山坞里保藏着——怕国民党军进攻时,被人抢了去,准备今年暑天拿出来再穿;那些就算是我唯一的财产了。但我说出那几件"传世宝"来,岂不要叫那些富翁们齿冷三天?!

　　清贫,洁白朴素的生活,正是我们革命者能够战胜许多困难的地方!

【简析】

　　《清贫》是方志敏烈士清白朴素的革命生活的自述。文章开头通过自叙,说明简朴的生活作风是每个共产党员都应该具备的美德。接着记叙自己被捕后,国民党匪兵一无所获、大失所望的情景,暴露了匪徒们的贪婪丑态,衬托出共产党人廉洁奉公、艰苦朴素的革命作风。最后,作者又通过对家庭的"唯一财产"的回忆,进一步说明了共产党人的崇高境界。作者把强烈的爱憎情感融化在客观事实的叙述中,通过事实的讲述感染读者,从而给人一种强烈的震撼。

　　艰苦朴素的优良传统是中国革命得以取胜的法宝。发扬廉洁奉公、艰苦朴素的革命作风,一方面有助于防患于未然,防止奢靡腐化等行为的发生;另一方面,在面临危难的时候,特别是在国家动荡、民不聊生的困难时期,艰苦朴素的传统有助于克服困难、激励斗志。

　　如今,党已经取得了政权,党的干部也不像战争年代那么清贫。然而,艰苦朴素的作风仍然需要,奢侈浪费的作为仍要禁止。不仅干部,普通百姓也应该如此。像方志敏那样,能够耐得住清贫,才会保得住节操,撑得起尊严。

松树的风格

陶 铸

去年冬天,我从英德到连县去,沿途看到松树郁郁苍苍,生气勃勃,傲然屹立①。虽是坐在车子上,一棵棵松树一晃而过,但它们那种不畏风霜的姿态,却使人油然而生敬意,久久不忘。当时很想把这种感觉写下来,但又不能写成。前两天在虎门和中山大学中文系的师生们座谈时,又谈到这一点,希望青年同志们能和松树一样,成长为具有松树的风格,也就是具有共产主义风格的人。现在把当时的感觉写出来,与大家共勉。

我对松树怀有敬佩之心不自今日始。自古以来,多少人就歌颂过它,赞美过它,把它作为崇高的品质的象征。

你看它不管是在悬崖的缝隙间也好,不管是在贫瘠的土地上也好②,只要有一粒种子——这粒种子也不管是你有意种植的,还是随意丢落的,也不管是风吹来的,还是从飞鸟的嘴里跌落的,总之,只要有一粒种子,它就不择地势,不畏严寒酷热,随处茁壮地生长起来了。它既不需要谁来施肥,也不需要谁来灌溉。狂风吹不倒它,洪水淹不没它,严寒冻不死它,干旱旱不坏它。它只是一味地无忧无虑地生长。松树的生命力可谓强矣!松

苍松

树要求于人的可谓少矣！这是我每看到松树油然而生敬意的原因之一。

　　我对松树怀有敬意的更重要的原因，却是它那种自我牺牲的精神。你看，松树的干是用途极广的木材，并且是很好的造纸原料；松树的叶子可以提制挥发油；松树的脂液可制松香、松节油，是很重要的工业原料；松树的根和枝又是很好的燃料。更不用说在夏天，它用自己的枝叶挡住炎炎烈日，叫人们在如盖的绿荫下休憩③；在黑夜，它可以劈成碎片做成火把，照亮人们前进的路。总之一句话，为了人类，它的确是做到了"粉身碎骨"的地步了。

　　要求于人的甚少，给予人的甚多，这就是松树的风格。

　　鲁迅先生说的"我吃的是草，挤出来的是牛奶，血"，也正是松树的风格的写照。

　　自然，松树的风格中还包含着乐观主义的精神。你看它无论在严寒霜雪中和盛夏烈日中，总是精神奕奕④，从来都不知道什么叫做忧郁和畏惧。

　　我常想：杨柳婀娜多姿，可谓妩媚极了；桃李绚烂多彩⑤，可谓鲜艳极了，但它们只是给人一种外表好看的印象，不能给人以力量。松树却不同，它可能不如杨柳与桃李那么好看，但它却给人以启发，以深思和勇气，尤其是想到它那种崇高的风格的时候，不由人不油然而生敬意。

　　我每次看到松树，想到它那种崇高的风格的时候，就联想到共产主义风格。

　　我想：所谓共产主义风格，应该就是要求于人的甚少，而给予人的却甚多的风格；所谓共产主义风格，应该就是为了人民的利益和事业不畏任何牺牲的风格。

每一个具有共产主义风格的人,都应该像松树一样,不管在怎样恶劣的环境下,都能茁壮地生长,顽强地工作,永不被困难吓倒,永不屈服于恶劣环境。每一个具有共产主义风格的人,都应该具有松树那样的崇高品质,人民需要我们做什么,我们就去做什么,只要是为了人民的利益,粉身碎骨,赴汤蹈火,也在所不惜;而且毫无怨言,永远浑身洋溢着革命的乐观主义的精神。

具有这种共产主义风格的人是很多的。在革命艰苦的年代里,在白色恐怖的日子里,多少人不管环境的恶劣和情况的险恶,为了人民的幸福,他们忍受了多少的艰难困苦,做了多少有意义的工作呵!他们贡献出所有的精力,甚至最宝贵的生命。就是在他们临牺牲的一刹那间,他们想的不是自己,而是人民和祖国甚至全世界的将来。然而,他们要求于人的是什么呢?什么也没有。这不由得使我们想起松树的崇高的风格!

目前,在社会主义革命和社会主义建设的日子里,多少人不顾个人的得失,不顾个人的辛劳,夜以继日,废寝忘食,为加速我们的革命和建设而不知疲倦地苦干着。在他们的意念中,一切都是为了把社会主义革命进行到底,为了迅速改变我国"一穷二白"的面貌,为了使人民的生活过得更好。这又不由得使我们想起松树的崇高的风格。

具有这种风格的人是越来越多了。这样的人越多,我们的革命和建设也就会越快。我希望每个人都能像松树一样具有坚强的意志和崇高的品质;我希望每个人都成为具有共产主义风格的人。

一九五九年一月中旬于虎门

【注释】

① 英德、连县：县名（今均为县级市），分别在广东省的中北部和西北部。写作此文时，作者任中共广东省委第一书记。屹（yì）立：高耸挺立。

② 贫瘠（jí）：土地不肥沃。

③ 休憩（qì）：休息，多指短暂的休息。

④ 奕奕（yì）：精神饱满的样子。

⑤ 婀娜（ēnuó）：姿态轻盈软美。妩媚（wǔmèi）：姿容美好可爱。绚（xuàn）烂：指浓烈繁华，绚丽多彩。

【简析】

《松树的风格》这篇文章，写松树，意在写人，意在励人。作者在文中句句写"松"，实则笔笔写"人"，松是人的"现象"，人是松的魂灵。所以当作者笔锋一转，写人的"共产主义风格"时，就显得顺理成章，贴切自然。

在文中，陶铸言简意赅地总结了松树的风格，那就是"要求于人的甚少，给予人的甚多"。而这，正是共产党人的风格，也是作者个人品格的体现。他说："所谓共产主义风格，应该就是要求人的甚少，而给予人的却甚多的风格；所谓共产主义风格，应该就是为了人民的利益和事业不畏任何牺牲的风格。"

古人以松竹比喻人的品格，作品甚多。在这些作品里，就如陶铸的这篇文章，松树的风格，就是人的风格，而且是高境界的人的风格。这样的风格——"要求于人的甚少，给予人的甚多"，在今天也是我们所应拥有的。

泥 土
鲁 藜

老是把自己当作珍珠
就时时怕被埋没的痛苦

把自己当作泥土吧
让众人把你踩成一条道路

【简析】

　　这是一首格言式的抒情短诗。它既是诗人的自勉,也是诗人对他人的善意告诫:要谦虚谨慎,戒骄戒躁,与大众融合在一起,并投身于共同的事业之中。

　　诗仅四句,分为两节。第一节着重告诫,要人们(包括诗人自己)不要孤芳自赏,自视特殊,争名夺利,陷入个人利益的泥坑中不能自拔,以致给自己带来无尽的痛苦;第二节着重劝勉,勉励人们要谦虚谨慎、甘于平凡,乐于为人民大众的利益奉献自己。

　　这首诗表达的是一种公而忘私的人生观,一种富有社会责任感的人生态度,一种服务于集体的献身精神。那些把自己当成泥土的人,在人民心里,无疑比珍珠更为闪亮!

雷 锋 之 歌(节选)
贺敬之

雷锋呵,

你虽然不是
在炮火连天的战场上
战斗冲锋,
在平凡的
工作岗位上,
你却是真正的
勇士呵——
你永远在
高举红旗,
向前进攻!
在我们革命的
万能机床上,
雷锋——
你是一个
平凡的,但却
伟大的——
永不生锈的
螺丝钉!
哪里需要?
看雷锋的
飞快的
脚步!
哪里缺少?
看雷锋的
忙碌的
身影!……

雷锋在平凡的岗位上（1）

……呵，马上去
给大娘浇地——
现在
麦苗正要返青……
……呵，立刻把
自己省下的存款
寄给公社——
支援
受灾的农民弟兄……
……唔，快准备
给孩子们
讲革命故事——
明天是
队日活动……
……唔，必须把
赶路的大嫂
护送到家——

现在是
夜深，雨大，
路远，泥泞……
呵，雷锋！
你白天的
每一个思念，
你夜晚的
每一个梦境，
都是：
人民……
人民……
人民……
你的每一声脚步，
你的每一次呼吸，
都是：
革命……
革命……
革命……
雷锋，你是
真正的
真正的
幸福呵！
你是何等的
何等的
聪明！
你用我们旗帜一样

雷锋在平凡的岗位上（2）

鲜红的颜色，
写下了
你短暂的
却是不朽的
历史，
你在阶级的伟大事业里，
在为人民服务的无限之中，
找到了呵——
最壮丽的
人生！
你的生命
是多么
富有呵！
在我们党的怀抱里，
你已成长得
力大无穷！

【简析】

《雷锋之歌》书影

《雷锋之歌》是诗人贺敬之的代表作之一,全诗共有一千二百多行,以饱满的革命热情,歌颂了雷锋短暂、平凡而又伟大的一生。它是雷锋精神的赞歌,也是激励人们为人民服务的号角。

这里节选的部分,诗人先以"不是""却是"的句式肯定了雷锋的价值,把他比喻成一颗"平凡的,但却/伟大的——/永不生锈的螺丝钉!"哪里需要,哪里就有雷锋的身影;接着,由前文引出具体事例,以排比列举的方式,再现了雷锋平凡而伟大的事迹;最后,基于前述事例,概括雷锋与人民的关系,水到渠成地揭示出雷锋"把有限的生命投入到无限的为人民服务之中去"的伟大品格。

雷锋短暂的一生中,并没有什么惊天动地的壮举,有的只是平凡的琐碎小事,但他却在自己平凡的工作岗位上,日复一日地实践着"为人民服务"的宗旨。而今,雷锋已不单单是一个名字,而是我们中华民族美好道德风尚的代称。

雷锋的所作所为,完美地诠释了平凡与伟大的辩证法;他的精神,也是和平年代和谐社会中最需要的精神。只有全社会的每一个人,都能在平凡小事上严于律己、做到做好,并尽可能地帮助别人,这个社会才会是文明的、和美的。

【伍】赤诚爱国 丹心为民

黍 离

《诗经》

彼黍离离,彼稷之苗①。行迈靡靡,中心摇摇②。知我者谓我心忧,不知我者谓我何求。悠悠苍天③,此何人哉!

彼黍离离,彼稷之穗。行迈靡靡,中心如醉。知我者谓我心忧,不知我者谓我何求。悠悠苍天,此何人哉!

彼黍离离,彼稷之实。行迈靡靡,中心如噎④。知我者谓我心忧,不知我者谓我何求。悠悠苍天,此何人哉!

《毛诗图》(明·周臣绘)

【注释】

① 黍(shǔ):黍子,北方农作物,谷实称"黄米",有黏性。离离:形容行列。稷(jì):古代粮食作物,指粟或黍属。

② 行迈:行走。靡靡(mǐ):行步迟缓的样子。中心:心中。摇

摇：心神不定的样子。

③ 悠悠：遥远的样子。

④ 噎（yē）：堵塞。此处以食物卡在食管比喻忧深气逆、难以呼吸。

【简析】

本篇选自《诗经》十五国风的《王风》。《王风》不同于其他诸侯国之"风"，是产生于周王室所在地的诗歌。《王风》多表现乱离之作，《黍离》即是如此：犬戎攻破王都镐京，周王室东迁洛邑，西周灭亡，而士大夫眷念故都，就写了此诗。

诗分三章，每章八句，前两句借景起兴，引出第三、四句彷徨不忍离去的描写；后四句以旁人对"我"的态度来烘托浪迹天涯的悲情，并以呼天抢地的形式，谴责带来灾难的罪魁祸首，使悲愤之情倾吐得淋漓尽致。

此诗历来被视为悲悼故国的代表作，"黍离"一词也已成为感慨国家沦陷、表达故国情思的专门语汇。而在悲情之中，却也蕴含着一种强烈的愿望和巨大的力量，从而可以成为国家复兴的强大动力。

遗黄琼书

李 固

闻已度伊、洛，近在万岁亭①。岂即事有渐，将顺王命乎②？盖君子谓："伯夷隘，柳下惠不恭③。"故传曰："不夷不惠，可否之间④。"盖圣贤居身之所珍也⑤。诚遂欲枕山栖谷，拟迹巢由，斯则可矣⑥；若当辅政济民，今其时也⑦。自生民以来，善政少而乱俗多,必待尧舜之君,此为志士终无时矣⑧。

李固像

常闻语曰:"峣峣者易缺,皎皎者易污⑨。"《阳春》之曲,和者必寡;盛名之下,其实难副⑩。近鲁阳樊君⑪,被征初至,朝廷设坛席,犹待神明。虽无大异,而言行所守无缺;而毁谤布流,应时折减者,岂非观听望深⑫,声名太盛乎?自顷征聘之士胡元安、薛孟尝、朱仲昭、顾季鸿等,其功业皆无所采,是故俗论皆言处士纯盗虚声⑬。愿先生弘此远谟,令众人叹服,一雪此言耳⑭。

【注释】

① 度:同"渡"。伊、洛:伊水和洛水,均在河南洛阳附近。万岁亭:在洛阳附近,故地在今河南省登封市西北。

② 即事:就事,指朝廷征召。黄琼被征后,路中称病不前。渐:开端,进展。顺:顺从。

③ 君子:指孟子。这句话出自《孟子·公孙丑上》。伯夷:殷商时大臣,武王伐纣,与其弟叔齐叩马而谏;殷亡后,二人不食周粟,饿死于首阳山。隘,狭隘,固执。柳下惠:春秋中期鲁国大夫,任鲁国典狱官时,三次被贬职,但仍不离开鲁国。不恭,不严肃。

④ 这句话出自扬雄《法言·渊骞》。夷,指伯夷;惠,指柳下惠。可否之间:即取法乎中,不要走极端。

⑤ 居身:立身处世。珍:珍视,看重。

⑥ 诚：果真。遂欲：想要。枕山栖谷：比喻隐居山林。拟迹：效仿别人的行为。巢由：指巢父和许由。相传帝尧让位给他们，二人逃入深山，耕地而食。斯：此，指黄琼拒绝征召。

⑦ 今其时：现在正是这样的时候。

⑧ 生民：世界上出现人类。待：等。终无时：永远没有机会。终，永远。

⑨ 峣峣（yáo）：高峻的样子。缺：损坏，折断。皎皎（jiǎo）：洁白。污：玷污。

⑩《阳春》：公元前3世纪楚国的高雅乐曲。和（hè）：和唱，跟着唱。盛名：大名。副：相称。

⑪ 鲁阳樊君：鲁阳（今河南省鲁山县）人樊英，东汉名士，隐居壶山。朝廷多次征召，他都不去。汉顺帝强令载之入京，又专为他设立高坛，以师礼待之，拜为五官中郎将。但他只知空谈，并无特别才能，颇失众望。

⑫ 大异：大的不同，指杰出的表现。所守无缺：道德操守没有缺失。布流：传播。应时：顿时。折减：（名声）降低。观听：观其行，听其言。望深：期望很高。

⑬ 顷：近来。征聘：朝廷征召。胡元安：与以下三人都是当时被征召的名士。功业：办事成绩。采：可取，值得记载。俗论：世俗的议论。处士：居家未做官的士人。纯：专门，纯粹。虚声：与实际不符的声望。

⑭ 弘此远谟（mó）：弘扬朝廷征召处士这一意义深远的政策。弘，光大。谟，政策，策略。雪：洗刷。

【简析】

黄琼，字世英，江夏安陆（今属湖北省）人。汉顺帝永建年间

连环画《李固》封面（瞿谷寒绘）

（126），屡次辞谢征召的黄琼又被朝廷征聘，走到纶氏（今河南省登封市），忽然又托病不前。正在京城读书的友人李固，便写了此信劝勉他。黄琼见信后进京，官拜仪郎，后位至司空、太尉。

文章一反"天下有道则仕，无道则隐"的古训，先说自古以来，"善政少而乱俗多"，有为之人，应当挺身而出，不应托词清高，回避责任。然后从反面引樊、胡等人的行迹，揭露了"处士纯盗虚声"，于事无补的本质。最后，顺理成章地说出自己对黄琼扭转士风的厚望。

李固这篇文章的思想特色，就是"反弹琵琶"。应召出仕，固然可以洗刷"处士纯盗虚声"的恶名，但绝不止此。出仕，意在"辅政济民"，这才是根本。生逢乱世就隐居，如果人人如此，那乱世将无所底止，这于国于民是绝不能容忍的。因而，仁人志士，应该只问是否利国利民，别的均可置之度外，不做计较。

出 师 表
诸葛亮

臣亮言：先帝创业未半而中道崩殂，今天下三分，益州疲弊，此诚危急存亡之秋也①。然侍卫之臣不懈于内，忠志之士忘身于外者，盖追先帝之殊遇，欲报之于陛下也②。诚宜开张圣听，以光先帝遗德，恢弘志士之气；不宜妄自菲薄，引喻失义，以塞忠谏之路也③。

宫中府中，俱为一体；陟罚臧否，不宜异同④。若有作奸犯科及为忠善者，宜付有司，论其刑赏，以昭陛下平明之治；不宜偏私⑤，使内外异法也。

侍中、侍郎郭攸之、费祎、董允等，此皆良实，志虑忠纯，是以先帝简拔以遗陛下⑥。愚以为宫中之事，事无大小，悉以咨之，然后施行，必能裨补阙漏，有所广益⑦。

将军向宠，性行淑均，晓畅军事，试用于昔日，先帝称之曰"能"；是以众议举宠为督⑧。愚以为营中之事，悉以咨之，必能使行阵和睦，优劣得所也⑨。

亲贤臣，远小人，此先汉所以兴隆也；亲小人，远贤臣，此后汉所以倾颓也⑩。先帝在时，每与臣论此事，未尝不叹息痛恨于桓、灵也⑪。侍中、尚书、长史、参军，此悉贞良死节之臣也，愿陛下亲之信之，则汉室之隆，可计日而待也⑫。

臣本布衣，躬耕于南阳，苟全性命于乱世，不求闻达于诸侯⑬。先帝不以臣卑鄙，猥自枉屈，三顾臣于草庐之中，咨臣以当世之事，由是感激，遂许先帝以驱驰⑭。后值倾覆，受任于败军之际，奉命于危难之间，尔来二十有一年矣⑮。

先帝知臣谨慎，故临崩寄臣以大事也⑯。受命以来，夙夜忧叹，恐付托不效，以伤先帝之明，故五月渡泸，深入不毛⑰。今南方已定，兵甲已足，当奖帅三军，北定中原，庶竭驽钝，攘除奸凶，兴复汉室，还于旧都⑱。此臣之所以报先帝，而忠陛下之职分也⑲。至于斟酌损益⑳，进尽忠言，则攸之、祎、允之任也。

愿陛下托臣以讨贼兴复之效，不效则治臣之罪，以告先帝之

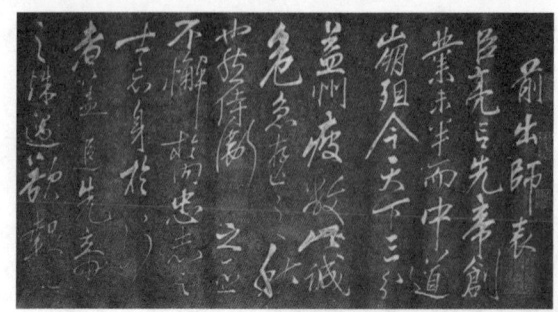

岳飞书《前出师表》
（局部）

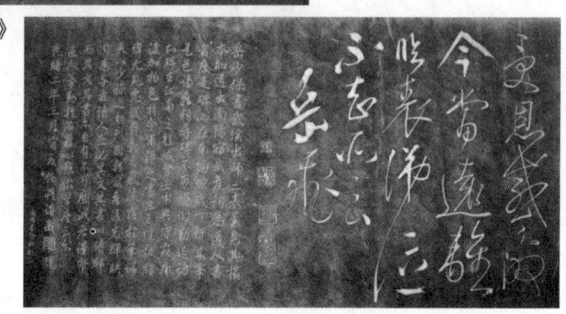

灵㉑。若无兴德之言，则责攸之、祎、允之慢，以彰其咎。㉒陛下亦宜自谋，以咨诹善道，察纳雅言，深追先帝遗诏，臣不胜受恩感激㉓。

今当远离，临表涕零，不知所言㉔。

【注释】

① 先帝：去世的皇帝，此指刘备。创业：指统一天下的大业。中道：中途，半道。崩殂（cú）：天子死亡称"崩"，又叫"殂"。益州：相当于今四川、重庆、贵州及陕西、云南部分地区，基本上是蜀汉的疆域。疲弊：困乏，指国力贫弱。秋：时，时候。

② 侍卫之臣：侍奉、保卫的官员。内：指宫廷。外：指宫廷以外的政府机构或战场。忘身：奋不顾身。追：追怀。殊遇：特殊的待遇。陛（bì）下：指后主刘禅。

③ 诚：的确，确实。宜：应该。开张圣听：扩大圣明的听闻，意思是广泛听取意见。开张，扩大。恢弘：振奋，扩大。妄自菲薄：过于看轻自己。妄，过分。菲薄，小看，轻视。引喻：称引、比喻，指说话。失义：不合大义。塞：阻塞。谏：劝谏。

④ 宫中：皇宫。府中：指丞相府。俱：通"具"，全、都。陟（zhì）罚：提升（奖励）与惩罚。臧否（zāngpǐ）：赞美和责备。异同：偏指"异"。

⑤ 作奸犯科：营私舞弊，违法乱纪。有司：有专职的官员。昭：显示。平明：公平和严明。偏私：偏袒，有私心。

⑥ 侍中、侍郎：皇帝的高级侍从官，可以出入宫廷。良实：贤良、诚实。志虑忠纯：志向思虑忠诚纯正。简拔：选拔。遗（wèi）：给予。

⑦ 悉以咨之：都拿来跟他们商量。悉，全部。咨，征询。裨（bì）补阙漏：弥补过失和不足。阙，同"缺"，疏漏。广益：增广好处。益，好处。

⑧ 性行（xíng）淑均：性情和善，品德端正。行，品行。淑，善。均，平和。晓畅：通晓。试用：任用。督：即中部督，禁卫军的统帅。

⑨ 营中之事：即军队里的事情。营，军营。行（háng）阵：行列，指军队。优劣得所：优劣各得其所。

⑩ 远（yuàn）：疏远。小人：这里指宦官。先汉：前汉，即西汉。后汉：东汉。倾颓：倾覆衰败。

⑪ 桓、灵：指东汉桓帝和灵帝，他们在位期间，宠任宦官，打击士大夫。痛恨：痛惜，遗憾。

⑫ 尚书、长史、参军：指陈震、张裔（yì）、蒋琬（wǎn）。悉：都、全部。贞良：坚贞可靠。死节：以死殉节，以死报国。隆：兴

盛。计日：计算着日子，指时日不远。

⑬ 布衣：平民的代称。躬耕：亲自耕种，借指隐居山林。南阳：郡名，在今河南省南阳市一带。苟全：苟且保全。闻（wèn）达：受人称誉、地位显达。

⑭ 卑鄙：指出身微贱。猥（wěi）：辱。自：亲自。枉屈：枉驾屈就。顾：探望。咨：咨问，请教。感激：有所感而情绪激动。许：应许，答应。驱驰：奔走效劳。

⑮ 值：遇到。倾覆：兵败。尔来：自那以来。有：通"又"。

⑯ 临崩寄臣以大事：指刘备临终托付诸葛亮辅佐刘禅之事。

⑰ 夙（sù）夜忧叹：早晚忧虑叹息。夙，早。效：有效果。伤：有损。明：英明。五月渡泸（lú）：指诸葛亮率军南征。泸，泸水，金沙江的一部分。不毛：人烟稀少的地方。

⑱ 兵甲：兵器和铠甲，泛指武器装备。奖帅：奖赏率领。中原：指曹魏占领的地区。庶：或可。竭：竭尽。驽钝（núdùn）：比喻才能平庸，是诸葛亮的自谦之词。驽，劣马；钝：笨刀。攘（rǎng）除：排除，铲除。还于旧都：指把蜀汉国都迁回东汉旧都洛阳。

⑲ 职分（fèn）：职责。

⑳ 斟酌（zhēnzhuó）损益：衡量政务得失，决定取舍增减。

㉑ 效：成效，功效。告：告慰。

㉒ 兴德：发扬陛下德行的忠言。慢：怠慢、疏忽，指不尽职。彰：表明，揭示。咎（jiù）：过失。

㉓ 自谋：自己认真考虑。咨诹（zōu）：征询。善道：治国的良策。察纳：识别、采纳。察，明察。雅言：正言，正确的言论、合理的意见。深追：深切追怀，有"遵循"之意。遗诏：指刘备的临终诏书。不胜受恩感激：受恩不尽，感激也不尽。

㉔ 临：面对。表：指此表文。涕零：落泪。不知所言：不知自

己都说了什么。指前面的话未必考虑得当。

【简析】

227年,诸葛亮驻军汉中(今属陕西省),准备北伐曹魏。临行时,他给蜀后主刘禅上表,即《出师表》。因后来还有一次出师上表,故此表又称《前出师表》。

这道表章,针对后主刘禅庸弱,就军国重事,诸凡用人、纳谏、赏罚、尚志、修身、远佞、亲贤种种,一一作了安排或提点,鼓励他奋发图强,广开言路,严明赏罚,亲贤远佞,修明内政,以重兴汉室。同时,也用相当篇幅表白自己的忠心,叙述自己出庐以来以兴复汉室为己任,兢兢业业的献身精神。

诸葛亮像

文章一字一句,都可见作者的一片苦心,肺腑之情,溢于言表,充分体现了诸葛武侯的忠贞气节。可惜的是,刘禅终究是"扶不起的阿斗",诸葛亮提点他的毛病,在他身上大多成为事实,最后只好扯了白旗投降。不过,诸葛亮的"鞠躬尽瘁,死而后已",是忠君,又何尝不是为民?为国为民,鞠躬尽瘁,正是诸葛亮的风格,也是后人应该效法的。

木 兰 诗
北朝民歌

唧唧复唧唧,木兰当户织①。不闻机杼声②,唯闻女叹息。问女何所思③?问女何所忆?女亦无所思,女亦无所忆。昨夜见军帖，可汗大点兵④。军书十二卷，卷卷有爷名⑤。阿爷无大儿，木兰无长兄，愿为市鞍马⑥，从此替爷征。

东市买骏马，西市买鞍鞯，南市买辔头⑦，北市买长鞭。朝辞爷娘去⑧，暮宿黄河边。不闻爷娘唤女声，但闻黄河流水鸣溅溅⑨。朝辞黄河去，暮宿黑山头。不闻爷娘唤女声，但闻燕山胡骑声啾啾⑩。

万里赴戎机⑪，关山度若飞。朔气传金柝，寒光照铁衣⑫。将军百战死，壮士十年归。

归来见天子，天子坐明堂⑬。策勋十二转，赏赐百千强⑭。可汗问所欲，"木兰不用尚书郎⑮，愿借明驼千里足，送儿还故乡。"

爷娘闻女来，出郭相扶将⑯；阿姊闻妹来，当户理红妆⑰；小弟闻姊来，磨刀霍霍向猪羊⑱。开我东阁门，坐我西阁床⑲。脱我战时袍，着我旧时裳。当窗理云鬓，对镜帖花黄⑳。出门看火伴，火伴皆惊忙㉑。"同行十二年㉒，不知木兰是女郎。"

雄兔脚扑朔，雌兔眼迷离㉓；双兔傍地走㉔，安能辨我是雄雌？

【注释】

① 唧唧（jī）：纺织机的声音。一说叹息声，意思是木兰无心织布，停机叹息。当（dāng）户：对着门，泛指在家中。

② 机杼（zhù）声：织布机发出的声音。杼，织布机的梭（suō）子。

③ 思：思念，惦记。

④ 军帖（tiě）：征兵的文书。可汗（kèhán）：古代北方部族对君主的称呼，这里指皇帝，即下文的"天子"。

⑤ 军书十二卷：征兵的名册有很多卷。十二，表示很多，并非确指。下文的"十二转""十二年"，用法与此相同。爷：与下文的

《木兰从军》连环画（王叔晖绘）

"阿爷"，均指父亲。

⑥ 市：买。鞍（ān）马：泛指马和马具。

⑦ 鞍鞯（jiān）：马鞍子下面的垫子。辔（pèi）头：马笼头。

⑧ 旦：早晨。与下一句的"旦"，一作"朝"。辞：辞别，离开。

⑨ 但闻：只听见。溅溅（jiān）：水流激射的声音。

⑩ 黑山头：胡骑（jì）：胡人的战马。啾啾（jiū）：马叫的声音。

⑪ 戎机：军事行动，指战争。赴戎机，即奔赴战场。

⑫ 朔（shuò）气：北方的寒气。金柝（tuò）：即刁斗，古代军用炊器，带柄的三脚锅，白天用来做饭，晚上用来打更。寒光：清冷的月光。铁衣：铠甲。

⑬ 天子：即上文的"可汗"，指皇上。明堂：明亮的厅堂，此处指宫殿。

⑭ 策勋十二转：记很大的功。策勋，记功。转，勋级每升一级叫一转，十二转为最高的勋级。赏赐百千强（qiáng）：赏赐很多的财物。百千，形容数量多。强，有余。

赤诚爱国　丹心为民 —— 247

⑮ 问所欲：问（木兰）想要什么。不用：不愿意做。

⑯ 郭：外城。扶将：扶持。将，助词。

⑰ 阿姊（zǐ）：姐姐。理：梳理。红妆（zhuāng）：指女子的装束。

⑱ 霍霍（huò）：磨刀疾速的样子。一说模拟磨刀的声音。

⑲ 阁：内室。这里指木兰的卧房。

⑳ 云鬓（bìn）：指女子的头发，形容头发漂亮柔软像云一样。帖（tiē）花黄：当时流行的一种妆饰，把金黄色的纸剪成星、月、花、鸟等形状贴在额上。帖，同"贴"。

㉑ 火伴：即伙伴。古代兵制，十人为一"火"，所以称同"火"的人为"火伴"。

㉒ 行：读 háng。

㉓ "雄兔"二句：据传提着兔子的耳朵悬在半空时，雄兔两只前脚时时动弹，雌兔两只眼睛时常眯着，所以容易辨认。扑朔，爬搔。迷离，眯着眼。

㉔ "双兔"二句：两只兔子一起在地上奔跑时，区别不出它们的雌雄。傍（bàng）地走：贴着地面并排跑。

舞蹈《木兰飘香》剧照

【简析】

《木兰诗》又称《木兰辞》，是一首北朝民歌。这首长诗写木兰女扮男装、代父从军的故事，塑造了一个善良、勇敢、坚毅、不图功名富贵、勇于自我牺牲的女英雄形象。

长诗顺序写来，层次分明。第一段，写木兰停杼叹息，引出问答；第二段，由问答引出木兰决定代父从军；第三段，写木兰准备出征和奔赴战场；第四段，概写木兰十来年的征战生活；第五段，写木兰还朝辞官；第六段，写木兰还乡与亲人团聚；第七段，用比喻作结。所述故事具有传奇特点，极富浪漫色彩。写作上详略安排颇具匠心，富有生活气息；以铺陈、排比、对偶、互文等手法描状人物情态，刻画人物心理，生动细致，从而使作品具有强烈的艺术感染力。

  木兰代父从军的故事，在我国几乎家喻户晓。许多文艺类型移植这个故事，说明木兰形象的经典特性。作为一个封建时代的女子，木兰在父亲年老体衰，无法应征和祖国召唤的双重考验面前，挺身而出，替父从军，体现了她对父母之爱与对祖国之忠；而这，也正是支持她十多年沙场出生入死的力量源泉。

  对父母孝顺，对国家忠诚，这是中华民族的优良传统，古已有之。缇萦舍身赎父的一片真情，曾令多少人为之落泪；苏武牧羊的故事，华夏子孙个个耳熟能详。他们之所以能够流传千古，经久不衰，就是因为他们内心怀有对家、对国的崇高的爱。《木兰诗》之所以成为千古绝唱，一方面源于它艺术上的杰出成就，另一方面则是诗中所体现的对父母、对祖国的无限爱心和献身精神。

茅屋为秋风所破歌
杜 甫

八月秋高风怒号，卷我屋上三重茅[①]。
茅飞渡江洒江郊，高者挂罥长林梢，下者飘转沉塘坳[②]。
南村群童欺我老无力，忍能对面为盗贼[③]。
公然抱茅入竹去，唇焦口燥呼不得[④]，归来倚杖自叹息。
俄顷风定云墨色，秋天漠漠向昏黑[⑤]。

杜甫茅屋故居（成都浣花溪畔）

布衾多年冷似铁，娇儿恶卧踏里裂⑥。
床头屋漏无干处，雨脚如麻未断绝⑦。
自经丧乱少睡眠，长夜沾湿何由彻⑧。
安得广厦千万间，大庇天下寒士俱欢颜⑨，风雨不动安如山！
呜呼！何时眼前突兀见此屋，吾庐独破受冻死亦足⑩！

【注释】

① 秋高：秋深。号（háo）：吼叫。三重（chóng）茅：多层茅草。三，泛指多。

② 挂罥（juàn）：挂着，挂住。罥，挂。长（cháng）：高。塘坳（ào）：低洼积水的地方（即池塘）。坳，水边低地。

③ 忍能对面为盗贼：竟然忍心当面做"贼"。忍能，忍心如此。为，做。

④ 入竹去：进入竹林。呼不得：喝止不住。

⑤ 俄顷：顷刻，不一会儿。漠漠：灰暗的样子。向：将近。黑：古音读hè。

⑥ 布衾（qīn）：布做的被子。衾，被子。恶卧：睡相不好。裂：使动用法，使……裂。

⑦ 雨脚如麻：形容雨点不间断，像下垂的麻线一样密集。雨脚，雨点。

⑧ 丧（sāng）乱：战乱，指安史之乱。沾湿：潮湿不干。何由彻：如何才能挨到天亮。彻，彻晓。

⑨ 安得：如何才能得到。广厦（shà）：宽敞的大屋。大庇（bì）：全部遮盖、掩护起来。庇，遮盖，掩护。寒士：泛指贫寒的士人。

⑩ 突兀（wù）：高耸的样子，这里用来形容广厦。见（xiàn）：通"现"，出现。庐：茅屋。足：值得。

【简析】

唐肃宗上元二年（761）的春天，杜甫求亲告友，在成都浣花溪边盖起了一座茅屋，总算有了一个栖身之所。不料到了八月，大风破屋，大雨又接踵而至。诗人长夜难眠，感慨万千，写下了这首脍炙人口的诗篇。诗歌由小及大，由近及远，体现了诗人爱国爱民的情怀。

"八月秋高风怒号"五句，在客观描写之中寄寓情意，让读者仿佛看见一个衣单体瘦的老人拄着拐杖，立在屋外，眼巴巴地望着怒吼的秋风把屋上的茅草一层又一层地卷起来，吹过江去，洒在江畔各处。"南村群童欺我老无力"五句，写"南村群童"抱走茅草，为下文埋下伏笔。"俄顷风定云墨色"八句，写屋破又遭连夜雨的苦况，也以"丧乱"隐约点出了时势。诗的最后十二句，诗人将自己的博大胸襟和崇高理想和盘托出，他脑海里翻腾的不仅是"吾庐独破"，而且是"天下寒士"的茅屋俱破，因而希望眼前现出"广厦千万间，大庇天下寒士俱欢颜"。

　　杜甫是一位忧国忧民的诗人，身处"丧乱"之世，自家生活的困苦，个人遭际的多舛，在当时诗人中也属仅见。但他时刻关注国家大事，并将自己的忧戚与国家的命运紧密联系。缘此，杜甫也才有了超越一般人的生命境界，这首诗，可谓这种境界的艺术体现。诗人之所以伟大，是因为他心里装着国家，装着人民；我们要活得高尚，也必须心里装着国家，装着人民。

咏　田　家
聂夷中

二月卖新丝，五月粜新谷①。
医得眼前疮，剜却心头肉②。
我愿君王心，化作光明烛。
不照绮罗筵，只照逃亡屋③。

【注释】

①"二月"二句：新丝，二月刚养蚕，却不得不预卖丝。新谷，五月新谷未登场，却不得不预售谷。粜（tiào），卖粮。

② 眼前疮（chuāng）：指眼前的困难、眼前的痛苦。剜（wān）却：挖掉。剜，挖；却，除去。

③ 绮（qǐ）罗筵（yán）：指富豪人家华美的筵席。绮罗，贵重的丝织品，这里指穿绫罗绸缎的人。筵，宴席。逃亡屋：贫苦农民无法生活，逃亡在外留下的空屋。

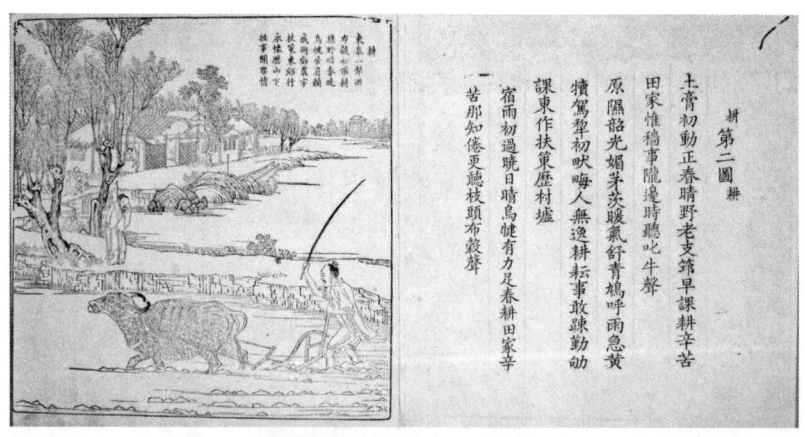

《耕织图》之一（宋·楼璹绘）

【简析】

唐朝末期，广大农民遭受的剥削十分惨重，以致颠沛流离、无以生存。聂夷中的《咏田家》，就是在这样的严酷背景下产生的，与李绅的《悯农二首》可谓前后辉映。

诗的开头四句，主要描写广大农村触目惊心的现实状况：蚕刚养，就卖丝；谷未登，卖青苗，广大农民无法生活，只好大批逃亡。青黄不接之时，贫苦农民迫于生计，为解燃眉之急，被迫抵押借贷。农民这种剜心割肉的无奈选择，深刻地反映了高利贷的残酷剥削。后面四句，诗人主动向最高统治者陈情，表达改良现实的愿望和设想，直抒胸臆，尽吐胸中块垒。"绮罗筵"和"逃往屋"，入木三分地揭示了农民剜心割肉的原因，深化了对社会现实的揭露，充溢着诗人对田家的同情和解救民瘼的抱负。

在中国封建社会，农民总是处于社会的底层，是受剥削压迫最重的一个群体，因此，许多文人作品都蕴含着对农民的同情。白居易、李绅、聂夷中等，都是这样的"惟歌生民病"（白居易《寄唐生》）的诗人。不仅唐朝，其他朝代也多有这样的文人。总之，对劳动人民悲惨生活的描写，是古代文人创作的一个重要领域，从中我们可以感受到他们那份忧国忧民的真情。

送宜黄何尉序
陆九渊

民甚宜其尉，甚不宜其令；吏甚宜其令，甚不宜其尉，是令、尉之贤否不难知也①。尉以是不善于其令，令以是不善于其尉，是令、尉之曲直不难知也②。东阳何君坦尉宜黄，与其令臧氏子不相善③，其贤否曲直，盖不难知者。夫二人之争，至于有司，有司不置白黑于其间，遂以俱罢④。县之士民，谓臧之罪不止于罢，而幸其去；谓何之过不至于罢，而惜其去⑤。臧贪而富，且自知得罪于民，式遄其归矣⑥；何廉而贫，无以振其行李，县之士民，哀其穷而为之橐囊以饯之，思其贤而为之歌诗以送之，何之归亦荣矣⑦！

比干剖心，恶来知政⑧；子胥鸱夷，宰嚭谋国⑨。爵刑舛施，德业倒植，若此者班班见于书传⑩。今有司所以处臧、何之贤否曲直者，虽未当乎人心，然揆之舛施、倒植之事，岂不远哉⑪？况其民心士论，有以慰荐扶持如此其盛者乎⑫？何君尚何憾！

鲁士师如柳下惠，楚令尹如子文，其平狱治理之善，当不可胜纪，三黜三已之间，其为曲直多矣⑬！而《语》《孟》所称，独在于遗逸不怨，厄穷不悯，仕无喜色，已无愠色⑭。况今天子重明丽正，光辉日新⑮。大臣如德星御阴辅阳，以却氛祲⑯。下邑一尉，悉力卫其民，以迕墨令，适用吏文，与令俱罢，是岂终遗逸厄穷而已者乎⑰？何君尚何憾！

虽然，何君誉处若此其盛者，臧氏子实为之也⑱。何君之志，

鹅湖之会雕塑

何君之学,遽可如是而已乎[19]?何君是举亦勇矣[20]!试率是勇以志乎道,进乎学,必居广居,立正位,行大道,使富贵不能淫,贫贱不能移,威武不能屈,此吾所望于何君者[21]。不然,何君固无憾,吾将有憾于何君矣!

【注释】

① 宜:适宜。意为赞赏、拥戴。尉:县尉,县里的副长官。令:县令。吏:下级僚属。否(pǐ):坏。

② 不善:不满意。曲直:是非。

③ 东阳:郡名,在今浙江省金华市,是何坦的郡望。宜黄:县名,即今江西省宜黄县。臧氏子:县令可能姓臧,也可能仅是贱称,《孟子·梁惠王下》中即用"臧氏之子"作贱称。不相善:关系不和。

④ 有司:有关部门,指上司。不置白黑:不分是非。罢:免职。

⑤ 幸:庆幸。去:离开。

⑥ 式遄(chuán):迅速。式,发语词,无义。遄,快,迅疾。

⑦ 振:整治。裹囊:充实行装。饯:用酒食送行。歌诗:吟诵

诗歌。荣：荣耀。

⑧ 比干：商纣王的叔父。剖心：传说比干因屡屡进谏，惹怒纣王，被剖心而死。恶来：商纣王的宠臣。知政：掌握大权。

⑨ 子胥：伍子胥，原是楚国人，为报杀父之仇，助吴王灭楚，后因反对吴王与越国议和，被吴王夫差赐死。鸱（chī）夷：皮袋。伍子胥死后，尸体被装入皮袋投于江中。宰嚭（pǐ）：吴国太宰伯嚭，善于逢迎，深得吴王宠信。谋国：主持国政。

⑩ 爵刑：赏罚。舛（chuǎn）施：滥用。舛，错。德业：德行和功业。倒植：是非颠倒。班班：历历，形容清晰、明显。书传：历史。

⑪ 处：处置，对待。当（dàng）：符合。揆（kuí）：比较。岂不远哉：意为两者之间有本质不同。

⑫ 慰荐：同情，安慰。扶持：帮助，鼓励。

⑬ 士师：古代掌刑狱的官。柳下惠：鲁国大夫。令尹：楚国官职，相当于宰相。子文：名斗谷於菟，楚国大夫，曾任令尹。平狱：审理案件。不可胜纪：数不胜数。三黜三已：柳下惠和令尹子文都曾三次被罢官免职。其为曲直：其中不公平的地方。（参见《美德故事》）

⑭ 《语》《孟》：《论语》《孟子》。称：称赞。《论语》和《孟子》中都有称赞柳下惠和令尹子文的话。遗逸：被遗弃。厄穷：困顿潦倒。悯：忧伤。愠（yùn）：怒。

⑮ 重明丽正：光明不绝，合乎正道。日新：长盛不衰。

⑯ 德星：古人以景星、岁星为德星，它们的出现预示国中有贤人涌现。御阴辅阳：居官辅政。却：抵御、消除。氛祲（jìn）：妖气，邪气。祲，不祥之气。

⑰ 悉力：尽力。迕（wǔ），违背，触犯。墨令：贪赃枉法的县

令。适用：碰巧援用。吏文：管理官吏的条文。终遗逸厄穷：永不录用。

⑱ 誉处：意为声誉、名望。实为之：实际造成的。

⑲ 遽（jù）：岂，难道。如是而已：这样就满足了。已，止。

⑳ 是举：这样的举动，指为百姓而与县令相争。

㉑ 率：按照、发扬。志：追求。进：努力。广居：喻仁。正位：喻礼。大道：喻义。淫：扰乱，动摇。望：期望。

【简析】

陆九渊的朋友何坦任宜黄县尉时，为了维护县民的利益，与县令发生冲突，向上申诉，居然与县令一同被罢免。离任之前，陆九渊为他写了这篇序文。

文章从何坦的离任原因开始，通过何坦与县令的多方面对比，以民心向背证明何坦的去职正是他人格上的胜利和光荣，同时又以历史上的众多贤人被斥安慰何坦的不幸。最后则更进一步，勉励何坦坚守素志，修身养学。

陆九渊像

全文观点鲜明，立论雄辩，层次分明，推理严密，不仅体现出道义上的正大闳阔，也表现出论述上的坚实精微，而其文笔矫健，气韵沉郁，正可使人体会到这位理学大师的成就并不仅在其思想的深刻和理论的精奥。

渔家傲·秋思

范仲淹

塞下秋来风景异,衡阳雁去无留意①。四面边声连角起,千嶂里,长烟落日孤城闭②。　浊酒一杯家万里,燕然未勒归无计③。羌管悠悠霜满地④,人不寐,将军白发征夫泪!

【注释】

① 塞下:边界要塞之地,这里指西北边疆。衡阳:湖南衡阳境内有衡山,衡山有回雁峰,俗传北雁南飞至此而回。

② 角:军中号角。连:和着。嶂(zhàng):高峻的山峰。长烟:指飘浮缭绕的烟气、暮霭。

③ 燕然:燕然山,即今蒙古国境内杭爱山。《后汉书·窦宪传》载:"东汉窦宪大败匈奴,追北单于至燕然山,刻石纪功而还。"勒:指刻石记功。

④ 羌管:羌笛。

《渔家傲·秋思》意象

【简析】

这首词为军中感怀之作,是范仲淹任陕西经略使兼知延州时所作。上片写景，下片抒情。词作表现了渴望建功立业的愿望以及炽烈的爱国主义感情；艺术上写景善抓特点，感情上则含蓄跌宕。以边塞生活入词是范仲淹的创举，开豪放派之先声。末句显得"苍凉悲壮，慷慨生哀"，为后人所称赏。

书　愤

陆　游

早岁那知世事艰①，中原北望气如山②；
楼船夜雪瓜洲渡③，铁马秋风大散关④。
塞上长城空自许⑤，镜中衰鬓已先斑⑥。
出师一表真名世⑦，千载谁堪伯仲间⑧！

【注释】

① 早岁：早年，年轻时。世事艰：指坚决抗金、收复失地的主张，受到投降派的阻挠、破坏，困难重重。

② 中原北望："北望中原"的倒文。气如山：收复失地的战斗意志像大山一样坚定。

③ 楼船：高大的战船。瓜洲：即瓜洲镇，在今江苏省扬州市邗（hán）江区南长江边，与镇江斜相对峙，是江防要地。此句是隐指宋高宗绍兴三十一年（1161）十一月，金主完颜亮南侵，宋将刘锜、虞允文等在瓜洲、采石一带拒守。结果，完颜亮为部下所杀，金兵溃退。

④ 铁马：披着铁甲的战马。大散关：在今陕西省宝鸡市西南，是当时宋金的西部边界。此句指乾道八年（1172）陆游在南郑军中与王炎积极筹划进兵长安，曾强渡渭水，与金兵在大散关发生遭遇战。

陆游《书愤》诗意

⑤ 塞上长城空自许：意为作者徒然地自许为"塞上长城"。塞上长城，比喻能守边的将领。许，期待。

⑥ 衰鬓：年老而疏白的头发。斑：指黑发中夹杂了白发。

⑦ 出师一表：指诸葛亮的《出师表》。名世：名传后世。

⑧ 堪：可以。伯仲间：不相上下。伯仲，原指兄弟间的次第，这里比喻人物不相上下、难分高低。

[简析]

此诗是陆游在家乡山阴时所作。当时陆游年逾花甲，被黜罢官已经六年。时不我待的年龄，挂着空衔蛰居在故乡，想到山河破碎、中原未复，郁愤之情喷薄而出，写下了这首书写愤激之情的诗。

诗作采取年华对比的手法，青壮年时期的回忆与年华老去的现实各占一半篇幅。前四句写往年，说自己豪气干云，亲身投入战斗行列,写得气宇轩昂,铿锵有力。"楼船"两句全用名词组成,饱含着浓厚的边地气氛和高昂的战斗情绪,恢宏广阔,老健遒劲。后四句写现在,抒发壮心未遂、时光虚掷、功业难成的悲愤之气,但悲愤而不感伤颓废。末尾以诸葛亮自比,不满和悲叹之情交织,展现了诗人复杂的内心世界。全诗刻画了一个有志于恢复中原而又报国无门、老当益壮、时刻不忘为国立功的爱国诗人形象。

爱国,在不同的人身上会得到不同的诠释,屈原投江是爱国,子产不畏人言实行改革是爱国,杜甫书写"诗史"也是爱国。爱国,体现在日常生活的一行一言中,不一定要抛头颅、洒热血,也不一定要九天揽月、五洋捉鳖,只要言谈举止符合中华民族源远流长的爱国精神,就是一个当之无愧的爱国者。

示 儿
陆 游

死去元知万事空①,但悲不见九州同②。
王师北定中原日③,家祭无忘告乃翁④。

【注释】

① 元知:原本就知道。元,通"原",本来。万事空:什么也没有了。

② 但:只。九州同:指全国统一。同,统一。

③ 王师:指南宋朝廷的军队。北定:平定北方。中原:指淮河以北被金人侵占的地区。

④ 家祭:祭祀家中先人。乃翁:你们的父亲,陆游自称。

陆游祠

【简析】

《示儿》是陆游的绝笔诗，写于宋宁宗嘉定三年（1210）。此时陆游已经85岁，一病不起，自知时日无多，于是写了这首诗给儿子。"示儿"，即写给儿子看。

诗歌前两句总结生平，高度概括，记事而近乎说理。"万事空"与盼望"九州同"看似矛盾，其实正表明了陆游对待个人与国家的不同态度——个人遭际无关紧要，国家统一才最为挂心。后两句可谓诗人的临终遗嘱，希望恢复中原、国家统一之日，自己能及时得知消息，在九泉之下获得心灵的慰藉，分享胜利的喜悦。这也说明，陆游对自己毕生为之奋斗的事业，到生命的最后时刻仍然保有坚定的信念。

这首绝笔诗凝聚着陆游毕生的心事，但全诗没有一字谈及私事。诗歌总结了作者一生的政治抱负，表现了高度的爱国精神，至真至诚的爱国情怀浸透全诗，可谓爱国情怀的千古绝唱。后世的人们，每当遇到外敌入侵的时候，就会情不自禁地想到这首诗，吟诵这首诗，激发自己的爱国情怀，并投身民族解放、国家统一的斗争之中。

菩萨蛮·书江西造口壁
辛弃疾

郁孤台下清江水，中间多少行人泪①？西北望长安，可怜无数山②！　青山遮不住，毕竟东流去③。江晚正愁余，山深闻鹧鸪④。

【注释】

① 郁孤台：在今江西省赣州市西南贺兰山，赣江流经台下。清江：赣江与袁江合流处旧称清江。行人：指逃难之人。

② 长安：汉、唐都城，后用以代指都城。这里指沦陷的北宋都城汴梁（今河南省开封市）。可怜：可惜。

③ "青山"二句：青山虽能遮挡人的视线，却不能阻挡滔滔的江水。暗指力主抗金的潮流不可阻挡。

辛弃疾雕像

④ 愁余：使我感到忧愁。余，一作"予"。鹧鸪（zhègū）：传说其叫声如"行不得也哥哥"，异常凄苦。

【简析】

宋孝宗淳熙三年（1176），辛弃疾任江西提点刑狱驻节赣州，经过造口（今江西省万安县西南）时写下了这首词。

词作抒写家国兴亡之悲。词中先回顾过去，次抒写现实，再进行展望，满眼悲痛凄切；中间虽有超脱之语，结尾又陷入迷惘。全词意象简单，却情感复杂，一唱三叹，爱国爱民的"忠愤之气，拂拂指间"（卓人越《词统》）。

水调歌头·送章德茂大卿使虏
陈 亮

不见南师久，漫说北群空①。当场只手，毕竟还我万夫雄②。自笑堂堂汉使，得似洋洋河水，依旧只流东③？且复穹庐拜，会向藁街逢④。　尧之都，舜之壤，禹之封⑤。于中应有，一个半个耻臣戎⑥。万里腥膻如许，千古英灵安在，磅薄几时通⑦？胡运何须问，赫日自当中⑧！

【注释】

① 南师：南宋军队。北群空：韩愈《送温处士赴河阳军序》："伯乐一过冀北之野，而马群遂空。"比喻没有人才。

② 当场只手：当场大事，只手可了。只手，独自一人。毕竟还我万夫雄：毕竟我还是万夫之雄。我，指章德茂。

③ 自笑堂堂汉使，得似洋洋河水，依旧只流东：我们汉使哪肯

宋使使虏图

年年去朝见金廷。自笑,自我嘲笑。得似,岂得似,岂能像。

④ 且复穹(qióng)庐拜,会像藁(gǎo)街逢:且去再拜你一拜,将来必定抓你到藁街来。穹庐,圆顶毡房,这里借指金廷。藁街,长安城里外邦使臣所居街名。《汉书·陈汤传》载,陈汤发兵袭杀北匈奴郅支单于,奏请"悬头蒿街夷邸间"。这里指南宋都城。

⑤ "尧之都"三句:指中原地区,尧、舜、禹的故都。意为这里原本就是我们祖先居住的地方。封,疆域。

⑥ 于中:在其中,意指沦陷区的人。耻臣戎:指以投降敌人为耻辱的爱国志士。戎,指戎狄,这里指金人。

⑦ 腥膻(xīngshān):代指金人。如许:如此的意思。磅薄:即磅礴,这里指浩然的气势。

⑧ 胡运:指金国的命运。赫日自当中:宋王朝的国运如赤日之在中天,前途光明。赫,光明的样子。

【简析】

陈亮塑像

淳熙十二年（1185）十二月，宋孝宗命章森（字德茂）出使金朝，祝贺金世宗完颜雍的生辰，陈亮作此词为其送行。

当时，南宋与金处于和平状态，每年元旦和双方君主生辰，按例要互派使节祝贺。虽貌似对等，但金使到宋，敬若上宾；宋使在金，多受歧视。故南宋有志之士，对此极为恼火。这首词就反映了这种情绪。

陈亮是南宋爱国词人，一生力主抗金，议论慷慨。故而对出使金朝这种耻辱性的事件，他也能开掘新意，写得气势磅礴，令人振奋。词中，作者勉励朋友隐忍一时，放眼将来，发扬民族正气，坚定必胜信念。词作表达了不甘屈辱的正气和誓雪国耻的豪情，充满了民族自豪感和自信心。

从消极事件中发现积极意义，可谓此词的突出特色。吟诗填词如此，为人处世，亦应如此。

西江月·贺词
刘 过

堂上谋臣尊俎①，边头将士干戈。天时地利与人和，问燕可伐欤？曰可②。　今日楼台鼎鼐，明年带砺山河③。大家齐唱《大风歌》④，不日四方来贺。

【注释】

① 尊俎（zǔ）：同樽俎，盛酒和盛肉的器具。刘向《新序》："不出于尊俎之间，而知千里之外。"指谋臣可在内出谋划策，决定战争胜负。

② "天时"句：《孟子·公孙丑下》："天时不如地利，地利不如人和。"这句是说，南宋已具有天时、地利、人和的条件。"问燕可"二句：《孟子·公孙丑下》："沈同以其私问曰：'燕可伐欤？'孟子曰：'可。'"这里以燕代指金，运用成语，自问自答，表示伐金之议可行。

刘过像

③ 鼎鼐（dǐngnài）：均为炊器。古时把宰相治国比喻为在鼎鼐中调和五味，因以鼎鼐喻宰相。鼐，大鼎。带砺（lì）山河：这里指得到封爵。

④《大风歌》：汉高祖扫平四海、统一天下之后，以家乡少年120人伴倡，齐声高唱自己所作的《大风歌》。

【简析】

宋宁宗嘉泰四年（1204），宰相韩侂胄定议伐金，以便建功固宠。当时，南宋国用未足，军备松弛，人心未集，其实不具备伐金条件。但在主和派长期把持朝政，抗战派军民长期受压制之时，这一动议确实起到了振奋民心的作用，因而受到朝中抗战派人士和全国军民的响应。刘过（号龙洲道人）的这首词，就是当年为祝贺韩侂胄生日而写的。

词的上片，写北伐的有利条件，谋臣、将士、天时、地利、人和，一一具备，因此"燕可伐与？曰可"。下片是展望，有祝捷之意，表达了爱国军民企盼北伐胜利的共同心声。词作在贺寿中融进了词人的爱国热情，典故运用自然贴切，语言流利洒脱，体现了豪放词慷慨激昂、酣畅淋漓的风格。

俗话说："气可鼓，不可泄。"国事如此，家事亦然；大事如此，小事亦然。读读辛弃疾、陈同甫（陈亮字同甫）的壮词，定会鼓起我们的壮志豪情。

咏 煤 炭

于 谦

凿开混沌得乌金①，藏蓄阳和意最深②。
爇火燃回春浩浩③，洪炉照破夜沉沉④。
鼎彝元赖生成力⑤，铁石犹存死后心。
但愿苍生俱饱暖⑥，不辞辛苦出山林。

【注释】

① 混沌（dùn）：原指天地形成以前的原始状态。这里指未开发的煤矿。乌金：指煤炭，因黑而有光泽，故名。

② 藏蓄阳和：是说煤炭蕴藏着阳光般的温暖。阳和，阳光暖和。

③ 爇（jué）火：小火，火把。浩浩：广大无际的样子。

④ 洪炉：大火炉。

⑤ 鼎彝（yí）：原是古代的饮食用具，后专指帝王宗庙祭器，引申为国家、朝廷。这里兼含两义。鼎，炊具；彝，酒器。元：通"原"，本来。赖：依靠。生成力：煤炭燃烧生成的力量。

⑥ 苍生：百姓。

乾隆南巡凭吊于谦墓时题匾"丹心抗节"

【简析】

这是一首咏物诗，以物拟人，托物言志，抒发了献身国家百姓的博大胸怀。

诗作前两句写煤炭所蕴藏的能量，亦即人的才智；中间四句写煤炭对人类的贡献，亦即作者立身处世的宗旨；末二句写煤炭的志向，亦即诗人的抱负。全诗八句，句句比喻，语语双关，物性和人格凝结为一体，吟咏煤炭本性和功用的同时，表达了诗人为国为民甘愿赴汤蹈火的自我牺牲精神。

于谦的这首《咏煤炭》，与郭沫若的《炉中煤》对比来读，或许会给我们很多启发——关于人生意义的，关于诗歌艺术的。

潍县署中画竹呈年伯包大中丞括

郑 燮

衙斋卧听萧萧竹①，疑是民间疾苦声。
些小吾曹州县吏②，一枝一叶总关情③。

【注释】

① 衙（yá）斋：官衙中的书斋。萧萧：风吹的声音。

② 些小：指官职低微。吾曹：我们。
③ 关情：关心，指把民间疾苦放在心上。

【简析】

这首诗又名"墨竹图题诗"，是郑燮担任山东潍县（今属潍坊市）知县时赠给包大中丞括的，是一首题画诗。包括，康熙时进士，乾隆间曾任山东布政使，署理巡抚，故称"中丞"；他是郑燮父辈的同年，故称"年伯"。

在这首诗里，诗人采用托物取喻的手法，通过夜里在县衙所闻之声，联想到百姓的疾苦，表示不论官职大小，都要时时把百姓放在心上。后边两句，既是自勉，也蕴含了对包含包括在内的"州县吏"的讽勉。

郑板桥禀性耿直，志行高洁，尽管只做了数年"芝麻官"，但为官清正，力矫时弊，颇得百姓拥戴。可见，处世，不妨学学郑板桥的为人；从政，不妨学学郑板桥的为官。

安徽濮阳范县县署复原图

己亥杂诗（选三）

龚自珍

五

浩荡离愁白日斜①，吟鞭东指即天涯②。
落红不是无情物③，化作春泥更护花④。

八三

只筹一缆十夫多⑤，细算千艘渡此河⑥。
我亦曾糜太仓粟⑦，夜闻邪许泪滂沱⑧。

二二〇

九州生气恃风雷⑨，万马齐喑究可哀⑩。
我劝天公重抖擞⑪，不拘一格降人材⑫。

【注释】

① 浩荡离愁：离别京师的愁思浩如波涛，也指作者心潮不平、浩荡无限。斜：读 xiá。

② 吟鞭：诗人所持的马鞭。即：到。天涯：指距离遥远。

③ 落红：落花。诗人以落花自比。

④ 春泥：春天的泥土。

⑤ 筹：筹措，谋划。缆：系船的缆绳。一缆，这里指"一条船"。这句是说：为了筹措一船粮食的运输，就需要十个纤夫之多。

⑥ 河：指运河。这首诗写在清江浦（今江苏省清江）。清江浦在

大运河沿岸,自古是水陆交通要道。

⑦ 糜（mí）：消耗。太仓：封建王朝在京城的粮仓。

⑧ 邪许（yéhǔ）：象声词,纤夫的号子声。泪滂沱（pāngtuó）：形容泪流如雨的样子。

⑨ 生气：生气勃勃的局面。恃（shì）：依靠。

⑩ 万马齐喑（yīn）：比喻社会毫无生气。喑,沉默,不说话。

⑪ 天公：造物主。抖擞：振作,奋发。重（chóng）：再。

⑫ 降：降生,降临。

【简析】

清道光十九年（1839）,龚自珍辞官离开京师南归,不久再次北上迎接家属,往返途中写成一组短诗,共计315首,总题"己亥杂诗"。

《己亥杂诗》之五,以落花自喻身世,表现了崇高的献身精神。首句言愁,诗人心中的离愁,如同江海浩荡,无尽无涯。第二句写诗人离开京城,挥鞭东下,奔赴海角天涯。后两句,诗人写落花化成春天的泥土,还要去滋养未来的花朵,去孕育五彩缤纷的春天。无疑,这落花的奉献精神,也是诗人自己志趣的写照。

《己亥杂诗》之八三,表现有良知的士大夫,面对劳苦民众而产生的负罪感。前两句即景写心,目睹眼前的景象,诗人不由得盘算起来：一艘粮船要十个纤夫,上千艘该要多少啊？不算不知道,一算吓一跳,真是惊心动魄。接着两句,诗人想到自己也是"太仓粟"的消耗者,夜里运河行船,听到纤夫的号子声,不由得泪如雨下。

《己亥杂诗》之二二〇,是组诗中最为著名的一首。前两句从理想的角度倒推,写当时社会的死气沉沉,因此而需要"风雷"激荡。"风雷"(剧烈的变革)何来?来自具有新思想的人才,于是诗人呼出了传世名句:"我劝天公重抖擞,不拘一格降人才。"诗歌表达了诗人对新人涌现、变革社会的强烈期望,感情炽烈。

龚自珍塑像

诚如前述,《己亥杂诗》因旅途见闻而起,其中的诗作,也就旅途所见所思生发开来。这里所选的三首诗,前一首写旅行本身及所思,展示了诗人的行踪和心志;中间一首写旅途所见及所感,反映了诗人对劳动大众的同情和关切。后一首视野投向整个社会现实,发出变革的强烈呼喊。三首诗,均体现了诗人挂念国计民生的心怀,也不免让我们联系到杜甫的爱国爱民之情。关心国计民生,这样的士大夫,良心仍在,值得称扬。

教我如何不想她
刘半农

天上飘着些微云,
地上吹着些微风。
啊!
微风吹动了我头发,

教我如何不想她？

月光恋爱着海洋，
海洋恋爱着月光。
啊！
这般蜜也似的银夜，
教我如何不想她？

水面落花慢慢流，
水底鱼儿慢慢游。
啊！
燕子你说些什么话？
教我如何不想她？

枯树在冷风里摇，
野火在暮色中烧。
啊！
西天还有些儿残霞，
教我如何不想她？

【简析】

　　刘半农的这首诗，由赵元任谱曲，广为传唱，为人熟知。其实，这首诗并非如一般所理解的，是情诗，而是诗人远在海外，思念故土、眷恋祖国之情的真切流露——诗里的"她"，是指祖国母亲。

　　诗的第一节，以微风、微云起兴，暗寓了一种淡淡的思乡之情。第二节，通过对月光与海洋难舍难分的拟人化描述，将内心眷恋祖国的缠绵思绪予以表达。第三节，以水上浮花、河底游鱼两组意象，写出了飘忽不定、孤苦无告的游子情状，而诗人连传递家乡信息的燕子的言语也没有听清楚，更加深了背井离乡的失落感。最后一节写景写物，烘托氛围，把游子心底思乡的苦闷和焦灼揭示无遗。

近代以来，无数中华儿女负笈海外，求学求真。这些海外游子身在异国他乡，却时刻眷恋故土，魂牵梦萦，从未释怀。刘半农的这首诗，就含蓄而真切地抒写了这种情感。祖国，从来都是海外游子的根，是落叶所归之处；相反，忘记了自己的祖国，那人也就必然成为无根的飘蓬。当然，把这首诗理解成情诗，也未尝不可，同样优美传神。

《教我如何不想他》歌谱　　　　　　　刘半农像

炉 中 煤
——眷念祖国的情绪

郭沫若

啊，我年青的女郎！
我不辜负你的殷勤，
你也不要辜负了我的思量。
我为我心爱的人儿
燃到了这般模样！

啊，我年青的女郎！
你该知道了我的前身？
你该不嫌我黑奴卤莽？
要我这黑奴底胸中，
才有火一样的心肠。

啊，我年青的女郎！
我想我的前身
原本是有用的栋梁，
我活埋在地底多年，
到今朝才得重见天光。

啊，我年青的女郎！
我自从重见天光，
我常常思念我的故乡，

我为我心爱的人儿
燃到了这般模样!

【简析】

这首诗作于1920年初,正值"五四"之后。那时,尽管诗人远在日本,但是时代的精神无时无刻不在激励着他,对祖国的热爱和眷恋无时无刻不在他心中激荡。这首诗,正是诗人这种情愫的凝聚和喷发。

诗中把"我"比作炉中燃烧的"煤",把祖国比作"年青的女郎""心爱的人儿",借"煤"在炉中燃烧起兴,抒发对"年青的女郎"的爱恋情愫,倾诉对祖国的无限眷念之情。诗人抓住"煤"的特点,以物喻人,把人的情感寓于"煤"的形象之中。"煤"乌黑平凡,但是,"要我这黑奴底胸中／才有火一样的心肠","我为我心爱的人儿／燃到了这般模样",把赤子对祖国的深情淋漓尽致地抒发了出来。

把祖国比作"爱人",向来都是诗人抒发情怀的取径,多情才子的郭沫若自不能外。也唯有比祖国于爱人,才便于巧妙生发,披肝沥胆,婉转多姿,穷情尽致。现实中,虽然祖国之爱不同于爱人之爱,但同样是人世间最为炽烈而持久的爱恋之情。我们应该把这种情感深深地珍藏在心底,体现于行动,使祖国母亲这"年青的女郎""心爱的人儿",更加靓丽,更加迷人。

诗人郭沫若

沁园春·雪

毛泽东

北国风光①，千里冰封，万里雪飘。望长城内外，惟余莽莽；大河上下②，顿失滔滔。山舞银蛇，原驰蜡象③，欲与天公试比高。须晴日，看红装素裹④，分外妖娆。　江山如此多娇，引无数英雄竞折腰⑤。惜秦皇汉武，略输文采⑥；唐宗宋祖，稍逊风骚⑦。一代天骄⑧，成吉思汗，只识弯弓射大雕。俱往矣，数风流人物⑨，还看今朝。

【注释】

① 北国：祖国的北方。

② 惟余：只剩下。莽莽：茫茫，这里指一片白茫茫。大河：指黄河。

③ 山舞银蛇，原驰蜡象：群山好像（一条条）银蛇在舞动，高原（上的丘陵）好像（许多）白象在奔跑。原，指高原，即秦晋高原。蜡象，白色的象。

④ 须：待，等。红装素裹：本指妇女的装束，这里指红日与白雪交相辉映的壮丽景色。

⑤ 竞折腰：纷纷折腰。折腰，弯腰行礼，引申为倾倒、钦佩。这里是说争着为江山奔波操劳。

⑥ 略输：稍差。文采：文章风采。与下文"风骚"，互文见意。

⑦ 风骚：本指《诗经》里的《国风》和《楚辞》里的《离骚》，后来泛指文章辞藻。

⑧ 一代天骄：指称雄一世的英雄人物。天骄，"天之骄子"的省

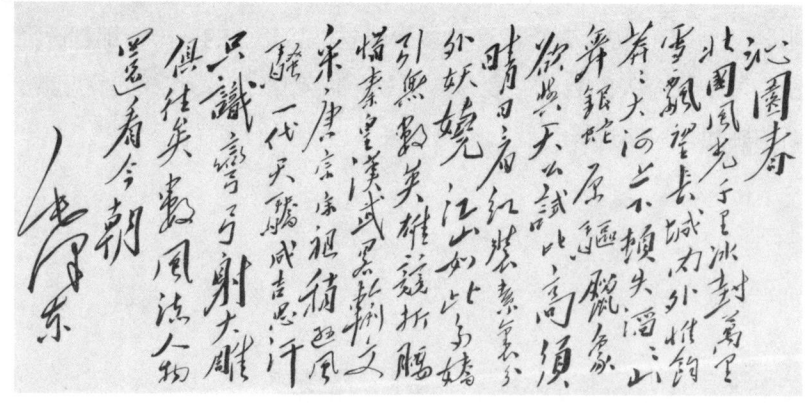

毛泽东《沁园春·雪》手迹

略,意指上天所骄纵宠爱的人。

⑨ 俱往矣:都过去了。俱,都。数(shǔ):数得着、看得上。风流人物:本义指举止潇洒、富有才华的人,这里指能文能武的杰出英雄。

【简析】

这首词作于1936年2月,正是红军由陕北渡河东征、出师抗日期间。作者在1945年10月7日给柳亚子的信中说,此词作于"初到陕北看见大雪时"。词作以咏雪起兴,赞美祖国的江山,评论史上的人物,歌颂祖国的今天与未来,气势磅礴,堪称绝唱。

词的上阕写北方雪景,结合长城、黄河、高原来写,视野开阔,景象雄伟,描绘出了一幅动静结合、气势宏大的壮丽画卷。词人笔下,尺幅千里,洪钟大吕,迥非凡响。下阕以"江山如此多娇,引无数英雄竞折腰"过渡,引出对历史人物的议论和词人心怀的抒发。山河壮丽,地灵人杰,历代豪杰的登场自然而然,古今英豪的比较也在意中。词的最后几句,一笔带过古人,热烈歌颂今朝英雄,洋溢着豪迈的气概,也抒发了词人的伟大抱负和胸怀。

历史的车轮滚滚向前,不管我们过去有着怎样出色的"四大发明",也不管历史上曾经出现过多少建立丰功伟业的英雄,那都已经成为过去。今天的我们,要从零开始,以新的姿态、新的面貌迎接新的挑战。只有这样,我们祖国的未来才会更加美好。

七 子 之 歌
闻一多

邶有七子之母不安其室。七子自怨自艾,冀以回其母心。诗人作《凯风》以慰之①。吾国自《尼布楚条约》迄旅大之租让,先后丧失之土地,失养于祖国,受虐于异类,臆其悲哀之情②,盖有甚于《凯风》之七子。因择其中与中华关系最亲切者七地,为作歌各一章,以抒其孤苦亡告③,眷怀祖国之哀忱,亦以励国人之奋斗云尔。国疆崩丧,积日既久,国人视之漠然。不见夫法兰西之 Alsace-Lorraine 耶④?"精诚所至,金石能开。"诚如斯⑤,中华"七子"之归来,其在旦夕乎!

容韵琳演唱《七子之歌》

澳 门

你可知"妈港"不是我的真名姓?
我离开你的襁褓太久了⑥,母亲!
但是他们掳去的是我的肉体⑦,
你依然保管着我内心的灵魂。
三百年来梦寐不忘的生母啊⑧!
请叫儿的乳名,叫我一声"澳门"!
母亲!我要回来,母亲!

香 港

我好比凤阁阶前守夜的黄豹[9]，
母亲呀，我身分虽微，地位险要。
如今狞恶的海狮扑在我身上[10]，
啖着我的骨肉，咽着我的脂膏[11]；
母亲呀，我哭泣号啕，呼你不应。
母亲呀，快让我躲入你的怀抱！
母亲！我要回来，母亲！

台 湾

我们是东海捧出的珍珠一串，
琉球是我的群弟我就是台湾[12]。
我胸中还氤氲着郑氏的英魂[13]，
精忠的赤血点染了我的家传[14]。
母亲，酷炎的夏日要晒死我了；
赐我个号令，我还能背城一战。
母亲！我要回来，母亲！

威海卫

再让我看守着中华最古的海，
这边岸上原有圣人的丘陵在[15]。
母亲，莫忘了我是防海的健将，
我有一座刘公岛作我的盾牌[16]。
快救我回来呀，时期已经到了。
我背后葬的尽是圣人的遗骸[17]！

母亲！我要回来，母亲！

广州湾

东海和广州是我的一双管钥[18]，
我是神州后门上的一把铁锁。
你为什么把我借给一个盗贼？
母亲呀，你千万不该抛弃了我！
母亲，让我快回到你的膝前来，
我要紧紧地拥抱着你的脚踝[19]。
母亲！我要回来，母亲！

九龙

我的胞兄香港在诉他的苦痛，
母亲呀，可记得你的幼女九龙？
自从我下嫁给那镇海的魔王，
我何曾有一天不在泪涛汹涌！
母亲，我天天数着归宁的吉日[20]，
我只怕希望要变作一场空梦。
母亲！我要回来，母亲！

旅顺，大连

我们是旅顺，大连，孪生的兄弟。
我们的命运应该如何的比拟？
两个强邻将我来回的蹴蹋[21]，
我们是暴徒脚下的两团烂泥。
母亲，归期到了，快领我们回来。

你不知道儿们如何的想念你!

母亲!我们要回来,母亲!

【注释】

① 《凯风》是《诗经·邶(bèi)风》中的一篇,写一位母亲辛勤劳作,尽管有七个儿子,却"莫慰我心"。室:家庭。冀:希望。愍(mǐn):同"悯",怜惜。

② 迄(qì):到。失养:失去养育。臆(yì):臆度,推测。

③ 亡(wú)告:无可告诉。亡,通"无"。

④ Alsace-Lorraine:阿尔萨斯和洛林,位于法国东部,普法战争中割让给德国,《凡尔赛和约》后归还。

⑤ 诚如斯:如果真是这样。诚,真的,确实。斯,此,这。

"中华七子",指当时被列强霸占的七块土地:香港、澳门、台湾、九龙、威海卫、广州湾(今广东省湛江市旧称)和旅大(旅顺、大连)。"七子"被霸占和收回,大略如下。

1553年,明朝中叶,葡萄牙人以"晾晒货物"为由在澳门上岸,从广东地方官手中以每年500两白银取得澳门居住权;1573年,葡萄牙人将500两白银改交明朝政府,获得澳门的租借居住权。此时,澳门主权仍属中国,政府设有官员、驻军。1887年,葡萄牙政府与清政府签署有效期为40年的《中葡和好通商条约》(至1928年期满失效)后,澳门成为葡萄牙殖民地,葡萄牙人从此强据"莲花宝地"澳门。

1842年8月,清政府在英国人逼迫之下,签署近代史上第一份不平等条约——中英《南京条约》,将香港岛割让给英国,拉开了列强瓜分中国的序幕。1860年,中英签署《中英北京条约》,英国割占九龙半岛南端;1898年,清政府被迫签署《展拓香港界址专条》,

"香港的姐妹"九龙半岛其余部分划为"新界",租给英国99年。

1895年,中日签署《马关条约》,中国台湾全岛及所有附属各岛屿、澎湖列岛和辽东半岛割让日本;同时被割让的,还有渤海湾畔的旅顺和大连(俄罗斯租借)。

1898年,中英签署《订租威海卫专条》,威海卫租借英国25年。

1899年,中法签署《广州湾租界条约》,广州湾(今湛江市和湛江港)被租让给法国。

1930年10月,中国收回威海卫;1945年,中国人民打败日本侵略者,10月25日,日本在中国台湾的最后一任总督向中国政府递交投降书,台湾从此重归中国版图。与此同时,广州湾、旅顺和大连也相继回到祖国的怀抱。1997年7月1日,中国对香港(包括香港岛、九龙和新界)恢复行使主权;1999年12月20日,中国政府恢复对澳门行使主权。

⑥ 襁褓(qiǎngbǎo):背婴儿用的宽带子和包裹婴儿的被子。

⑦ 掳(lǔ):抢取,劫掠。

⑧ 梦寐(mèi):睡梦。寐,睡着。

⑨ 凤阁(fènggé):指皇宫里的楼阁。

⑩ 狞(níng)恶:凶恶。

⑪ 啖(dàn):吃。脂膏:比喻民众的血汗和劳动果实。

⑫ 琉球:即琉球群岛,在我国东海东部外围,历史上曾长期受中国的影响。

⑬ 氤氲(yīnyūn):形容烟或云气浓郁,这里指萦绕。郑氏:指收复台湾的郑成功。

⑭ 家传(zhuàn):叙述一个家庭或家族人和事的传记。

⑮ 圣人:指孔子。孔子为鲁人,故家在今曲阜市,距离威海不远。

⑯ 刘公岛:清朝北洋海军的诞生地和灭亡地。岛内现存北洋海

军提督丁汝昌寓所、水师学堂、清朝炮台等 28 处遗址、遗迹等全国重点文物保护单位。

⑰ 遗骸（hái）：遗体，骸骨。

⑱ 管钥（yuè）：比喻事物的关键或重要部分。

⑲ 脚踝（huái）：足部与腿相连的部位。

⑳ 归宁（níng）：出嫁的女儿回娘家探亲。

㉑ 蹴踏（cùtà）：踩踏。

【简析】

《七子之歌》作于 1925 年 3 月，当时闻一多正在美国纽约艺术学院留学。在美国生活将近三年，闻一多亲身体会了种族歧视的屈辱，看到和听到的一切都激发起他强烈的民族自尊心；加上背井离乡，他对祖国和家乡产生了深深的眷恋。因此，在那段时间里，他创作了大量的爱国主义诗篇，一方面怀念和赞美祖国，一方面抒发对列强的憎恶和诅咒。组诗《七子之歌》，就是在这种背景下诞生的。

闻一多塑像
（闻一多纪念馆）

这首组诗的可贵之处，在于提醒人们永远不要忘记近代史上那段屈辱的历史。自1840年鸦片战争开始，在东西方列强的威逼之下，清政府先后与之签订了一系列不平等的条约，不是割地就是赔款。诗中所写的"七子"，就是这一时期中国母亲被强盗从怀抱里抢走的七个"苦命儿"。在诗中，诗人以拟人的手法，将这七处"失地"比作远离母亲怀抱的七个孩子，用小孩子的口吻哭诉他们被迫离开母亲襁褓，受尽异族欺凌，渴望重回母亲怀抱的强烈情感。

《七子之歌》发表后，很快在读者中引起了强烈反响。一位青年在给杂志编辑部的信中写道："余读《七子之歌》，信口悲鸣，一阕复一阕，不知清泪之盈眶。读《出师表》《陈情表》时，故未有如是之感动也。"后来，组诗经人谱曲，在海内外广为传唱。之所以有这样的感召力，诚如闻一多在诗歌写成后第二天给好友梁实秋的信中所言，在于它是"国家主义（爱国主义）的呼声"。

有　的　人
——纪念鲁迅有感
臧克家

有的人活着
他已经死了；
有的人死了
他还活着。

有的人
骑在人民头上："呵，我多伟大！"
有的人

鲁迅是热忱的青年导师

俯下身子给人民当牛马①。

有的人
把名字刻入石头想"不朽";
有的人
情愿作野草,等着地下的火烧②。

有的人
他活着别人就不能活;
有的人
他活着为了多数人更好地活。

骑在人民头上的,
人民把他摔垮;
给人民作牛马的,
人民永远记住他!

把名字刻入石头的③，
名字比尸首烂得更早；
只要春风吹到的地方，
到处是青青的野草。

他活着别人就不能活的人，
他的下场可以看到；
他活着为了多数人更好地活着的人，
群众把他抬举得很高，很高。

【注释】

① 俯下身子给人民当牛马：化用鲁迅先生《自嘲》"俯首甘为孺子牛"。

② 情愿作野草，等着地下的火烧：化用鲁迅先生《野草题辞》，原句参见本书。

③ 刻入石头：指把生平事迹刻在石碑上。

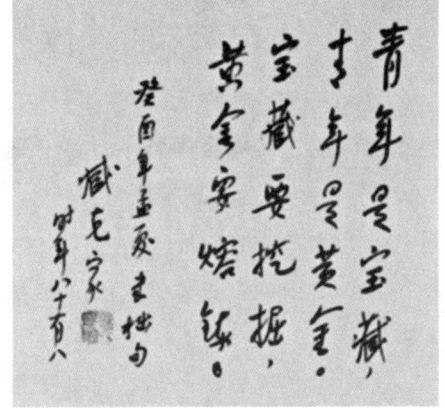

臧克家格言手迹

【简析】

这首诗写于1949年11月1日，是为纪念鲁迅逝世13周年而作。据诗人自述，它"歌颂了伟大战士鲁迅，也同时揭露批判了鲁迅的对立面——官僚地主阶级和一切骑在人民头上的反动派"。

诗人写这首诗的时候，新中国刚刚成立一个月。那时，鲁迅式的"有的人"固然很多,而处于对立面的"有的人"却也不少。诗人面对现实,回忆鲁迅生前和逝世以来的社会状况,有感而作此诗。

诗作通过鲁迅和与其截然相反的"有的人"的对比,阐释了鲁迅"俯首甘为孺子牛"的"老牛"精神。诗人歌颂鲁迅,同时也是在歌颂与鲁迅品质相同的人,并且谴责那些自吹自擂比人民群众"伟大",要为自己树碑立传、不让别人活下去的人。这样的对照,比单纯讴歌鲁迅,更能显示出诗作突出的思想广度和深度。

如今,与鲁迅截然相反的"有的人"似乎还是不少。这样的人,我们只能送他一句话:"有的人活着,他已经死了。"

我爱这土地
艾 青

假如我是一只鸟,
我也应该用嘶哑的喉咙歌唱:
这被暴风雨所打击着的土地,
这永远汹涌着我们的悲愤的河流,
这无止息地吹刮着的激怒的风,
和那来自林间的无比温柔的黎明……
——然后我死了,
连羽毛也腐烂在土地里面。

为什么我的眼里常含泪水?
因为我对这土地爱得深沉……

艾青塑像（浙江省金华市）

【简析】

诗人艾青堪称"土地的歌者"，"土地"构成了他诗歌的中心意象，其中凝聚着对祖国和大地母亲深深的爱，也凝聚着对生于斯、长于斯的劳动人民的深厚感情。冯雪峰评价说："艾青的根是深深地根植在土地上。"《我爱这土地》便充分反映了这一点。

诗歌以假设开篇："假如我是一只鸟／我也应该用嘶哑的喉咙歌唱"，新奇突兀，发人深思；同时，也奠定了全诗深沉而悲壮的气氛。接着对"土地""河流""风"和"黎明"的具体描绘，寥寥数语，却仿佛把我们带回了全面抗战初期那一段特定历史背景之中，在民族危难之际，"我"深爱着祖国的每一寸土地，"我死了"也要"连羽毛也腐烂在土地里面"，与祖国大地融为一体。最后的两句，直接抒发了诗人对祖国、对土地、对人民的深厚感情，是全诗的点睛之笔。

艾青的这首短诗，尤其是最后两句，精准地拨动了人们的心弦，从而在亿万中华儿女心中产生了强烈的共鸣。祖国母亲的儿女，无论在国内国外,表达对祖国之爱时,经常引用最后两行朴实的诗句,因为它凝聚着深切诚挚的情感,赛过万语千言。我们的根在中国的土地里,同样,我们也应该让爱国之情扎根在我们的心里。

乡 愁
余光中

小时候
乡愁是一枚小小的邮票
我在这头
母亲在那头

长大后
乡愁是一张窄窄的船票
我在这头
新娘在那头

后来呵
乡愁是一方矮矮的坟墓
我在外头
母亲呵在里头

而现在
乡愁是一湾浅浅的海峡
我在这头
大陆在那头

【简析】

　　中国台湾诗人余光中出生在南京,青少年时期流徙滇川苏闽,1949年后又漂泊于台、港、北美。在余光中的诗歌里,思乡怀国是一个突出的主题。

　　这首诗侧重写诗人的经历,年少时的一枚邮票,青年时的一张船票,甚至后来的一方坟墓,都寄寓着诗人乃至万千海外游子绵长的乡愁,而这一切在诗的结尾升华达到一个新的高度:"而现在／乡愁是一湾浅浅的海峡／我在这头／大陆在那头。"诗人将个人的悲欢与祖国之爱、民族之恋自然而然地交融在了一起。

　　诗作四节,分别提炼了四个意象:邮票、船票、坟墓、海峡。又以"小时候""长大后""后来呵""而现在"这些表示时间的语汇贯串,概括了诗人漫长的生活历程和对祖国的绵绵怀念。其间,情感不断递进、积聚,最后达到高潮,完成升华,从而完满地诠释了"乡愁"的深长意蕴。

　　小中见大、平中见奇,是这首诗的突出特点。爱国之情,不在于呼喊口号,不在于"高大上",不能寓之于庸常的平凡情感,爱国主义就可能是空洞的。这首《乡愁》,朴实之至,但吟诵它的人无不

余光中手指"一湾浅浅的海峡"

落泪,这正说明爱国,是与爱情人、爱故乡浑然一体的。如今,这乡愁依然萦绕在十几亿中华儿女的心中,待这乡愁释怀的那一天,注定是举国同庆的盛大节日。

祖国呵,我亲爱的祖国
舒 婷

我是你河边上破旧的老水车,
数百年来纺着疲惫的歌①;
我是你额上熏黑的矿灯,
照你在历史的隧洞里蜗行摸索②;
我是干瘪的稻穗;是失修的路基;
是淤滩上的驳船
把纤绳深深
勒进你的肩膊③;
——祖国呵!

我是贫困,
我是悲哀。
我是你祖祖辈辈
痛苦的希望呵,
是"飞天"袖间
千百年来未落在地面的花朵④;
——祖国呵!

我是你簇新的理想⑤,

刚从神话的蛛网里挣脱；
我是你雪被下古莲的胚芽[6]；
我是你挂着眼泪的笑涡；
我是新刷出的雪白的起跑线；
是绯红的黎明
正在喷薄；
——祖国呵！

我是你的十亿分之一，
是你九百六十万平方的总和；
你以伤痕累累的乳房
喂养了
迷惘的我、深思的我、沸腾的我；
那就从我的血肉之躯上

五星红旗高高飘扬

去取得
你的富饶、你的荣光、你的自由；
——祖国呵，
我亲爱的祖国！

【注释】

① 疲惫（píbèi）：指非常疲乏劳累。疲，疲劳；惫，疲倦。
② 蜗（wō）行：像蜗牛一样爬行。
③ 淤（yū）滩：淤泥形成的滩地。
④ 飞天：佛教天神之一，又称"伎乐天"，是欢乐吉祥的象征。我国敦煌石窟中画有许多飞天，是敦煌壁画艺术的杰出代表。这里的"飞天"，应为"天女散花"的天女。
⑤ 簇（cù）新：极新，全新。
⑥ 雪被：雪的被子。古莲：指古老的莲花。荷花，又名古莲。

【简析】

这是一首著名的政治抒情诗，是舒婷的代表作之一，旨在表达诗人对祖国的一片深情。

诗歌运用回环往复的手法，结合多种比喻比拟，从不同角度述说我和祖国的关系。不同于往常"神化"式歌颂祖国的诗作，这首诗从一个别致的角度来吟唱祖国母亲，立意新颖，正如诗中所咏："我是你簇新的理想／刚从神话的蛛网里挣脱"。诗人以赤子的目光，放眼祖国的贫穷和落后，以拳拳的儿女之心，表达哀而不怨的深情："我是贫困／我是悲哀／我是你祖祖辈辈／痛苦的希望啊／是'飞天'袖间／千百年来未落到地面的花朵"。在痛苦审视之后，又表达出希望的欢欣："我是你挂着眼泪的笑涡""是绯红的黎明／

正在喷薄"。为了实现这美好的希望,诗人表达了自己献身的愿望:"那就从我的血肉之躯上／去取得／你的富饶、你的荣光、你的自由"。

在这首诗里,诗人把自己的命运与祖国的命运结合起来,"我"与祖国母亲血肉相连,祖国养育了"我",改变祖国的贫穷和落后,使祖国走向繁荣与富强就应该是"我"义不容辞的职责。诗人的这种体认,也应该是我们与祖国关系的准则,每一个祖国母亲养育的中华儿女,都应该以自己尽可能的奉献报答祖国。

东 方 之 珠
罗大佑

小河弯弯向南流
流到香江去看一看
东方之珠　我的爱人
你的风采是否浪漫依然

月儿弯弯的海港
夜色深深　灯火闪亮
东方之珠　整夜未眠
守着沧海桑田变幻的诺言

让海风吹拂了五千年
每一滴泪珠仿佛都说出你的尊严
让海潮伴我来保佑你
请别忘记我永远不变黄色的脸

1997，"东方明珠"回归祖国

船儿弯弯入海港
回头望望　沧海茫茫
东方之珠　拥抱着我
让我温暖你那苍凉的胸膛

【简析】

　　《东方之珠》是罗大佑为迎接香港回归而写的一首歌，创作于1991年。香港被誉为"东方明珠"，此前也有人写过《东方之珠》的歌曲，但都没有罗大佑这首影响广远。

　　回归祖国之前的香港，殖民色彩浓厚，很少有人用音乐来表达政治情感。罗大佑颇为成功地找到了一种轻松的表现方式，既能引发香港同胞的共鸣，又能将主题导入较为严肃的论域。《东方之珠》

以庄严的曲式，恳切地描绘出香港独特的时空位置，以及斯地斯人的感情、压力、希望和未来，同时也深化了香港同胞对这个岛屿的认同。

《东方之珠》也写出了我国人民对香港回归的热切期望，它优美抒情的旋律，溢于言表的爱国情结，浪漫而诗意的文字风格，以及蕴含其中的那份厚重、博大与沧桑，道出了一个共同的声音：祖国的尊严高于一切。

【陆】

重情慕义 知礼守信

竹　竿

《诗经》

籊籊竹竿，以钓于淇①。岂不尔思？远莫致之②。
泉源在左，淇水在右③。女子有行，远兄弟父母④。
淇水在右，泉源在左。巧笑之瑳，佩玉之傩⑤。
淇水滺滺，桧楫松舟⑥。驾言出游，以写我忧⑦。

【注释】

① 籊籊（tì）：形容竹竿长而尖削。淇：淇水，在今河南省。

② 尔思：思尔，想念你。尔，你。致：到。

③ 泉源：一说水名，即百泉，在卫的西北，东南流入淇水。

④ 行：远嫁。远：指远离。

⑤ 瑳（cuō）：玉色洁白，这里指露齿巧笑的样子。傩（nuó）：通"娜"，婀娜。一说行动有节奏的样子。

⑥ 滺滺（yōu）：河水荡漾

《诗经名物图解》中的"绿竹"

之状。楫（jí）：船桨。桧（guì）：树名，柏叶松身。

⑦驾言：本指驾车，这里是操舟。言，语助词，相当于"而"字。写（xiè）：通"泻"，宣泄，排解。

【简析】

这首诗出自《诗经》十五国风的《卫风》，写一位卫国女子远嫁而思念家乡、想念亲人。

全诗四章，分别写异乡的回忆和回乡的推想，而连缀二者的就是"家乡的小河"淇水。前两章是远嫁女子的回忆，首章回忆在家乡淇水边钓鱼的乐事，次章回忆离别父母兄弟远嫁时的情形。后两章想象回乡的情景，身在异地，思乡怀亲，不禁生出回乡的幻想，但今非昔比，少女的天真烂漫已然变成了少妇的成熟从容。最后归结到即便旧地重游，也不能让愁思从此释怀，进而使思乡怀亲的感情酝酿得更为炽烈绵长。

思念家乡、想念亲人的感情，从古至今，早已经浸透在我们的血液里。这感情，不免带来愁绪，叫人柔肠百结，也正是这情感，又给了我们无穷的慰藉与温暖。

鱼我所欲也
《孟子》

鱼，我所欲也；熊掌，亦我所欲也①。二者不可得兼，舍鱼而取熊掌者也②。生，亦我所欲也；义③，亦我所欲也。二者不可得兼，舍生而取义者也。

生亦我所欲，所欲有甚于生者，故不为苟得也④；死亦我所恶，所恶有甚于死者，故患有所不避也⑤。如使人之所欲莫甚于生,则凡可以得生者何不用也⑥?使人之所恶莫甚于死者,则凡可以避患者何不为也⑦?由是则生而有不用也,由是则可以避患而有不为也⑧。是故所欲有甚于生者⑨,所恶有甚于死者。非独贤者有是心也,人皆有之,贤者能勿丧耳⑩。

一箪食,一豆羹,得之则生,弗得则死⑪。呼尔而与之,行道之人弗受;蹴尔而与之,乞人不屑也⑫。

万钟则不辨礼义而受之,万钟于我何加焉⑬!为宫室之美,妻妾之奉,所识穷乏者得我与⑭?乡为身死而不受,今为宫室之美为之;乡为身死而不受,今为妻妾之奉为之;乡为身死而不受,今为所识穷乏者得我而为之;是亦不可以已乎⑮?此之谓失其本心⑯。

【注释】

① 所欲:想要的。欲,想要。

② 得兼:兼得,同时得到。兼,同时具有。舍:舍弃。取:选取。熊掌:熊的脚掌,旧时被当作珍贵的食物,现在国家法律严禁猎取、出售。

③ 义:思想和行动方面的道德标准。

④ 有甚于:比……还重要。甚,超过。苟得:不正当地得到,这里是"苟且偷生"的意思。

⑤ 恶(wù):厌恶。患:祸患,灾难。辟:通"避",躲避。

⑥ 如使:假如,假使。莫:没有。得生:保全生命。何不用也:有什么不可以用呢?

⑦ 何不为也:有什么不可以做呢?

⑧ 由是:因此。而:但是,表示转折。

⑨ 是故:这是因为。

⑩ 非独：不只，不仅。贤者：贤能之人。是心：此心，这样的心。指前面比生命还重要的"所欲""所恶"。勿丧：不丢掉。丧，丧失，中途废弃。

⑪ 箪（dān）：古代盛食物的圆形竹器。豆：古代盛汤的木制器皿。弗：不。

⑫ 呼：大声呼喊，带有轻蔑的意思。尔，语气助词。行道之人：（饥饿的）过路的行人。蹴（cù）：用脚踢。乞人：乞丐。不屑：不肯接受，不值得接受。

⑬ 万钟：这里指高位厚禄。钟，古代的一种量器，六斛四斗为一钟。何加：有什么益处。

⑭ 宫室：住宅。奉：侍奉。得我：感激我。得，通"德"，感激。

⑮ 乡：通"向"，从前。已：停止，放弃。

⑯ 本心：本性，本来的思想，即前文的"义"。

孟庙、孟府（山东省邹城市）

【简析】

这则短文出自《孟子·告子上》,集中论述了舍生取义是人的本性的问题。

亚圣孟子像

文章的开始,孟子首先从日常事物切入,在比较中说明事物取舍的原则:舍弃平凡的、选取珍贵的。在此对比的基础上,进而比较生与义的取舍,结论也便顺理成章。接着,还是在比较中说明问题。这次比较的是四个方面——生、死,得、患;比较的角度为两个方向——正、反;它们的取舍标杆,是甚于或莫甚于生死者,虽未明言,但分明就是"义"。在一番比较剖析之后,段末归结出了结论。

为了使道理更令人信服,孟子进一步引用日常生活中的事例来说明。这类事情,不少人有过体察或者闻见,道理很容易说得明白。随后进一步举例,从人与我、从前与当下角度说明问题,针对性地指出那种希图别人感激的作为是违背道义的。最后,从反面得出结论:那些行为是"失其本心",这样也就与前文的"贤者能勿丧"关联起来。

"人皆有之",让我们联想到孟子的性善论,以及"人皆可以为尧舜";同时,"贤者能勿丧",又说明虽则"人皆有之",但保管不好就会丢掉,就会"失其本心",因此后天努力还是必需的。人性善恶,自古以来聚讼纷纭,我们大可不必管它。我们不妨相信孟夫子的性善论,保持自己善良的本性,在民众、国家需要的时候,舍生取义。

死 友
《搜神记》

汉范式,字巨卿,山阳金乡人也①,一名氾。与汝南张劭为友,劭字元伯。二人并游太学②。后告归乡里,式谓元伯曰:"后二年,当还。将过拜尊亲,见孺子焉③。"乃共克期日④。后期方至,元伯具以白母,请设馔以候之⑤。母曰:"二年之别,千里结言,尔何相信之审耶⑥?"曰:"巨卿信士,必不乖违⑦。"母曰:"若然⑧,当为尔酿酒。"至期,果到⑨。升堂拜饮,尽欢而别。

后元伯寝疾甚笃,同郡郅顺章、殷子徵晨夜省视之⑩。元伯临终,叹曰:"恨不见我死友⑪。"子徵曰:"吾与顺章尽心于子,是非死友,复欲谁求⑫?"元伯曰:"若二子者,我生友耳。山阳范巨卿,所谓死友也。"寻而卒⑬。式忽梦见元伯,玄冕垂缨,屣履而呼曰⑭:"巨卿,吾以某日死,当以时葬,永归黄泉。子

范式张劭塑像
(山东省金乡县诚信广场)

未忘我,岂能相及⑮?"

式恍然觉悟,悲叹泣下,便服朋友之服,投其葬日⑯,驰往赴之。未及到,而丧已发引⑰。既至圹,将窆,而柩不肯进⑱。其母抚之曰:"元伯,岂有望耶?"遂停柩。移时,乃见素车白马,号哭而来。其母望之曰:"是必范巨卿也!"既至,叩丧言曰⑲:"行矣元伯!死生异路,永从此辞。"会葬者千人,咸为挥涕⑳。式因执绋而引㉑,柩于是乃前。式遂留止冢次,为修坟树㉒,然后乃去。

【注释】

① 范式:东汉人,官至庐江太守。山阳金乡:今山东省嘉祥县南。

② 并:一起。游:游学,到外地去求学。太学:汉朝国家最高学府。

③ 过:访问。孺子:孩子。

④ 克:严格限定,多用于时日。

⑤ 方:正在,正当。具:全、都。白:告诉。馔(zhuàn):酒食。

⑥ 尔:你。结言:用言辞订约。审:确实。

⑦ 信士:守信的人。乖(guāi)违:违背(诺言)。

⑧ 若然:如果这样。

⑨ 果:果然,确实。

⑩ 寝(qǐn)疾:卧病在床。笃(dǔ):严重。郅(zhì)顺章:名恽,官至长沙太守。殷子徵:名阐,汝南贤士。省(xǐng)视:探望,这里指照顾。

⑪ 恨:遗憾。

⑫ 是非死友：这还不算死友。死友，指交情笃厚、至死不相负的朋友。是，这。复欲谁求：还打算求谁（才算）呢？

⑬ 寻：不久。卒：指去世。

⑭ 玄冕（miǎn）：王侯卿大夫戴的礼帽，泛指黑色的官冕。玄，黑色。垂缨：垂下冠带。屣（xǐ）履：拖着鞋。

⑮ 以：在。岂：或许。

⑯ 觉悟：此处指睡醒。朋友之服：为朋友奔丧时所穿的丧服。投：到，接近。

⑰ 发引：指发丧。

⑱ 圹（kuàng）：墓穴。窆（biǎn）：把棺木葬入墓穴。柩（jiù）：装有尸体的棺材。

⑲ 叩丧：磕头吊唁。

⑳ 会：聚集。咸：都。涕：眼泪。

㉑ 因：于是。绋（fú）：牵引棺材的绳索。

㉒ 冢（zhǒng）：坟墓。次：停留的处所。树：栽树。

【简析】

这篇文章通过对范式和张劭的交往，热情讴歌了古人生死不渝的友谊，赞颂了守信、重诺这一古今乐道的高尚品格。

文章分三个层次叙述范、张的友谊。首先写范、张相约，两年后的某日前去张家，拜访张的父母，看望孩子。过了两年，虽然张母曾对此有所怀疑，但范式却如期而

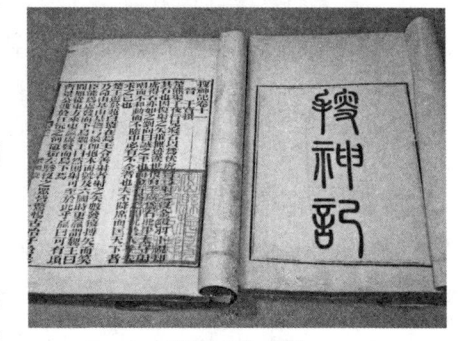

《搜神记》书影

至。这里,借张劭之口道出了范式的为人。其次,写张劭病得很重,临终时很想见范式一面,未能如愿而托梦希望他来送葬。其间,借助与别的友人的对话,区别了"生友""死友"。接着写范式前来奔丧,写得有始有终,言行具备,生动传神。

读罢此文,我们不禁深深为古人至死不渝的友谊和守信重诺的崇高美德而折服。"人无信不立",信守诺言是人际交往中最为重要的因素,它对赢得人心、建立相互信任至关重要。信守诺言不仅是付出,它也会给我们带来力量,带来勇气,带来成功的人际关系,以及带来成功的喜悦。我们每个人都应该谨慎许诺,甚至不轻易许诺,而一旦许诺,就要尽力信守诺言,始终不渝。

乐羊子妻
《后汉书》

河南乐羊子之妻者,不知何氏之女也①。

羊子尝行路,得遗金一饼②,还以与妻。妻曰:"妾闻志士不饮盗泉之水,廉者不受嗟来之食③,况拾遗求利,以污其行乎!"羊子大惭,乃捐金于野④,而远寻师学。

一年来归,妻跪问其故⑤。羊子曰:"久行怀思,无它异也⑥。"妻乃引刀趋机而言曰⑦:"此织生自蚕茧,成于机杼⑧。一丝而累,以至于寸,累寸不已⑨,遂成丈匹。今若断斯织也,则捐失成功,稽废时月⑩。夫子积学,当'日知其所亡',以就懿德⑪;若中道而归,何异断斯织乎?"羊子感其言,复还终业⑫,遂七年不返。

尝有它舍鸡谬入园中,姑盗杀而食之⑬,妻对鸡不餐而泣。姑怪问其故⑭。妻曰:"自伤居贫,使食有它肉⑮。"姑竟弃之⑯。

后盗欲有犯妻者,乃先劫其姑⑰。妻闻,操刀而出。盗人曰:

《乐羊子妻》幻灯片

"释汝刀从我者可全⑱,不从我者,则杀汝姑。"妻仰天而叹,举刀刎颈而死。盗亦不杀其姑。太守闻之,即捕杀贼盗,而赐妻缣帛⑲,以礼葬之,号曰"贞义"。

【注释】

① 河南:郡名,今河南省洛阳市一带。乐:读 yuè。何氏:姓什么,哪一家。

② 遗金一饼:丢失的一块金子。

③ 妾闻:我听说过。妾,古代女子自称的谦词。志士不饮盗泉之水:有志气的人不喝盗泉的水。盗泉,泉名,在今山东省泗水县。廉者不受嗟来之食:方正的人不接受侮辱性的施舍。廉,廉隅、方正。"嗟来之食",事见《礼记·檀弓》,今泛指带有侮辱性的施舍。污其行:这里指玷污自己的品行。

④ 大惭:很惭愧。捐:丢弃。

⑤ 跪:古人席地而坐,跪时腰伸直,表示尊敬。这里显示乐羊子妻很懂礼节。

⑥ 怀思:想念。无它异:没有别的意外的事。

⑦ 引刀趋机:拿起刀来,走到织布机前。趋,快步走。

⑧ 机杼（zhù）：泛指织布的工具。机，织布机。杼，织布的梭子。

⑨ 一丝而累：一丝一丝地积累起来。累寸不已：一寸一寸地不停积累。

⑩ 斯：此，这。捐失成功：意思是失去成功的机会。稽（jī）：迟延荒废。

⑪ 夫子：这里是古代妇女对丈夫的尊称。积学：积累学识。日知其所亡：语出《论语·子张》："子夏曰：'日知其所亡，月无忘其所能，可谓好学也已矣。'"亡，通"无"，没有。以就懿（yì）德：用以成就（你的）美德。懿，美好（多指德行）。

⑫ 终业：修完自己的学业。

⑬ 尝：曾经。这里指乐羊子在外求学期间。它舍：别家。谬入：误入。盗：指偷偷抓来。

⑭ 怪问其故：感到奇怪而问其原因。

⑮ 自伤：自己感到难过。它肉：别人家的肉。

⑯ 竟弃之：最终丢弃不食。

⑰ 犯：侵犯。劫：劫持。

⑱ 释：放下。从：服从。全：指保全性命。

⑲ 缣（jiān）帛：丝绸布帛。

【简析】

《乐羊子妻》出自《后汉书·列女传》。《列女传》共著录17人，都是东汉时期的著名女性，目的在于歌颂"女德"。有关乐羊子妻的事迹，现代文本多选前几个段落，这里则同时保留了后两个段落。

传记以记事为鹄的，本篇亦不例外，交代人物及其身份之后，

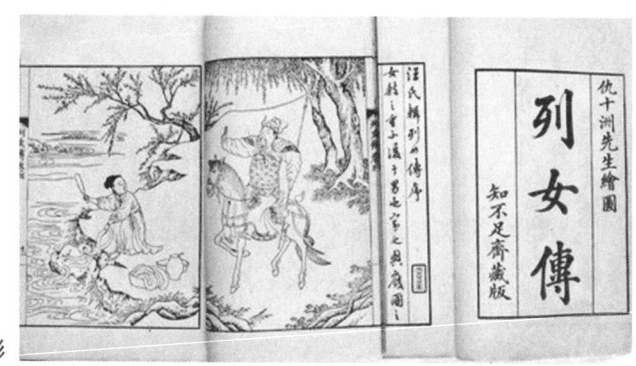

《列女传》书影

接下来的四个段落分别讲了四个故事。前两个故事,是女主人公与丈夫之间的,写她帮助丈夫树立美德和成就学业。乐羊子行路拾金据为己有、外出求学半途而废,妻子给予严肃规劝、开导,使丈夫认识错误、幡然改过。后两个故事,均与婆婆有关。一个是婆婆贪小便宜,杀了别人家"谬入"的鸡吃,她婉转表态,亦使婆婆及时改过。另一个,则是在匪徒以婆婆胁迫她屈从时,她毅然刎颈而死,保全了婆婆。

　　这篇小传通过几个故事,表现了乐羊子妻的高洁品行。前半部分劝夫改过从善的两则故事,固然典型反映出她的美德,最为人所称道;后半部分的两则,同样也显示了她的美德,甚至其自我牺牲精神更为可贵——我们不可将之等同于后世的"烈女"。乐羊子妻不仅德行高洁,而且还才识过人、恪守礼节。她规劝丈夫,重在正面说理,令人信服;而对婆婆的过错,则不做直接劝说,而是以情感人,同样效果显著。对婆婆不正面劝说,是礼;对丈夫"跪问",也是礼。看来,范蔚宗(范晔)之传乐羊子妻,可谓得其人矣。

上 邪

乐府民歌

上邪！我欲与君相知，长命无绝衰①。山无陵，江水为竭，冬雷震震，夏雨雪，天地合，乃敢与君绝②！

【注释】

① 上邪（yé）：犹言"天啊"。上，指天。邪，同"耶"，感叹词。相知：相亲相爱。命：令，使。绝衰（cuī）：断绝、松弛。

② 陵：山峰。山无陵，犹言高山变成平地。竭：干涸。震震：形容雷声。雨（yù）雪：下雪。雨，这里用作动词。天地合：天与地合在一起。乃敢：才敢。

【简析】

汉魏时期，官府成立音乐机构"乐府"，收集各地民歌，并为之配乐，这些民歌就是乐府民歌。这些民歌主要反映民间生活，质朴清新。

《上邪》是一首民间情歌，以女子的口吻出之。开头陡然突起，对天发誓，表白心迹。接着连用五件不可能发生的事情，来表明自己的爱情生死不渝。语言质朴生动，感情真挚强烈，充溢着磐石般坚定的信念和烈焰般炽热的激情，具有很

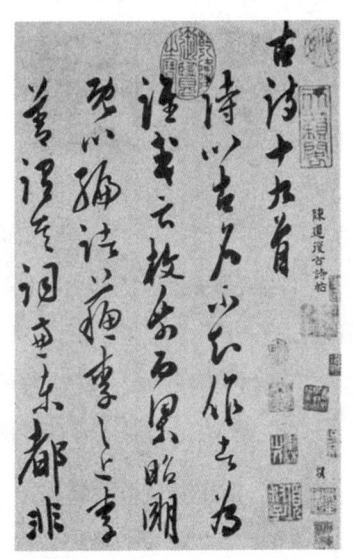

《古诗十九首》（明·陈道复书）

强的艺术感染力,被誉为"短章中神品"。

爱情的忠贞,向来是人们所追求的。这首民歌中,女主人公忠贞爱情的誓言,气势豪放,感人肺腑,应该能给我们一些启发。

行行重行行
《古诗十九首》

行行重行行,与君生别离①。
相去万余里,各在天一涯②;
道路阻且长③,会面安可知?
胡马依北风,越鸟巢南枝④。
相去日已远,衣带日已缓⑤;
浮云蔽白日,游子不顾反⑥。
思君令人老,岁月忽已晚⑦。
弃捐勿复道,努力加餐饭⑧!

【注释】

① 行行重(chóng)行行:这句是说行而不止。重,又。生别离:活生生地分开。

② 相去:相距,相离。天一涯:犹言"天一方"。

③ 阻且长:艰险而漫长。阻,艰险。

④ 胡马:北方所产的马。依:依恋。越鸟:南方所产的鸟。越,指汉朝时南方"百越"之地。这两句是当时习用的比喻,借喻眷恋故乡的意思。

⑤ "相去"二句:分别的日子越来越久,身上的衣服越来越显宽松。已,同"以"。远,久。缓,宽松。

⑥ 顾:念。反:同"返",指回家。
⑦ 岁月忽已晚:岁月倏(shū)忽又已经到了年终。晚,指年终。
⑧ 弃捐:丢开。勿复道:不再说。加餐饭:尽量多吃,泛指努力保重身体。

【简析】

南朝梁萧统编《文选》,选录了19首无名氏的五言诗,大多为乐府古诗文人化之作,后世名之曰《古诗十九首》。这些诗反映了汉末的动荡生活,风格上近于民歌,质朴真切。

《行行重行行》是一首思夫诗,抒发了一个女子对远行在外的丈夫的深切思念。先叙初别之情,次叙路远会难,再叙相思之苦,思绪层层递进,一唱三叹;最后由无奈而祝愿,悲凉中有慷慨,反映了汉魏爽健的风格。

诗作写夫妻之情,情真意挚,淳朴清新。元人陈绎曾《诗谱》谓之"情真、景真、事真、意真",说出了这首诗的佳处。夫妻之间做到情真意真,事必可观,定是一番亮丽的风景。

赠范晔诗
陆 凯

折花逢驿使,寄与陇头人①。
江南无所有,聊赠一枝春②。

【注释】

① 驿使:古代递送官府文书的人。陇(lǒng)头人:陇山人,即范晔。陇山,在今陕西省陇县西北。

报春红梅

② 聊：姑且。赠：一作"寄"。一枝春：指梅花。

【简析】

陆凯与范晔是好朋友，陆凯率兵南征时，戎马倥偬间登上梅岭，正值岭梅怒放，立马梅花丛中，回首北望，想起了陇头的好友范晔，又正好碰上北去的驿使，于是折梅赋诗以赠友，写下了这首诗。

诗的前两句，点明诗人与友人相隔甚远，只能通过驿使传递问候。后两句通过赠送梅花，表达对友人的祝福。折梅代春以赠人，抽象的感情与形象的梅花结为一体，表达了友人之间的深深情谊。

陈 情 表
李 密

臣密言：臣以险衅，夙遭闵凶①。生孩六月，慈父见背；行年四岁，舅夺母志②。祖母刘，愍臣孤弱，躬亲抚养③。臣少多

李密与祖母

疾病,九岁不行;零丁孤苦,至于成立④。既无伯叔,终鲜兄弟,门衰祚薄,晚有儿息⑤。外无期功强近之亲,内无应门五尺之僮⑥。茕茕孑立,形影相吊⑦。而刘夙婴疾病,常在床蓐,臣侍汤药,未曾废离⑧。

逮奉圣朝,沐浴清化⑨。前太守臣逵,察臣孝廉;后刺史臣荣,举臣秀才⑩。臣以供养无主,辞不赴命⑪。诏书特下,拜臣郎中;寻蒙国恩,除臣洗马⑫。猥以微贱,当侍东宫,非臣陨首所能上报⑬。臣具以表闻,辞不就职⑭。诏书切峻,责臣逋慢;郡县逼迫,催臣上道;州司临门,急于星火⑮。臣欲奉诏奔驰,则刘病日笃;欲苟顺私情,则告诉不许⑯。臣之进退,实为狼狈⑰。

伏惟圣朝以孝治天下,凡在故老,犹蒙矜育,况臣孤苦,特为尤甚⑱。且臣少仕伪朝,历职郎署,本图宦达,不矜名节⑲。今臣亡国贱俘,至微至陋,过蒙拔擢,宠命优渥,岂敢盘桓,有所希冀⑳。但以刘日薄西山,气息奄奄,人命危浅,朝不虑夕㉑。臣无祖母,无以至今日;祖母无臣,无以终余年㉒。母、孙二人,更相为命,是以区区不能废远㉓。

臣密今年四十有四,祖母刘今年九十有六,是臣尽节于陛下之日长,报养刘之日短也㉔。乌鸟私情,愿乞终养㉕。臣之辛苦,非独蜀之人士及二州牧伯所见明知,皇天后土,实所共鉴㉖。愿陛下矜愍愚诚,听臣微志,庶刘侥幸,保卒余年㉗。臣生当陨首,死当结草㉘。臣不胜犬马怖惧之情,谨拜表以闻㉙。

【注释】

① 言：禀告。险衅（xìn）：灾难祸患，指命运坎坷。夙（sù）：早，指幼年时。闵（mǐn）：通"悯"，忧患。凶：指死丧之事。

② 生孩：指自己出生。见背：弃我而去世。行（xíng）年：长到。夺：强行改变。志：心志，这里指寡妇守节之志。

③ 愍（mǐn）：怜惜。躬亲：亲自。

④ 不行：不会走路。成立：长大成人。

⑤ 鲜：少，这里指没有。门衰：家门衰微。祚（zuò）薄：福分浅薄。儿息：儿子。

⑥ 期（jī）功强（qiǎng）近之亲：指比较亲近的亲戚。期，服丧一年。功，服丧九个月叫大功，服丧五个月叫小功。强近，勉强有些亲戚关系。应门：照应门户。五尺之僮：未成年的童仆。那时五尺只相当于现在的三尺（1米）。

⑦ 茕茕（qióng）孑（jié）立：孤单无靠。相吊：互相安慰。

⑧ 婴：缠绕。蓐（rù）：草席。废离：停止侍奉而离开。

⑨ 逮（dài）：及至。圣朝：指晋朝。清化：清明的教化。

⑩ 太守：指犍为郡太守。逵（kuí）：太守的名字。察：考察推荐。孝廉：指孝顺父母、品行廉正之人。汉朝曾在全国实行选举孝廉之士到朝廷做官的制度，晋时沿袭旧制。刺史：指益州刺史。荣：刺史的名字。举：举荐。秀才：优秀的人才，汉朝也由州郡推举入朝做官。

⑪ 供养无主：无人供养。辞不赴命：推辞而不去报到。

⑫ 拜：任命。郎中：官名。寻：不久。蒙：受到。除：授职。洗马：官名，即太子洗马，太子的侍从官。

⑬ 猥（wěi）：辱，自谦的词。当：充当。东宫：太子居住的地方，借指太子。陨（yǔn）首：掉脑袋，丧命。

重情慕义　知礼守信 —— 317

⑭ 具：都。闻：使……知道。

⑮ 切峻：急切而严厉。逋（bū）慢：回避、怠慢。郡县、州司：均指地方官。逼迫：催逼。上道：动身。急于星火：像流星和大火蔓延一样紧急。

⑯ 奉诏：接受命令。日笃（dǔ）：日益沉重。苟顺：姑且迁就。告诉：报告，诉说，请求。

⑰ 进退：指出去做官和在家奉养祖母。狼狈：进退两难。

⑱ 伏惟：伏地思考。旧时下对上表示恭敬的用语。故老：故旧、遗老。矜（jīn）育：怜惜、供养。尤甚：更加厉害。

⑲ 伪朝：指蜀汉政权。历职：历任，曾做过。郎署：官名，尚书郎。宦达：做官显贵。矜：顾惜。

⑳ 陋：卑贱。拔擢（zhuó）：提拔。宠命：恩命，指拜郎中、洗马等官职。优渥（wò）：优厚。盘桓（huán）：犹豫不进。希冀：企图。

㉑ 薄：迫近。奄奄：气息微弱。危浅：危险、不久长。不虑：

"李密故里"和《陈情表》石刻

不能预料。

㉒ 无以：无法，不能。余年：剩下的岁月。

㉓ 更（gēng）相：互相。为命：维持生命。区区：拳拳，形容自己的私情。废远：停止而远离。

㉔ 有：同"又"。

㉕ 乌鸟私情：相传小乌鸦长大能反哺老乌鸦，故用以比喻子女对父母的孝养之情。终养：送终养老。

㉖ 辛苦：苦衷。牧伯：即刺史。皇天后土：犹言天地神明。鉴：明鉴。

㉗ 矜愍（jīnmǐn）：怜悯。愚诚：愚拙的诚心。听：听许，答应。庶：希望。卒：度过。

㉘ 结草：用典，指报答。

㉙ 犬马：作者自比，表示谦卑。拜表：上奏章。

【简析】

《陈情表》之"陈情"，即陈述衷情。晋泰始三年（267），李密给晋武帝上表陈情，请求朝廷允许自己留在家乡，供养祖母尽享天年。

李密的辞命不赴，有其政治原因。作为蜀汉旧臣，仕晋便无法保住名节，但一味顽抗，得到的只能是杀戮。因此，文中采取铺叙手法，尽情渲染祖孙相依为命的关系，以及自己进退两难的苦衷，情透理足，让人感到确确实实"臣无祖母，无以至今日；祖母无臣，无以终余年"，委婉表达出自己不能赴京就职，绝非出于怀念旧主。文章凄恻婉转，情文并茂，扣人心弦，连晋武帝司马炎看了也很受感动，说"士之有名，不虚然哉"，还特别赏赐给李密奴婢二人，并命郡县按时给其祖母供养。

后人读《陈情表》,早已超越政治因素,而是专注于文中真挚深切的祖孙之情,以及李密的至孝。据《晋书》本传记载,李密奉事祖母刘氏"以孝谨闻",晋武帝也正是看中了这一点,才屡屡征召他。历来有"读诸葛亮《出师表》不流泪者不忠,读李密《陈情表》不流泪者不孝"之说,我们从中要学习的,也正是这些。

寄 王 琳
庾 信

玉关道路远,金陵信使疏①。
独下千行泪,开君万里书②。

【注释】

① 玉关:玉门关,在今甘肃省敦煌市西。金陵:梁朝国都建康(今南京市)。疏:稀少。

② 君:指王琳。书:信。

【简析】

庾信塑像

庾信是梁朝大臣、文学家。侯景之乱初步平定时,梁元帝派他出使西魏,被西魏留下不许南归。身处北方的庾信,十分思念南方的故国。收到友人王琳寄自金陵的信,庾信在长安写了这首诗,"以诗代书"。

这首诗全篇写的都是书信往还的事情,虽仅寥寥数语,却写出了诗人对故国的思念以及友人之间的深厚友情。朋友之间,尽管天隔地远,若能心心相印,那真是人生的一大幸事。如今,虽说写信已经很是奢侈,但仍有人希冀着"开君万里书"的幸福。

送杜少府之任蜀州
王 勃

城阙辅三秦,风烟望五津①。
与君离别意,同是宦游人②。
海内存知己,天涯若比邻③。
无为在歧路,儿女共沾巾④。

【注释】

① 城阙(què):城门上面的楼观,这里借指长安。辅:夹辅、护持。三秦:泛指当时长安附近的关中之地。辅三秦,一作"俯西秦"。五津:长江沿岸的五个渡口,这里指杜少府所要前往的蜀地。

② 君:指杜少府。宦游:出外做官。

③ 天涯:天边。比邻:近邻。

④ 无为:无须、不必。歧路:岔道。沾巾:泪水沾湿衣服和手巾,意指挥泪告别。

王勃像

【简析】

朋友杜少府(名字不详。少府,

县尉）要到蜀地去任职，王勃写了这首诗为他送别。

离别总是不免有几分感伤，所以送别诗向来情调比较低沉。这首诗却不同，写来心胸开阔、意气昂扬。前几句具体写送别，不同的地点、相同的身份，既关涉送别，又把两个人联系起来。后几句劝慰——这当然也是送别的题中应有之意，写得达观洒脱而又蕴含深情。

知己好友，不可多得。有之，即便天各一方，也会心心相印，犹如比邻而居。当然，这"比邻"，绝非仅是简单的邻居，而应该是心灵、信念上的"比邻"。

望月怀远

张九龄

海上生明月，天涯共此时。
情人怨遥夜，竟夕起相思[①]。
灭烛怜光满，披衣觉露滋[②]。
不堪盈手赠，还寝梦佳期[③]。

海上生明月

【注释】

① 情人：多情的人，指自己；一说指亲人。遥夜：长夜。竟夕：整夜、通宵。

② 怜：爱惜。滋：滋长，指夜深露起，打湿了衣衫。

③ "不堪"二句：月华虽好，但是不能相赠，不如回到梦乡觅取佳期。盈，满。

【简析】

张九龄曾在唐玄宗朝任宰相，后遭李林甫诽谤排挤，罢相外贬。这首诗就写在遭贬之后，表现了对远方亲人的怀念。

诗题"望月"，诗作即就"望月"写起，进而引出相思；接着直抒对远方亲人的思念之情，并具体描绘因思亲而彻夜难眠的情景；结尾两句又呼应诗题，由望月想到赠月华，由竟夕伫立想到还梦佳期，进一步抒写了对远方亲人的一片深情。

如今，"海上生明月，天涯共此时"，已经超越亲人，成为友人乃至同胞天涯同心的表征，富有极为广泛的意义。

芙蓉楼送辛渐
王昌龄

寒雨连江夜入吴①，平明送客楚山孤②。
洛阳亲友如相问，一片冰心在玉壶③。

【注释】

① 寒雨：秋冬时节的冷雨。连江：雨水与江面连成一片，形容雨很大。吴：泛指江苏省南部、浙江省北部，芙蓉楼所在地的泛指，

与下文的楚相对。

② 平明：天明的时候。楚山：楚地的山。孤：独自，孤单一人。

③ 此句以冰、玉表达作者情志的高洁、纯美。

今日芙蓉楼

【简析】

王昌龄在江宁县（今属南京市）担任县丞，友人辛渐要北上洛阳，他写了这首诗送别。

与大多数送别诗一样，这首诗也不无失落、悲戚的情绪，这从情所寄寓的景——有些凉意的寒雨、有如泣诉的江、孤兀的山、将明未明的平明便可以体味出来。与前两句的舒缓而稍嫌黯然相比，后两句提升了亮度和力度，表意也从单一的离情别绪，发展到了兼作心迹的剖白。

与王勃的送别诗相比，这首诗可谓不仅言情，又复言志，心迹的表白透露了诗人孤介傲岸的形象和表里澄澈的品格，从而也使"一片冰心在玉壶"成为后世自我剖白的名句。

九月九日忆山东兄弟
王　维

独在异乡为异客①，每逢佳节倍思亲。
遥知兄弟登高处，遍插茱萸少一人②。

【注释】

① 异乡：他乡、外乡。为异客：做他乡的客人。

② 登高和插茱萸（zhūyú），均为旧时重阳节节俗。茱萸，一种香草，俗传佩之可以避灾。

【简析】

这是诗人王维17岁时候的作品，那时他独自漂泊在长安。九月九日重阳佳节，思念华山以东的家乡蒲州（今山西省永济市）的亲人，情不自禁，吟出了此诗。

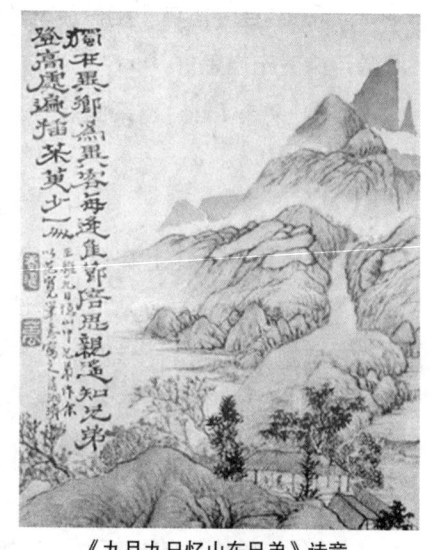

《九月九日忆山东兄弟》诗意
（《唐人诗意图册》）

诗的前两句，写自己对兄弟的思念：独在异乡，孤身一人，怀乡思亲，佳节倍增；后两句写兄弟对自己的思念：遥想远方的兄弟，在重阳佳节登高、插茱萸，独少自己，也会倍加思念的。

亲情，自古以来就是最为纯洁美好的情感；节俗，从来就是联系亲情戚谊的习俗之一。因而，我们"每逢佳节倍思亲"。

相　思
王　维

红豆生南国①，春来发几枝？
劝君多采撷②，此物最相思。

【注释】

① 红豆：俗名"相思子"，生在江南地区，籽粒呈鲜红色，人们常用来表示相思。

② 采撷（xié）：采摘。

【简析】

此诗一作《江上赠李龟年》，可见为怀念友人之作。诗人怀念友人，在"春来"之时，写了此诗表达思念之情。

诗题"相思"，全诗则一句不离"相思子"红豆。首句写红豆的产地，同时点出友人所在地域；次句以春来红豆发问，却不求回答，只是逗出怀友之情；接下来又不直说怀念，而是要友人"多采撷"；最后反倒自问自答，不过不是回答"发几枝"，而是告诉友人"此物最相思"。始终说的是红豆，又始终说的是相思，对物性人情的把握可谓登峰造极。

红豆——相思豆

这首诗，后人"以他人酒杯浇自家块垒"，不仅用于友情，更多指向爱情。不论是什么情，人还是有些情的好，心里能藏着些情和有情的人，总是美好的。

送元二使安西

王　维

渭城朝雨浥轻尘^①，客舍青青柳色新^②。

劝君更尽一杯酒③,西出阳关无故人④。

【注释】

① 渭城:秦时的咸阳城,汉时改为渭城,在长安西北、渭水北岸。朝雨:早晨下的雨。浥(yì):湿。
② 青青柳色新:一作"依依杨柳春"。
③ 尽:一作"进"。
④ 阳关:关隘名,在今甘肃省敦煌市西南,是古代出塞的必经之地。因在玉门关之南,故称"阳关"。

【简析】

友人元二赴边地从军,王维写了此诗送别。后来,这首诗谱入乐府,取首句前两个字题名《渭城曲》,又名《阳关曲》或《阳关三叠》。安西,即安西都护府的治所,在今新疆库车县境内。

诗作前两句,写送别的时间、地点、环境气氛,后两句写饯别劝酒的情形。突出特点是写景、抒情紧密结合。"柳色新"虽为写景,但也暗含折柳送别之意,而临别劝酒,友情已经蕴藏在满满的

王维《渭城曲》诗意(傅抱石绘)

酒杯之中。

这首诗以及谱曲的《阳关三叠》，影响广远，"劝君更尽一杯酒，西出阳关无故人"几乎已成为饯别时的套话。

赠汪伦
李 白

李白乘舟将欲行，忽闻岸上踏歌声①。
桃花潭水深千尺②，不及汪伦送我情。

【注释】

① 踏歌：唐朝流行的民间歌舞形式，一边唱歌，一边以脚踏地打拍子。

② 桃花潭：在今安徽省泾县西南。不及：赶不上。

【简析】

一般的送别诗，多是送别人。此诗则是李白到桃花潭探访闲居的友人汪伦，写友人送别自己的。

诗的前半叙事：先写离去者，继写送行者，展示了一幅离别的画面；后半抒情：桃花潭既点明地址，又用来作比，信手拈来，大气磅礴，又深情淋漓。诗作朴实自然，

李白塑像及《赠汪伦》石刻

文字浅显,情感深挚,明快自然,显出一定的民歌风味。

古来迎接客人有"拥篲迎门""扫三径",送客"临灞桥""折杨柳""送了一程又一程",礼节彬彬,情意殷殷。我们呢?何妨慢下来,体味人间至情。

游 子 吟
孟 郊

慈母手中线①,游子身上衣。
临行密密缝,意恐迟迟归②。
谁言寸草心,报得三春晖③。

【注释】

① 游子:出门远游的人,即作者自己。
② 临:将要。意恐:心里很担心。归:回家。
③ 寸草:小草,比喻游子。三春晖(huī):春天灿烂的阳光,指慈母的恩情。三春,古人称农历正月为孟春,二月为仲春,三月为季春,合称三春。晖,阳光。形容母爱如温暖的春天、和煦的阳光。

【简析】

孟郊早年漂泊无依,一生贫困潦倒,直到50岁时才得到一个溧阳县尉的小官,结束了长年漂泊流离的生活,并将母亲接来同住。这首诗就写于此时,诗题下自注曰:"迎母溧上作"。

深挚的母爱,无时无刻不在沐浴着儿女们。对于孟郊来说,常年颠沛流离、居无定所,最值得回忆的,莫过于母子分离的痛苦时刻。此诗描写的是慈母缝衣的普通场景,而表现的却是诗人深沉的

新编越剧《游子吟》宣传画

内心情感。

开头两句"慈母手中线,游子身上衣",写出了母子相依为命的骨肉之情。紧接着"临行密密缝,意恐迟迟归"两句,笔墨集中在慈母身上,慈母的一片深笃之情,在日常生活中最细微的地方流露出来。"谁言寸草心,报得三春晖"两句,诗人出以反问,寄托了赤子炽烈的情意:对于春天阳光般温厚的母爱,区区小草似的儿女怎能报答于万一呢?

短诗采用白描手法,通过回忆临行前缝衣这一平常的场景,凸显并歌颂了母爱的伟大与无私,表达了诗人对母爱的感激以及对母亲深深的爱戴与崇敬。全诗情感真挚自然,千百年来广为传诵,早已成为人尽皆知的母爱颂歌。

问刘十九
白居易

绿蚁新醅酒①,红泥小火炉。

晚来天欲雪,能饮一杯无②?

【注释】

① 绿蚁:新酿未过滤的米酒,略呈绿色,浮起的渣沫就像蚂蚁。醅(pēi):未过滤的酒。

② 无:"么""吗",疑问语气词。

【简析】

这是一首清新的生活小诗。原本是诗人邀好友刘十九过来小酌的请柬,却出语雅洁、情趣盎然、情真意切,实际功用和艺术表现都圆满天成。

古来文人雅士的日用文书,往往有成为传世名篇者。这不仅因为他们水平高,更在于用心,诗文都是饱蘸情感写出来的,所以才情文兼美。

《问刘十九》诗意

菩 萨 蛮
敦煌曲子词

枕前发尽千般愿，要休且待青山烂①。水面上秤锤浮，直待黄河彻底枯。　　白日参辰现，北斗回南面②。休即未能休③，且待三更见日头。

【注释】

① 愿：盟誓。休：罢休，断绝。

② 参（shēn）辰：星名。参星属参宿，居西方；辰星属心宿，居东方，此出彼没，互不相见。北斗：即北斗七星，居北方。回：转移。

③ 即：同"则"。

【简析】

20世纪初，敦煌莫高窟发现了大量五代写本，其中包括唐五代的民间词曲，这些词曲也被称为"敦煌曲子词"。共同特点是它们的原生态性，极富生活气息。

《敦煌曲子词集》书影

这首词表白爱情，词中叠用自然界绝不可能发生的事情，作为盟誓，表示海枯石烂永不变心的纯真爱情。词中体现出磐石般的信念和火焰般的热情，奇警生动，新颖泼辣，表现了抒情主人公对爱情的坚贞不渝。

此词与乐府民歌《上邪》，都来自民间，对比阅读，体味其中不同于文人表情达意的率真泼辣，会给我们一些启发。

卜 算 子
李之仪

　　我住长江头，君住长江尾。日日思君不见君，共饮长江水。　此水几时休，此恨何时已①。只愿君心似我心，定不负相思意②。

【注释】

① 休：停止。已：停止、完结。
② 定：此处为衬字，亦称"添声"。

【简析】

这是一首写爱情的词。词以长江为寄情主体，用回环复沓的手

长江万里图（局部，明·沈周绘）

法，抒写女子的深挚情谊。上片写相离之远与相思之切，下片写对爱情的执着追求与热切期望。全篇仿佛脱口而出，明白如话，却深情脉脉。词作具有民歌风韵，故毛晋称之为"古乐府俊语"(《姑溪词跋》)。

距离的遥远，并不应该成为爱情的阻隔；身份的高下，更不应该成为爱情的天平。不论何人，没有真情，就寡淡。

示 三 子
陈师道

去远即相忘，归近不可忍①。
儿女已在眼，眉目略不省②。
喜极不得语，泪尽方一哂③。
了知不是梦，忽忽心未稳④。

【注释】

① 去远：离去很远。归近：归期临近。忍：按捺不住。不可忍，形容与子女见面的急切心情。

② 略：有些。省（xǐng）：认识。

③ 哂（shěn）：微笑。

④ 了：了然，清楚。忽忽：恍惚不定的样子。心未稳：心里不踏实。

【简析】

宋神宗元丰七年（1084），岳父在成都

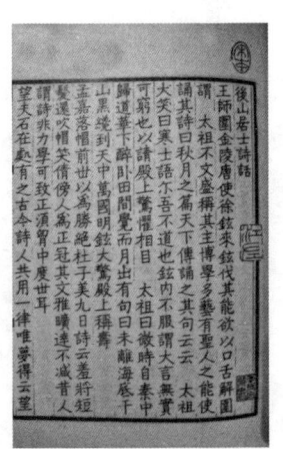

陈师道《后山诗话》书影

府路获得职位,因为家贫,陈师道的妻子与三个儿子及一个女儿只得随外祖父西行,而陈师道因母亲年老却不得同去。四年后,陈师道充任徐州州学教授,才将妻儿接回徐州。这首《示三子》,就是妻儿刚回来时写成的。

此诗写与儿女相见的情景,神情毕见,感人肺腑。特别是末尾两句,跳出前人写相见"疑在梦中"的旧套,更深一层,写明知非梦,可也心神不宁,更能表情达意。

思 亲
贯云石

天涯芳草亦婆娑,三釜凄凉奈我何①。
细较十年衣上泪,不如慈母线痕多②。

【注释】

① 三釜(fǔ):古时低级官吏的俸禄,一釜为六斗四升,后用来比喻做官。
② 慈母线:源于孟郊的《游子吟》。

【简析】

这是一首思亲诗。从诗中"三釜"可知,诗人在外做官,"天涯"则表明距离很远。在"芳草萋萋"的季节,凄凉之感涌上心头,勾起诗人无限思亲之情。后两句运用对比、衬托手法,以沾衣之泪与慈母针线对比,衬托出母亲无限的慈爱。

贯云石像

这首诗写思念慈母,后人以为"亲子之情,恻然动人"。亲情之中,慈母之情大概是最为突出的了。母亲,不论儿女多大,总会对他们慈爱有加;我们,不论多远多忙,都不应该放下对母亲的牵挂。

寒花葬志
归有光

婢,魏孺人媵也①。嘉靖丁酉五月四日死,葬虚丘②。事我而不卒③,命也夫!

婢初媵时,年十岁,垂双鬟,曳深绿布裳④。一日天寒,爇火煮荸荠熟,婢削之盈瓯⑤。余入自外,取食之,婢持去不与,魏孺人笑之。孺人每令婢倚几旁饭,即饭,目眶冉冉动⑥,孺人又指余以为笑。

回思是时,奄忽便已十年⑦,吁!可悲也已!

归有光塑像

【注释】

① 婢：即寒花。魏孺人：作者的妻子魏氏。孺人，明清七品官的母亲或妻子的封号。媵（yìng）：随嫁的婢女。

② 嘉靖丁酉：嘉靖十六年（1537）。虚丘：荒丘。

③ 事：侍奉。卒：完毕，结束，这里是到底的意思。

④ 鬟（huán）：妇女梳的环形发髻。曳（yè）：拉，拽。裳：裙子。

⑤ 爇（ruò）：点燃。荸荠（bíqí）：块茎植物，可食。盈：满。瓯（ōu）：小瓦盆。

⑥ 饭：吃饭。冉冉（rǎn）：逐渐，慢慢地。

⑦ 是时：那个时候。奄忽（yǎnhū）：形容时间过得快。

【简析】

寒花是归有光妻子魏孺人的随嫁婢女，去世之后，归有光为她写下了这篇葬志。

文章通过寒花的三件事（初来时的打扮、削荸荠时的顽皮、吃饭时的神态），表达了对婢女的悼念和对亡妻的深切怀念。文章虽仅一百多字，却能将一个天真可爱的女孩子活脱脱地展现在读者面前，因而古文大家姚鼐称其"文中有画"。

必须说明的是，这篇文章有开先例之功：地位低下的普通侍女，首次成为文人士大夫所作墓志铭中的主人公。从文中可知，归有光之妻与婢女寒花，主仆之间感情十分融洽；归有光为之撰写墓志，应该也缘于妻子与寒花不一般的情分。这种情分，在旧时代抑或今日，都是极为感人的。

遗夫人书

夏完淳

　　三月结褵,便遭大变,而累淑女,相依外家,未尝以家门盛衰,微见颜色①。虽德曜齐眉②,未可相喻;贤淑和孝,千古所难。

　　不幸至今吾又不得不死;吾死之后,夫人又不得不生。上有双慈③,下有一女,则上养下育,托之谁乎?然相劝以生,何复聊赖④?芜田废地,已委之蔓草荒烟;同气连枝,原等于隔肤行路⑤。青年丧偶,才及二九之期;沧海横流,又丁为百六之会⑥。茕茕一人,生理尽矣⑦。

　　呜呼!言至此,肝肠寸断,执笔心酸,对纸泪滴。欲书,则一字俱无;欲言,则万般难吐。吾死矣!吾死矣!平生为他人指画了了,今日为夫人一思究竟⑧,便如乱丝积麻。身后之事,一听裁断,我不能道一语也,停笔欲绝。去年江东储贰诞生,各官封典俱有⑨,我亦曾得。夫人,夫人,汝亦先朝命妇也⑩。吾累汝,吾累汝,复何言哉?呜呼!见此纸如见吾也。

　　外书,奉秦篆细君⑪。

【注释】

① 三月:指崇祯十七年(1644)三月。这一年明朝灭亡,故曰"大变"。结褵(lí):女子出嫁。外家:娘家。家门盛衰:夏完淳家原系松江望族,世代殷富。其父夏允彝毁家倡义,家资全部用于抗清事业,并以身殉难。微见颜色:稍微表露出不满的情绪。

② 德曜(yào)齐眉:东汉孟光(字德曜)在每次开饭时,总是

举案（盛食物的小木盘）齐眉，表示对丈夫梁鸿的敬爱。

③ 双慈：指夏完淳的嫡母和生母。

④ 聊赖：依靠。

⑤ "芜田"二句：意思是今后家园将会荒芜，无人料理；兄弟辈分居之后，已是家外之人，不可能有所帮助。同气连枝，指兄弟辈。隔肤行路，指各走各的路，不相亲近。

⑥ 二九之期：指十八岁，夫人秦篆比夏完淳年长一岁。丁：遭逢。百六之会：指厄运。

夏完淳与父亲

⑦ 茕茕（qióng）：孤独无依。生理尽矣：犹言没有活路了。

⑧ 指画：指分析、剖断。了了：了然，清楚明白。究竟：指今后的终身安排。

⑨ 江东储贰（chǔèr）诞生：指明太祖九世孙鲁王朱以海在南京陷落后被拥戴监国一事，后来他在浙东继续抗清。储贰，亦称储君、储副，即太子。封典：皇帝赐给官员及其妻子父母的荣封。鲁王曾授予夏完淳中书舍人之封。

⑩ 先朝：指明朝。命妇：旧称官员的母亲、妻子。

⑪ 外：丈夫。旧时夫妻相称曰外、内。细君：旧时对妻的代称。

【简析】

这封信是夏完淳就义前写给妻子秦篆的，从中我们可以体味出殉国烈士就义前的心志和情感。

夏完淳与妻子喜结良缘才三年，新婚宴尔即遭国变，婚后秦篆归居母家,夏完淳则戎马倥偬,转战江湖,两人相处时间很少。现在自己又要罹难,下笔时怎不柔肠寸断、对纸滴泪呢?信中对妻子年纪轻轻就遭受不幸命运表示无限同情,字字句句渗透着牵挂眷恋之情,至于自己则毫不提及,一无所求。文字中充溢着殉国尽节、死而无憾的浩然正气。

夏完淳矢志抗敌,宁死不屈,是少年英雄的典范。在南京狱中,他仍心怀祖国,发出铮铮誓言:"今生已矣!来世为期,万岁千秋,不销义魂。九天人表,永厉英魂。"临难时,刽子手喝令他跪下,他誓死不从,始终没有下跪。夏完淳以他年少的生命,谱写了一曲爱国志士的壮烈之歌。

回忆我的母亲
朱 德

得到母亲去世的消息,我很悲痛。我爱我母亲,特别是她勤劳一生,很多事情是值得我永远回忆的。

我家是佃农。祖籍广东韶关,客籍人①,在"湖广填四川"时迁移四川仪陇县马鞍场。世代为地主耕种,家境是贫苦的,和我们来往的朋友也都是老老实实的贫苦农民。

母亲一共生了十三个儿女。因为家境贫穷,无法全部养活,只留下了八个,以后再生下的被迫溺死了。这在母亲心里是多么惨痛悲哀和无可奈何的事情啊!母亲把八个孩子一手养大成人。可是她的时间大半被家务和耕种占去了,没法多照顾孩子,只好让孩子们在地里爬着。

母亲是个好劳力。从我能记忆时起,总是天不亮就起床。全家二十多口人,妇女们轮班煮饭,轮到就煮一年。母亲把饭煮了，还要种田、种菜、喂猪、养蚕、纺棉花。因为她身体高大结实，还能挑水挑粪。

母亲这样地整日劳碌着②。我到四五岁时就很自然地在旁边帮她的忙，到八九岁时就不但能挑能背，还会种地了。记得那时我从私塾回家，常见母亲在灶上汗流满面地烧饭，我就悄悄把书一放，挑水或放牛去了。有的季节里，我上午读书，下午耕地；一到农忙，便整日在地里跟着母亲劳动。这个时期母亲教给我许多生产知识。

佃户家庭的生活自然是艰苦的，可是由于母亲的聪明能干，也勉强过得下去。我们用桐子榨油来点灯，吃的是豌豆饭、菜饭、红薯饭、杂粮饭，把菜籽榨出的油放在饭里做调料。这类地主富人家看也不看的饭食，母亲却能做得使一家人吃起来有滋味。赶上丰年，才能缝上一些新衣服，衣服也是自己生产出来的。母亲亲手纺出线，请人织成布，染了颜色，我们叫它"家织布"，有铜钱那样厚，一套衣服老大穿过了，老二老三接着穿还不烂。

勤劳的家庭是有规律有组织的。我的祖父是一个中国标本式的农民，到八九十岁还非耕田不可，不耕田就会害病，直到临死前不久还在地里劳动。祖母是家庭的组织者，一切生产事务由她管理分派，每年除夕就分派好一年的工作。每天天还没亮，母亲就第一个起身，接着听见祖父起来的声音，接着大家都离开床铺，喂猪的喂猪，砍柴的砍柴，挑水的挑水。母亲在家庭里极能任劳任怨。她性格和蔼，没有打骂过我们，也没有同任何人吵过架。因此，虽然在这样的大家庭里，长幼、伯叔、妯娌相处都很和睦。母亲同情贫苦的人——这是朴素的阶级意识，虽然自己不富裕，还周济和照顾比自己更穷的亲戚。她自己是很节省的。父亲有时吸点旱烟，喝点酒；母亲管束着我们，不允许我们染上一点。母亲那种勤劳俭朴的习惯，母亲那种宽厚仁慈的态度，至今还在我心中留有深刻的印象。

但是灾难不因为中国农民的和平就不降临到他们身上。庚子年（1900）前后，四川连年旱灾，很多的农民饥饿、破产，不得不成群结队地去"吃大户"③。我亲眼见到，六七百穿得破破烂烂的农民和他们的妻子儿女被所谓官兵一阵凶杀毒打，血溅四五十里，哭声动天。在这样的年月里，我家也遭受更多的困难，仅仅吃些小菜叶、高粱，通年没吃过白米。特别是乙未（1895）那一年，地主欺压佃户，要在租种的地上加租子，因为办不到，就趁大年除夕，威胁着我家要退佃，逼着我们搬家。在悲惨的情况下，我们一家人哭泣着连夜分散。从此我家被迫分两处住下。人手少了，又遇天灾，庄稼没收成，这是我家最悲惨的一次遭遇。母亲没有灰心，她对穷苦农民的同情和对为富不仁者的反感却更强烈了。母亲沉痛的三言两语的诉说以及我亲眼看到的许多不平事实，启发了我幼年时期反抗压迫追求光明的思想，使我决心寻找新的生活。

我不久就离开母亲，因为我读书了。我是一个佃农家庭的子弟，本来是没有钱读书的。那时乡间豪绅地主的欺压，衙门差役的横蛮，逼得母亲和父亲决心节衣缩食培养出一个读书人来"支撑门户"。我念过私塾，光绪三十一年（1905）考了科举，以后又到更远的顺庆和成都去读书④。这个时候的学费都是东挪西借来的，总共用了二百多块钱，直到我后来当护国军旅长时才还清。

光绪三十四年（1908）我从成都回来，在仪陇县办高等小学，一年回家两三次去看母亲。那时新旧思想冲突得很厉害。我们抱了科学民主的思想,想在家乡做点事情,守旧的豪绅们便出来反对我们。我决心瞒着母亲离开家乡,远走云南,参加新军和同盟会。我到云南后,从家信中知道,我母亲对我这一举动不但不反对,还给我许多慰勉⑤。

从宣统元年(1909)到现在,我再没有回过一次家,只在民国八年(1919)我曾经把父亲和母亲接出来。但是他俩劳动惯了,离开土地就不舒服,所以还是回了家。父亲就在回家途中死了。母亲回家继续劳动,一直到最后。

中国革命继续向前发展,我的思想也继续向前发展。当我发现了中国革命的正确道路时,我便加入了中国共产党。大革命失败了,我和家庭完全隔绝了。母亲就靠那三十亩地独立支持一家人的生活。抗战以后,我才能和家里通信。母亲知道我所做的事业,她期望着中国民族解放的成功。她知道我们党的困难,依然在家里过着勤苦的农妇生活。七年中间,我曾寄回几百元钱和几张自己的照片给母亲。母亲年老了,但她永远想念着我,如同我永远想念着她一样。去年收到侄儿的来信说:"祖母今年已有八十五岁,精神不如昨年之健康,饮食起居亦不如前,甚望见你一面,聊叙别后情景⑥。"但我献身于民族抗战事业,竟未能报答母亲的希望。

母亲最大的特点是一生不曾脱离过劳动。母亲生我前一分钟还在灶上煮饭。虽然老年,仍然热爱生产。去年另一封外甥的家信中说:"外祖母大人因年老关系,今年不比往年健康,但仍不辍劳作,尤喜纺棉。"

我应该感谢母亲,她教给我与困难作斗争的经验。我在家庭中已经饱尝艰苦,这使我在三十多年的军事生活和革命生活中再没感到过困难,没被困难吓倒。母亲又给我一个强健的身体,一个勤劳的习惯，使我从来没感到过劳累。

我应该感谢母亲，她教给我生产的知识和革命的意志，鼓励我以后走上革命的道路。在这条路上，我一天比一天更加认识：只有这种知识，这种意志，才是世界上最可宝贵的财产。

母亲现在离我而去了，我将永不能再见她一面了，这个哀痛是无法补救的。母亲是一个平凡的人，她只是中国千百万劳动人民中的一员，但是，正是这千百万人创造了和创造着中国的历史。我用什么方法来报答母亲的深恩呢？我将继续尽忠于我们的民族和人民，尽忠于我们的民族和人民的希望——中国共产党，使和母亲同样生活着的人能够快乐的生活。这是我能做到的，一定能做到的。

愿母亲在地下安息！

【注释】

① 佃（diàn）农：旧社会自己没有土地，以租种地主土地维生的农民。客籍人：客家人。客籍，原指客居异乡，后来专指客家人。"湖广填四川"：清康熙年间的一次大规模移民。元末明初和明末清初，四川迭经战乱，人口剧减，因而各级官府采取措施吸引外地移民，其中以湖广行省人口最多。

② 劳碌（lù）：指辛劳忙碌。

③ 吃大户：在旧社会时，遭遇荒年，饥民团结在一起到地主富豪家吃饭或夺取粮食。是农民一种自发的斗争形式。

④ 顺庆：今四川省南充市顺庆区。

⑤ 慰勉：安慰、勉励。

⑥ 聊叙：姑且谈谈。聊，姑且。

【简析】

抗日战争时期,朱德任八路军总司令。1944年4月10日,延安举行朱总司令母亲追悼大会,各界代表1000多人参加。追悼会上,谢觉哉代朱德宣读了祭文。后来,这篇祭文曾以《母亲的回忆》为题登在《解放日报》上,收入文集时改题《回忆我的母亲》。

《回忆我的母亲》是一篇回忆性的抒情散文,作者按时间顺序,把对母亲的挚爱之情寓于质朴平实的叙述之中,以真挚深沉的感情,追述了母亲勤劳俭朴的一生,赞颂了母亲宽厚仁慈的品质,表达了自己诚挚的感谢和深切的怀念。最后通过议论,将爱母亲的感情与爱民族、爱人民的感情融在一起,体现了朱德爱母亲、爱民族、爱人民的高尚情操。

朱德的母亲是一位平凡而又伟大的劳动妇女,她的身上集中了中国劳动妇女的传统美德。她对朱德的教育和影响是潜移默化的,可以说影响了朱德的一生。其实,每一位品德优良、有所成就的人,背后都有一位平凡而伟大的母亲,而我们每一个人,也都应该感恩母亲的抚育和教诲,不辜负母亲的期望,做一个平凡而有用的人。

致 徐 特 立

毛泽东

徐老同志:

你是我二十年前的先生,你现在仍然是我的先生,你将来必定还是我的先生。当革命失败的时候,许多共产党员离开了共产党,有些甚至跑到敌人那边去了,你却在一九二七年秋天加入共产党,而且取的态度是十分积极的。从那时至今长期的艰苦斗争中,你比许多青年壮年党员还要积极,还要不怕困难,还要虚心学习新的东西。什么"老",什么"身体精神不行",什么"困难障碍",在你面前都降服了。而在有些人面前呢?却做了畏葸不前的借口。你是懂得很多而时刻以为不足,而在有些人本来只有"半桶水"却偏要"淌得很"。你是心里想的就是口里说的与手里做的,而在有些人他们心之某一角落,却不免藏着一些腌腌脏脏的东西。你是任何时候都是同群众在一块的,而在有些人却似乎以脱离群众为快乐。你是处处表现自己就是服从党的与革命的纪律之模范,而在有些人却似乎以为纪律只是束缚人家的,自己必不包括在内。你是革命第一,工作第一,他人第一,而在有些人却是出风头第一,休息第一,与自己第一。你总是拣难事做,从来也不躲避责任,而在有些人则只愿意拣轻松事做,遇到担当责任的关头就躲避了。所有这些方面我都是佩服你的,愿意继续地学习你的,也愿意全党同志学习你。当你六十岁生日的时候写这封信祝贺你,愿你健康,愿你长寿,愿你成为一切革命党人与全体人民的模范。

　　此致
革命的敬礼!

毛泽东

【简析】

　　徐特立是毛泽东的先生,两人间有师生之谊。早年,徐特立在湖南第一师范学校任教,毛泽东曾在那里求学。1937年1月30日,毛泽东在延安写了这封给徐特立的信。这是一封祝贺徐老六十大寿的贺寿信。徐特立和董必武、谢觉哉一起被誉为中国革命的"三老",他们品行高洁、学识渊博,在革命队伍中享有很高的威望,一向为毛泽东所敬重。

毛泽东的这封贺寿信通篇采用排比句式，列数徐特立各方面的革命精神，并同某些人的落后思想一一作对照，突出了徐特立的感人之处；还借六十大寿之际，号召大家向他学习。信中"你是我二十年前的先生，你现在仍然是我的先生，你将来必定还是我的先生"这句话，显示出革命领袖的宽广胸怀、高尚情操和永远愿当小学生的谦虚品质。

尊师敬长是中华民族几千年来的传统美德，社会上曾有"一日为师，终身为父"之说，可见对老师的尊敬。老师之所以成为老师，就因为他在道与业方面胜过自己或者有一技之长，所以不管身份怎样高贵，尊师都是每个人必备的品德。毛泽东是中国人民的伟大领袖和导师，却始终尊敬自己的老师；鲁迅是中国文学界的泰山北斗，可他依然念念不忘师恩。他们，是尊师的楷模，是中华美德的实践者。

致 傅 聪
傅 雷

孩子，十个月来我的心绪你该想象得到；我也不想千言万语多说，以免增加你的负担。你既没有忘怀祖国，祖国也没有忘了你，始终给你留着余地，等你醒悟。我相信，祖国的大门是永远向你开着的。好多话，妈妈已说了，我不想再重复。但我还得强调一点，就是：适量的音乐会能刺激你的艺术，提高你的水平；过多的音乐会只能麻痹你的感觉，使你的表演缺少生气与新鲜感，从而损害你的艺术。你既把艺术看得比生命还重，就该忠于艺术，尽一切可能为保持艺术的完整而奋斗。这个奋斗中目前最重要的一个项目就是：不能只考虑需要出台的一切理由，而

傅雷夫妇与傅聪（右）

要多考虑不宜于多出台的一切理由。其次，千万别做经理人的摇钱树！他们的一千零一个劝你出台的理由，无非是趁艺术家走红的时期多赚几文，哪里是为真正的艺术着想！一个月七八次乃至九次音乐会实在太多了，大大的太多了！长此以往，大有成为钢琴匠，甚至奏琴的机器的危险！你的节目存底很快要告罄的；细水长流才是办法。若是在如此繁忙的出台以外，同时补充新节目，则人非钢铁，不消数月，会整个身体垮下来的。没有了青山，哪还有柴烧？何况身心过于劳累就会影响到心情，影响到对艺术的感受。这许多道理想你并非不知道，为什么不挣扎起来，跟经理人商量——必要时还得坚持——减少一半乃至一半以上的音乐会呢？我猜你会回答我：目前都已答应下来，不能取消，取消了要赔人损失等等。可是你能否把已定的音乐会一律推迟一些，中间多一些空隙呢？否则，万一临时病倒，还不是照样得取消音乐会？难道捐税和经理人的佣金真是奇重，你每次所得极微，所以非开这么多音乐会就活不了吗？来信既说已经站稳脚跟，那末一个月只登台一二次（至多三次）也不用怕你的名字冷下去。决定性的仗打过了，多打零星的不精彩的仗，除了浪费精力，报效经理人以外，毫无用处，不但毫无用处，还会因表演的不够理想而损害听众对你的印象。你如今每次登台都与国家面子有关；个人的荣辱得失事小，国家的荣辱得失事大！你既热爱祖国，这一点尤其不能忘了。为了身体，为了精神，为了艺术，为了国家的荣誉，你都不能不大大减少你的演出。为这件事，我从接信以来未能安睡，往往为此一夜数惊！

还有你的感情问题怎样了？来信一字未提，我们却一日未尝去心。我知道你的性格，也想象得到你的环境；你一向滥于用情；而即使不采主动，被人追求时也免不了虚荣心感到得意：这是人之常情，于艺术家为尤甚，因此更需警惕。你成年已久，到了25岁也该理性坚强一些了，单凭一时冲动的行为也该能多克制一些了。不知事实上是否如此？要找永久的伴侣，也得多用理智考虑，勿被感情蒙蔽！情人的眼光一结婚就会变，变得你自己都不相信了：事先要不想到这一着，必招后来的无穷痛苦。除了艺术以外，你在外做人方面就是这一点使我们操心。因为这一点也间接影响到国家民族的荣誉，英国人对男女问题的看法始终清教徒气息很重，想你也有所发觉，知道如何自爱了；自爱即所以报答父母，报答国家。

真正的艺术家，名副其实的艺术家，多半是在回想中和想象中过他的感情生活的。唯其能把感情生活升华才给人类留下这许多杰作。反复不已的、有始无终的，没有结果也不可能有结果的恋爱，只会使人变成唐·璜，使人变得轻薄，使人——至少——对爱情感觉麻痹，无形中流于玩世不恭；而你知道，玩世不恭的祸害，不说别的，先就使你的艺术颓废；假如每次都是真刀真枪，那么精力消耗太大，人寿几何，全部贡献给艺术还不够，怎容你如此浪费！歌德的《少年维特之烦恼》的故事，你总该记得吧。要是歌德没有这大智大勇，历史上也就没有歌德了。你把15岁到现在的感情经历回想一遍，也会怅然若失了吧？也该从此换一副眼光，换一种态度，换一种心情来看待恋爱了吧？——总之，你无论在订演出合同方面，在感情方面，在政治行动方面，主要得避免"身不由主"，这是你最大的弱点。——在此举国欢腾，庆祝十年建国十年建设十年成就的时节，我写这封信的心情尤其感触万端，非笔墨所能形容。孩子，珍重，各方面珍重、千万珍重，千万自爱！

【简析】

　　这封信写于1959年新中国成立10周年纪念日。当时傅雷正在埋头译书。而此时，他心爱的儿子傅聪，从留学地波兰出走，去了英国，使他很不放心。这封信，就是在这样的背景下写成的。

　　信中，傅雷以过来人的经验，对傅聪的个人音乐会和感情生活等，分别进行了详尽的指导，分析得失，指点迷津。尤为可贵的是，傅雷深受迫害，却仍把儿子的一举一动与祖国的荣辱结合起来，一个爱国知识分子的形象跃然纸上。当时，傅聪还比较年轻，独自漂泊在外，内心的苦闷、无助可以想见，父亲的家书对他人生航向起到的作用不可低估。事实证明，尽管家庭受到迫害，自己也蒙受恶名，傅聪却始终没有背弃祖国，也不曾有过损害祖国尊严的言行。这种操守，显然得益于家书给他的爱国主义教育。

　　《傅雷家书》收录的大部分是傅雷给儿子傅聪、付敏的信（还有部分，是母亲梅馥写给儿子的）。这些信中，洋溢着深挚、殷切的父爱，表现了父亲对儿子无微不至的关怀。家书中的两大主题，一是艺术，二是人生，充分体现了父爱"温而厉"的特色。也正是其中蕴含的丰富人生经验和精彩的艺术指引，使《傅雷家书》深受人们的喜爱，畅销数十年而不衰。这本书，我们以为，每一位青少年，每一位为人父母者，都应该读一读。